PARA ESTAR BIEN

LIBERADOS

LIBERADOS

CÓMO DEJAR CUALQUIER ADICCIÓN

DR. FREDERICK WOOLVERTON
SUSAN SHAPIRO

OCEANO

Diseño de portada: Brian Peterson

LIBERADOS
Cómo dejar cualquier adicción

Título original: UNHOOKED. How to Quit Anything

Publicado originalmente en inglés por Skyhorse Publishing Inc.

Tradujo: Aridela Trejo

© 2012, Dr. Frederick Woolverton y Susan Shapiro

Algunos fragmentos de este libro han sido publicados
en versiones ligeramente diferentes en *The New York Times*,
Psychology Today, *Brain World* y *AOL*.

D. R. © 2014, Editorial Océano de México, S.A. de C.V.
Blvd. Manuel Ávila Camacho 76, piso 10
Col. Lomas de Chapultepec
Miguel Hidalgo, C.P. 11000, México, D.F.
Tel. (55) 9178 5100 • info@oceano.com.mx

Primera edición: 2014

ISBN: 978-607-735-301-0
Depósito legal: B-10032-2014

Hecho en México / Impreso en España
Made in Mexico / Printed in Spain

9003854010514

Para Bob Cook, con gratitud.

Muchos pacientes, antiguos y actuales, y colegas generosos me permitieron reproducir sus historias en este libro para ayudar a otros a combatir adicciones similares. He modificado los nombres, las fechas y los rasgos que los identifican por motivos de cohesión literaria, así como para proteger su privacidad.

—Doctor Frederick Woolverton

Índice

Introducción

El vínculo personal y profesional del doctor Frederick Woolverton

La razón por la que me relaciono con adictos nunca se ha reducido al trabajo, a datos científicos o a teorías abstractas. Soy muy vulnerable a las repercusiones patentes y ocultas de las adicciones porque de niño el alcoholismo de uno de mis padres me causó un trauma severo.

En nuestra infancia, mis hermanos y yo pasábamos las vacaciones en casa de mis abuelos en Glen Cove, Long Island, Nueva York. Recuerdo que fluían las bebidas, los cigarros y las risas. Si bien eran los cincuenta, estas reuniones evocaban el ambiente de *The Great Gatsby*. La navidad en la que tenía diez años de edad, nos invitaron a mis dos hermanos y a mí a la espléndida velada familiar. Mi madre, Mary, era una actriz de pelo castaño oscuro; esa noche se veía bellísima en un vestido de satín azul y lucía un collar de perlas. Bebió varios cocteles de menta uno tras otro, como era su costumbre. Estos cocteles hechos de bourbon, azúcar, hielo y un ramito de menta a manera de decoración eran su bebida favorita. Temprano por la tarde se le veía relajada y contenta. Su cara brillaba cuando me dijo: "Hoy te ves muy guapo, Freddy. ¿Quieres abrir algunos de tus regalos temprano?". Ésta era una propuesta de una generosidad inusitada viniendo de una madre estricta, severa y fría.

Conforme la noche avanzaba, cambió los cocteles por vino tinto. Su cara se enrojecía cada vez más, como sucedía cuando bebía en exceso. Después de la fiesta, tenía ganas de ayudarle en la limpieza: llevé la comida que había sobrado y los vasos sucios a la cocina. Cuando le pasé un plato, volteó y de la nada, me gritó: "¡No eres nadie! ¡Eres un bueno para nada! Eres igual a tu padre. ¡Nunca harás nada de provecho!". El cambio abrupto en su conducta me estremeció.

Pese a que mi madre había bebido desde que tengo memoria, ésa fue la primera vez que comprendí que el alcohol era capaz de cambiar la personalidad de cualquiera de forma drástica. Dejó de ser cariñosa y atenta; se trastornó sin razón aparente. Me impresionó el poder del alcohol. Su alcoholismo, así como sus maltratos físicos y emocionales perduraron el resto de mi infancia y adolescencia. No me sorprendió cuando a los catorce, me enteré que mis padres iban a divorciarse.

A los diecinueve cursaba el segundo año de licenciatura, me pidieron que testificara en el juicio por la custodia de mi hermana menor de diez años. No sabía que esto me haría incorporarme a la guerra permanente que se había apoderado de las vidas de mis padres; tampoco era consciente de que sus hijos nos habíamos convertido en peones de su batalla. Para proteger a mi hermana, revelé la verdad sobre el alcoholismo de mi madre. La regla tácita de mi familia consistía en que ninguno de nosotros debía mencionarlo, sobre todo en público. Furiosa porque la había humillado, mi madre juró no volver a hablarme. Su decisión fue súbita y definitiva. Cortó todo contacto conmigo y no hablamos en más de treinta años. A lo largo de ese periodo, supe por medio de mis parientes que siguió bebiendo hasta sus ochenta años. Fui testigo de primera mano de la destrucción y el trauma que una adicción origina en una familia.

Si bien la influencia de ciertos factores genéticos en las adicciones ha sido estudiada de forma exhaustiva, el alcohol nunca me llamó la atención. Después de una noche en la que bebí unos tragos de tequila con mis compañeros de la universidad y terminé vomitando por la borrachera, perdí el interés en volver a beber. Desde entonces, me tomo una copa de vino de vez en cuando. Los cigarros, en cambio, me sedujeron. Los probé a los doce y a los quince ya era un fumador habitual. Todos los aspectos de este hábito me fascinaban y mi adicción a la nicotina perduró por veintitrés años, durante los cuales fumaba una cajetilla al día. Incluso después de que se dieron a conocer las enfermedades que causaba el tabaquismo, para mí, se encontraba en una categoría distinta al alcohol o las drogas ilegales. Los cigarros tenían que ser menos peligrosos que la mariguana o la cocaína, ¿o no? Racionalizaba mi adicción concluyendo que nadie mataba a otro individuo manejando bajo la influencia de unos cigarros Marlboro. Esto fue antes de que se publicaran estudios sobre los peligros del tabaquismo pasivo.

En los años ochenta, trabajaba en un centro de salud que se especializaba en el tratamiento de adicciones: Baldwin Council Against Drug Abuse [El concejo de Baldwin contra la drogadicción], en Long Island. Un

día, le expliqué a un paciente de ese centro por qué recurría al vodka: pa
tranquilizarse y desenvolverse mejor en situaciones sociales así como c
su esposa y familia. Mientras se lo decía, me di cuenta de que me esta
describiendo a mí mismo. Me quedó claro que su adicción a una bote
de vodka que guardaba en la alacena era, por varias razones, la misma q
mi dependencia a una cajetilla de cigarros en el bolsillo de mi camisa cu
sola presencia me tranquilizaba.

Intenté dejar de fumar. Hice un esfuerzo por no hacerlo por
menos hasta las cinco de la tarde: terminé acabándome mi cajetilla dia
más rápido de lo habitual. Lo siguiente fue intentar fumar media cajeti
al día pero me sentía inquieto y salía tarde por la noche para comprar m
cigarros. Fumaba cigarros de plástico, masticaba popotes y tomaba agua n
neral cada que sentía deseos de fumar, nada me satisfacía ni funcionaba. I
tenía idea de que sería tan difícil dejar esta práctica. Como muchos adict
intenté dejarlo una y otra vez, fallaba y, frustrado, retomaba mi hábito c
más ganas que nunca. A pesar de que siempre me había considerado
ciudadano sobrio e intachable, me costaba admitir que era adicto a u
sustancia. Era un especialista en adicciones y, al mismo tiempo, un adic

Un día me vi de reojo mientras tomaba una cajetilla de cigarro
entonces lo comprendí: consumía nicotina para automedicarme y con e
reducir mi nerviosismo y ansiedad, mantener cierta calma a lo largo de
jornada laboral y tener más confianza en momentos de interacción soci
Cargar una cajetilla y un encendedor a los que recurría en momentos
tresantes, resultaba tranquilizante. El simple hecho de llevar mis Camel s
filtro en el bolsillo, sin prender uno, me relajaba como ninguna otra co
Respirar el humo del cigarro era satisfactorio y contundente. Le decía a n
pacientes que "los adictos dependen de las sustancias, no de las persona
sin embargo, había pasado por alto la precisión con la que esta frase n
describía.

En ese entonces, mi matrimonio carecía de cercanía emociona
intimidad; mi esposa también fumaba. Haciendo memoria, era retraí
egoísta y me había estancado en un ciclo solitario de fumar cada hora pa
relajarme, no tenía nadie con quien desahogarme. Como era productivo
trabajaba sesenta horas a la semana—, no creía necesitar un psicólogo q
se especializara en adicciones ni un grupo de apoyo. No obstante, no
capaz de desempeñarme con eficiencia ni sentirme normal sin fumar. L
cigarros moderaban mi ansiedad y niveles de tensión, además, me servi
para concentrarme. Los utilizaba para celebrar, darme confianza, hace

la y relajarme. Si procuraba dejar de fumar o si me encontraba
n el que no podía hacerlo un par de horas, me sentía ansioso,
útil y angustiado. Se trataba de un problema serio que alteraba
y personalidad.

990, a los 38 años de edad, por fin acepté que en distintos
tabaquismo era igual de serio y pernicioso que el alcoholismo
. Como ella, era depresivo. En vez de hacerle frente a senti-
istentes de angustia y soledad, buscaba un escape para mantener
es dolorosas y negativas a raya. Esta conducta exacerbaba un
nente y propiciaba otros hábitos igual de escapistas como una
nte, no hacer ejercicio y ser adicto al trabajo. A lo largo de dos
ía negado mi dependencia de una sustancia para desenvolverme
cotidiana. Como no quería ser hipócrita, sabía que debía superar
ión. Mis pacientes que vencen sus adicciones a menudo me
que duele". En vez de suprimir su malestar, ya que lo considero
es aconsejaba aceptar con entusiasmo su sufrimiento. Era hora
n práctica mis propios consejos.

percaté de que nunca entendería a mis pacientes, tampoco sabría
o qué pasaba dentro de mí, si eludía mi ansiedad con cigarros.
permitirme sufrir, descubrir de dónde provenía el dolor y escuchar
ría decirme. Acudí a un psicólogo jungiano muy perspicaz y a
del posgrado en la Universidad Adelphi, ambos me animaron
ra de fumar y a permitirme ser miserable en el curso de un año.
o descubrir qué aspectos de mi psique había evitado enfrentar la
te de mi vida.

as dominar la ansiedad física, analicé qué tipo de protección me
ndado los cigarros. El vacío, la necesidad y la tristeza abrumadoras
n permití que afloraran, me contaron una historia sobre mí que
a. A pesar de mis títulos académicos, éxito profesional, matrimo-
ntía, nunca me había recuperado de la desgracia de haber sido un
eseado ni amado. Tuve que escuchar y entender estos sentimientos
os a los que había temido y evitado durante tanto tiempo, de lo
, nunca habría superado mi dependencia de la nicotina.

Dejar de fumar me confrontó con el caos interno, turbulento, in-
ncontrolable que me daba tanto miedo. Sin embargo, en lugar
ar esas emociones complicadas para sentirme mejor, entendí que

tenía que aprender a vivir con la inquietud y el desasosiego que reinaban en mi vida interior.

En el transcurso de esos doce meses tan difíciles, me enteré de que, igual que yo, mi madre se había sentido rechazada por sus padres, quienes la amenazaron con desconocerla si no renunciaba a su sueño de convertirse en actriz. Cedió ante la presión social de la época: se casó joven y tuvo cuatro hijos por las razones equivocadas, como consecuencia, se sentía estancada en un ambiente doméstico exigente que la aburría. Tal vez buscaba alivio en la botella para sobrellevar el día a día de la misma manera que yo me aferraba a los cigarros.

Cuando el dolor que me producía la abstinencia se comenzaba a sosegar, tenía más energía, estaba más concentrado y despejado que nunca. De pronto tomé conciencia de que los cigarros en los que me había refugiado durante más de veinte años dificultaban mi desarrollo emocional, limitaban mis relaciones con colegas y frustraban mi intimidad, es decir, perjudicaban todos los aspectos de mi existencia. El tabaquismo me procuró un escape eficaz de las emociones ansiosas y desagradables. En vez de resolver mis problemas psicológicos por medio del esfuerzo y la creatividad y con ello madurar, fumaba para ignorar el dolor. Ahora me daba cuenta de lo contraproducente de mi adicción.

Dejar de fumar se convirtió en un catalizador para llevar a cabo otros cambios en los próximos años. Me mudé de los suburbios a Nueva York, en donde abrí un consultorio médico propio, estreché mis relaciones personales y aprendí a apagar mi teléfono móvil y hacer a un lado mis asuntos de trabajo para estar más cerca de mis seres queridos. Emprendí una vida sin adicciones, consciente y honesta que giraba en torno a mi familia, la medicina y obras de beneficencia.

Gracias a mis experiencias logré formular teorías novedosas sobre el tratamiento de las adicciones, las cuales expuse en mis clases en la Universidad Adelphi, en Nueva York, en donde cursé mi doctorado y, más adelante, en el Village Institute for Psychotherapy, una clínica de capacitación que fundé en 1995 en Manhattan. Con el tiempo, me mudé a Fayetteville, Arkansas y abrí una sucursal de la clínica. El método que desarrollé consiste en una mezcla heterodoxa de tratamientos conductuales, conexiones humanas y ejercicios emocionales que he empleado para ayudar a miles de adictos a dejar de fumar, comer en exceso, jugar videojuegos, ver pornografía de forma obsesiva, inhalar cocaína, tomar una botella de Jack Daniel's todos los días o inyectarse heroína. Me maravilló descubrir que estas compulsiones tan distintas —tanto adicciones fuertes como suaves—, parecen provenir del mismo deseo: eludir una confusión interna.

En el curso de estos veinticinco años que he trabajado con adictos, siempre me han atraído los pacientes compulsivos, furiosos, impredecibles, depresivos, que sufren y están fuera de control. Reconozco la belleza en los extremos. Es la misma razón por la que practico descenso de río en kayak. Desde el interior del kayak, el río se ve hermoso y sereno pero es más violento de lo que aparenta, es despiadado para quienes subestiman su fuerza. Los kayakistas experimentados saben que cuando el kayak se dirige a los rápidos estrechos, es imposible dar marcha atrás o desafiar el curso del agua. Sin importar tu miedo, tienes que aumentar la velocidad y adentrarte en aquello a lo que más le temes. La única forma de asegurar cierto control sobre el efecto inminente del río, es acelerar.

Hace poco, estuve a punto de morir al descender un río en Utah. En vez de remar hacia los rápidos, lo hice contra la corriente. Entré en pánico y retrocedí hacia la orilla, desafié las olas, intenté girar el kayak de lado para llegar a la orilla. Me resistí a la corriente y después recordé que la regla fundamental que todo kayakista conoce es que si pelea contra el agua —blanca y furiosa—, perderá. Era irrefutable: no tenía ninguna alternativa. La fuerza del río me superaba. Así que, en vez de oponer resistencia, aceleré para internarme en aquello que me horrorizaba, siempre con respeto a la fuerza de los rápidos; humilde, confiaba en que el río cooperara conmigo. Por fortuna, después de voltearme el kayak, lo hizo. Estaba herido. A pesar de haber tenido mucho miedo, sobreviví por haberme sometido a la fuerza incontrolable del agua.

Resulta una metáfora pertinente del tratamiento de las adicciones. Los adictos deben aceptar que no tienen ningún poder sobre sus compulsiones. En vez de eludirlas, pelear contra ellas o ignorar sus sentimientos al respecto, lo mejor es profundizar en su mayor temor: el dolor.

A veces, en contra de mi sentido común, recomiendo a los pacientes que comienzan con su tratamiento no confiar en sus instintos porque son equivocados. Los sentimientos, necesidades e instintos de los adictos los desvían de la turbulencia y el miedo al que no se quieren enfrentar, entonces reinciden en las compulsiones que los sosiegan. En todos los casos de dependencia que he atendido, subyace una depresión profunda que parece insoportable. Sin embargo, no es insoportable, sólo que así se *siente*. A menudo los adictos son hipersensibles y los agobian sentimientos con los que no pueden lidiar por medio del trabajo, el alcohol, las drogas, la comida o las apuestas.

En cuanto se liberan de sus compulsiones, se sienten expuestos, agonizantes y vulnerables. A las personas que se encuentran en las primeras etapas de su recuperación les advierto que serán como víctimas de quemaduras que se han quedado sin piel. Cuando salgan a la calle, el aire los lastimará. La hipersensibilidad es frecuente. De ahí proviene el chiste de Alcohólicos Anónimos: "Cuando a una persona normal se le poncha una llanta, llama al mecánico; cuando le pasa a un adicto en proceso de recuperación, llama a la línea de asistencia telefónica para suicidas".

En *Liberados* comparto mi historia personal y presento casos reales de pacientes que han combatido con éxito distintas adicciones. He desarrollado un programa sencillo que, paso a paso, te enseña a superar cualquier adicción por cuenta propia o cómo intervenir para que alguien lo haga. Empiezo por definir qué es una adicción, cómo funciona y cómo saber si es un hábito que tenemos bajo control o si se está convirtiendo en un peligro, es decir, si "abusamos" de él en vez de emplearlo con moderación. Expongo por qué la mayoría de los adictos dependen de las sustancias y no de las personas, con lo cual evitan todo tipo de intimidad. Al mismo tiempo, revelo a qué "pilares fundamentales" y sanos podemos recurrir cuando renunciamos a nuestras prácticas nocivas. En vista de que el consumo de los adictos regula sus emociones, sugiero formas saludables, directas y honestas de lidiar con las emociones complicadas.

Para terminar este proyecto trabajé con la escritora Susan Shapiro, residente en Manhattan y una antigua paciente quien hace más de una década se sometió a mi tratamiento para dejar el alcohol, la mariguana y un tabaquismo de 27 años (fumaba dos cajetillas diarias). Para sustituir sus adicciones, Susan se concentró en su pasión por la escritura y desde entonces ha publicado siete libros, dos de ellos sobre sus experiencias en rehabilitación. Maravillada con cómo esta terapia había enriquecido cada aspecto de su vida de manera casi milagrosa, desde hacía tiempo me había insistido en reunir todas mis teorías, aforismos y directrices en un sólo lugar.

En *Liberados* no encontrarás falsas esperanzas ni promesas superficiales que sugieran que renunciar a un hábito dañino es fácil. No lo es. No existe ninguna varita mágica ni consejos simplistas que eviten que te sientas miserable una temporada. Las primeras etapas de la transformación son incómodas, complicadas y aterradoras. Al principio, muchos adictos dudan sobre si vale la pena embarcarse en la difícil travesía hacia la sobriedad. Es normal. A pesar de la ambivalencia, es posible tomar la decisión de renunciar a tu adicción.

Nada valdrá tanto la pena, y no sólo por los beneficios a la salud que ya conoces. Lo que la mayoría no sabe es que las adicciones nos impiden conseguir aquello que más queremos en la vida. Además de exponer las trampas engañosas que una adicción emplea para perjudicarte y ofrecer consejos para renunciar a ella, *Liberados* te guiará para identificar las carencias en tu vida y encontrar los objetivos y sustitutos positivos a tu alcance.

Recuerda, cuando te liberas de una compulsión tóxica, permites que algo hermoso tome su lugar.

CAPÍTULO 1

¿Alguno de tus hábitos es adictivo? Cafeína y navegar en internet

–¿Es posible ser adicto al refresco de dieta? —Susan, coautora de este libro, me preguntó el año pasado.

—Claro. De hecho es una adicción común —le respondí.

Susan había perdido la voz y su otorrinolaringólogo le pidió que dejara de tomar todo tipo de refrescos de inmediato, sin importar que no tuvieran cafeína. Resulta que había estado consumiendo diez latas de Coca-Cola de dieta al día y se le dificultaba dejarla de golpe. No podía dormir, trabajar ni concentrarse sin ella.

La personalidad de Susan era tan adictiva que podía engancharse a las zanahorias. Ya había superado su dependencia de años a los cigarros, la mariguana y el alcohol. De cualquier modo es probable que las adicciones previas empeoren o que surjan hábitos nuevos, incluso cuando se trata de un adicto cuidadoso y en recuperación. En este caso, Susan no había advertido que además del golpe de cafeína del que dependía a diario, se había vuelto adicta a los químicos y al efecto inhibidor del apetito que el refresco de dieta le había producido durante tantos años. Lo anterior sin mencionar el ritual relajante que le proporcionaba beber cantidades ilimitadas del líquido con la ilusión de que "sin calorías" significaba saludable. Tener que dejar otra sustancia le resultó más complicado de lo que esperaba.

"Cuando crees que lo has perdido todo, descubres que siempre es posible perder un poco más", bromeó citando "Trying to Get to Heaven" de Bob Dylan, que el compositor escribió después de un ataque cardiaco.

Se cree que un adicto es alguien que consume drogas fuertes o alcohol en exceso. Sin embargo, defino una adicción como una dependencia compulsiva a *cualquier sustancia o actividad* que te dificulta o impide desenvolverte en rubros sustanciales de tu vida como el trabajo, la escuela, la familia, o las relaciones sociales, o íntimas. En ocasiones, la sustancia se utiliza para regular estados emocionales que, de no consumirla, serían intolerables. Asimismo, la apetencia imperiosa por determinada sustancia está presente en cualquier adicción, a menudo por motivos no obvios para quien lo hace. Renunciar a la sustancia o actividad es doloroso y se antoja aterrador o imposible.

Es evidente que, antes que nada, una persona tiene que admitir que tiene un problema y quiere remediarlo. Es imposible ayudar a alguien que se niega a reconocer su problema y hacer una valoración de sí mismo. Así que primero pregúntate si estás dispuesto a admitir que tienes un problema con la comida, el alcohol, las drogas, el sexo, las apuestas o la pornografía. Que no compres crack en un callejón sombrío o fumes cuarenta cigarros uno tras otro todos los días, no significa que no tengas una personalidad adictiva que con el tiempo te perjudique y te lleve a la destrucción. El estudiante pulcro y sereno que navega en internet siete horas diarias podría ser igual de infeliz, inestable y solitario que el alcohólico que bebe tanto que termina en la cárcel o en el hospital.

De alguna forma, el alcohólico está en mejor posición que el adicto a internet porque su problema es obvio, visible e irrebatible. Quienes sufren de adicciones serias a las drogas cuentan con servicios y programas de rehabilitación ofrecidos por instituciones médicas, trabajadores sociales y el Estado. No obstante, fingir que todo está en orden y ocultar una depresión con una adicción menos evidente es igual de nocivo para tu cuerpo, alma y mente. Las adicciones como comer, comprar, apostar y depender de la tecnología, son más difíciles de detectar, por lo tanto, es probable que los individuos que las padecen no busquen un tratamiento.

El primer paso para recuperarte y retomar las riendas de tu vida es ser consciente de tu adicción, estudiar tu comportamiento y tus rituales diarios con nuevos ojos. Es factible abusar de casi cualquier cosa. Una adicción representa un escape, te permite distanciarte de ti mismo, la vida diaria y los sentimientos y emociones dolorosas que preferiríamos evitar. Una adicción funciona a corto plazo, no obstante, a la larga no es beneficiosa porque termina ocasionando más problemas de los que resuelve. Éstos son los abusos más comunes con los que me he encontrado:

Sustancias o actividades que tienden a volverse adictivas

1. Alcohol: bebidas destiladas, cerveza y vino.
2. Medicamentos con receta médica: ansiolíticos, analgésicos, entre otros.
3. Medicamentos sin receta médica tales como Tylenol, aspirina, etcétera.
4. Drogas ilegales como crack, heroína, mariguana, hachís, cocaína, depresores, estimulantes, LSD y hongos.
5. Nicotina: cigarros, puros, tabaco masticado, chicles o spray de nicotina.
6. Pornografía, ya sea en vivo o en revistas, videos, películas, televisión o internet.
7. Apostar, ya sea en máquinas tragamonedas en Las Vegas, en juegos de cartas y bingo o comprar boletos de lotería.
8. Comida: dietas, comer en exceso, anorexia, bulimia, atracones y comer por ansiedad.
9. Ejercicio, en ocasiones está asociado con trastornos alimenticios.
10. Deportes de aventura o actividades de alto riesgo: descenso de río, salto en *bungee*, entre otros.
11. Alimentos o bebidas que contengan cafeína y otros químicos: café, té, refrescos y chocolate.
12. Tecnología: televisión, videojuegos, computadora, correo electrónico, mensajes instantáneos, navegar en internet, Facebook, Twitter.
13. Compras, aun si tu presupuesto te permite costear los gastos.
14. Trabajo, a pesar de que disfrutes tu carrera y necesites trabajar para vivir.
15. Sexo.
16. Tatuajes y perforaciones en el cuerpo.
17. Cortarte y otras formas de mutilación autoinflingida.
18. Venerar a los famosos: ser un fanático, escribirles cartas, acosarlos, fantasear y obsesionarte con ellos.
19. Mejoras cosméticas: botox, cirugía plástica, teñirte el pelo, decorarte las uñas, repetidos cambios de imagen.
20. Tratamientos de lujo: entrenadores personales, masajes, spas.

Prueba para determinar si es una adicción

Ya sea fumar, beber, consumir drogas, comer comida chatarra, hacer ejercicio, tener relaciones sexuales, apostar, jugar videojuegos o ver pornografía, es difícil saber si nuestros hábitos son saludables, moderados o se han convertido en una adicción destructiva que empeorará con el tiempo. Para descubrirlo, responde *sí* o *no* a las siguientes cuarenta preguntas. Si la respuesta es *tal vez* o *a veces*, considéralo un *sí*.

1. ¿Hacerlo te alivia del aburrimiento diario?
2. ¿Lo utilizas para calmarte o relajarte?
3. ¿Te sientes vacío sin ello?
4. ¿Si dejas de hacerlo una semana, te sientes nervioso, ansioso o aburrido?
5. ¿Duele cuando dejas de hacerlo?
6. ¿Te resulta difícil imaginar cómo sería tu vida sin ello?
7. ¿Lo has practicado hasta el punto de sentirte mal o lastimarte?
8. ¿Te ha orillado a hacer algo de lo que te arrepientes y que de otro modo no habrías hecho?
9. ¿Dejar de hacerlo te produce síntomas como temblores, sudoración o agotamiento?
10. ¿Se interpone en tu trabajo, escuela o relaciones importantes?
11. ¿Has reprobado un examen, suspendido una clase, te ha reprendido tu superior, te han despedido o se ha interpuesto en tus actividades académicas o profesionales?
12. ¿Ha arruinado alguna relación importante?
13. ¿Es ilegal?
14. ¿Lo practicas o consumes en contra de tu sentido común?
15. ¿Renunciar a ello te deprime, asusta, enfurece o despierta deseos suicidas?
16. ¿Interfiere en tu vida sentimental?
17. ¿Las personas cercanas a ti se alegrarían si lo dejaras?
18. ¿Tus padres, pareja, hijos, profesores, doctores o tu mejor amigo lo consideran un problema?
19. ¿Inviertes dinero en ello con frecuencia?
20. ¿Te ha orillado a endeudarte?
21. ¿Te causa problemas para dormir?
22. ¿Prefieres hacerlo que convivir con tu pareja, familia o amigos?

23. ¿Prefieres hacerlo cuando estás solo?
24. ¿Te obliga a mentir o lo mantienes en secreto?
25. ¿Conseguirlo o hacerlo es inconveniente para ti y los demás?
26. ¿Te obliga a hacer cosas irracionales como gastar el dinero de la renta, salir a las cuatro de la mañana de tu casa o acudir a una zona peligrosa de la ciudad?
27. Cuando lo haces, ¿no te conformas con poco?
28. ¿Tu necesidad de hacerlo no tiene fin?
29. ¿Afecta tu rendimiento en el trabajo, escuela, casa o eventos sociales?
30. ¿Lo necesitas para sentirte activo en el trabajo, escuela, casa o eventos sociales?
31. ¿Te genera ansiedad cuando no lo haces?
32. ¿Lo necesitas de manera regular?
33. Cuando las personas de tu entorno te preguntan por tu hábito, ¿te sientes ansioso?
34. ¿Otros miembros de tu familia tienen el mismo hábito?
35. ¿Tienes muchas ganas de hacerlo?
36. ¿Has intentado renunciar y no lo has conseguido?
37. ¿Lo consideras un problema?
38. ¿Crees que tu vida sería mejor si dejaras de hacerlo?
39. ¿Lamentas no poder dejarlo?
40. ¿Tu mente te manda señales de que te sentirías mejor si no lo consumieras o practicaras?

CALIFICACIÓN:
Si respondiste que sí a más de cinco preguntas, tu hábito está a punto de convertirse en una adicción. Está interfiriendo de forma negativa en otras áreas de tu vida. Es probable que, sin tratamiento, empeore.

Susan respondió sí a diez de estas preguntas, teniendo en cuenta su gusto por el refresco de dieta. Admitió que además de su otorrinolaringólogo, también su ginecólogo y oncólogo le habían advertido de los efectos negativos de beber tanto refresco. Su dentista era incapaz de blanquearle los dientes negros, manchados por la bebida. Después de una endodoncia, el odontólogo le advirtió que los ingredientes del refresco deterioran el esmalte de los dientes, lo cual incrementa las posibilidades de requerir una cirugía de emergencia. Decidió que era hora de despedirse del refresco de dieta.

Susan pasó tres meses desolada e incómoda, le impresionaba que un líquido tan barato, legal y omnipresente la dominara de tal forma. Ahora sólo toma agua (la cual a veces bebe con popote desde una lata de Coca-Cola de dieta vacía) y té, al que le agregaba demasiada miel y por consiguiente, también tuvo que dejar. (De hecho es raro que un adicto tenga una sola adicción, más adelante estudio este tema a detalle en el capítulo sobre cómo evitar mezclar sustancias.)

El punto es que uno puede volverse adicto a sustancias y actividades ordinarias, extrañas y en apariencia inofensivas. Lo primero que necesitas hacer es reflexionar sobre tus hábitos y decidir que es momento de reducir la dosis o abstenerte del todo.

Cómo saber si tu hábito se está convirtiendo en una adicción

1. **Toma nota:** pon mucha atención a todos tus hábitos y actividades. ¿Duermes de corrido toda la noche? ¿Te sientes descansado, nutrido y en forma? ¿Sabes cuánto comes, bebes y gastas? ¿Te preocupan dilemas ilegales o inmorales (como drogas, deudas o infidelidades)? ¿Estás enfrentando cambios recientes con los que se te dificulta lidiar? Si tuvieras que renunciar a una sustancia o actividad, ¿cuál sería?

2. **Intenta dejarlo de golpe:** si estás tan seguro de que tu hábito de beber, fumar, comer, apostar, comprar, o de que tu afición inofensiva a la pornografía no es para tanto, entonces renuncia a él toda una semana, empieza mañana desde que te levantes. Si no te cuesta trabajo abstenerte siete días seguidos entonces tal vez no eres adicto. Por otro lado, si no te puedes levantar o si te sientes deprimido, enojado, ansioso, asustado, paranoico o nervioso a causa de la abstinencia, o si descubres que extrañas la sustancia, es probable que sea hora de hacerle frente a tu problema.

3. **Procura establecer qué sientes cuando recurres a tu hábito:** ¿tan pronto tomas el teléfono para llamar a tu madre de larga distancia, prendes un cigarro? ¿Al terminar una junta con tu jefe, lo primero que haces es comerte una dona? ¿Si en una fiesta te sientes incómodo o nervioso te tomas una cerveza o una copa de vino para relajarte?

Averigua si existe una relación entre las emociones incómodas y tus hábitos. Regular tus sentimientos por medio de una actividad o sustancia no es un método saludable para hacerles frente. Por lo general indica que la sustancia que consumes es una adicción o que está a punto de convertirse en una, por lo que es necesario reconsiderarla en serio.

4. **Haz cuentas:** pese a que muchos hábitos dañinos son gratuitos, la mayoría (como el cigarro, el alcohol, las drogas y apostar) tiene repercusiones serias y notorias en tu estado de cuenta. Calcula tu consumo e inversión. Compara esta cantidad con tus ingresos y con lo que preferirías comprar.

   Por ejemplo, Susan concluyó que gastaba 10 dólares diarios en Coca-Cola de dieta, un total de 3,750 dólares anuales. Había bebido refresco desde los trece años. Al cambiarlo por agua, recuperaría su voz, su salud y ahorraría mucho dinero.

   La primera vez que la atendí en los noventa, Susan fumaba dos cajetillas de cigarros al día, asimismo, fumaba mariguana de forma habitual y bebía en bares y eventos sociales. Dedujo que gastaba por lo menos 3,000 dólares en cigarros, 1,200 en mariguana y 1,200 en refresco cada año, un total de 5,400 dólares. Sus ingresos anuales el año anterior ascendieron a 24,000 dólares, con lo cual, sin ser consciente, estaba gastando casi un cuarto de su salario en sus hábitos. Argumentaba que le era imposible costear la terapia (125 dólares por sesión en aquel entonces) o pagarle a un editor independiente para publicar un libro que escribió y que no había conseguido vender (2,000 dólares). Cuando hizo cuentas, la solución le pareció evidente. Decidió empezar con la terapia, contratar al editor y renunciar a sus tres hábitos, así, publicó tres libros al año siguiente y triplicó sus ingresos.

5. **Asiste a una sesión de terapia de grupo:** muchos estudios han demostrado que integrarse a un grupo de rehabilitación aumenta las posibilidades de mantenerse sobrio. Oblígate a asistir a una reunión de Alcohólicos, Narcóticos, Jugadores, Deudores, Comedores Compulsivos Anónimos o Weight Watchers. No tienes que regresar ni participar, sólo exígete presenciar la reunión completa sin juzgar. Al terminar pregúntate cómo te sientes, ¿reconoces algunas de las historias que los miembros compartieron? ¿Te identificaste con alguien? No es preciso comprometerte a largo plazo para beneficiarte

de una terapia de grupo. Suelen ser gratuitas o muy accesibles así que no tienes nada que perder más que tu compulsión.

6. **Pídele estadísticas a tu doctor:** si fumas tabaco o mariguana, investiga el daño que le has causado a tus pulmones. Si bebes, pregúntale a tu doctor qué efecto tiene el alcohol en tu organismo. Si tu problema es la comida, pregunta cuáles son las consecuencias de la obesidad. Si has padecido bulimia o anorexia, averigua las secuelas tras purgar o matar de hambre a tu cuerpo, así como las estadísticas de cuántas personas terminan hospitalizadas a causa de trastornos alimenticios cada año. Hacerse a la idea de lo que podría pasar, te asustará o, por lo menos, te invitará a admitir que tus acciones autodestructivas ponen en peligro tu salud.

7. **Acude a un especialista en adicciones:** busca por lo menos una cita, charla o terapia para exponer tus preocupaciones con un especialista, consejero, psiquiatra, psicólogo o trabajador social que esté familiarizado con el tratamiento de adicciones. Una consulta te costará entre 50 y 200 dólares pero valdrá la pena porque expondrás tu situación y descubrirás si tienes un problema antes de que arruine tu matrimonio, cuenta bancaria, carrera, familia y vida. Un especialista en adicciones te guiará por todos estos pasos y sugerirá soluciones más detalladas y específicas acordes a tu personalidad, así como brindarte respaldo emocional. En mi experiencia, aquellos dispuestos a acudir a terapia individual y de grupo tienen mayores posibilidades de recuperarse que quienes no lo hacen.

8. **Recurre a personas de confianza:** uno por uno, acude a tus amigos, colegas, doctores y pareja, pídeles su opinión honesta y discreta sobre si tu forma de beber (fumar, comer, ejercitar, apostar o comprar) es un problema. Pregúntales y no hables, sólo escucha su respuesta. Si tus seres queridos se muestran preocupados, es probable que el problema no sólo exista en tu imaginación y que debas atenderlo antes de que empeore.

9. **Consulta a un exadicto:** la mayoría de los adictos recuperados o que acuden a una terapia grupal, están muy orgullosos de su abstinencia. Aprovecha un momento privado para acercarte a un exadicto y coméntale que temes tener una adicción. Es probable que él o ella reconozca tus síntomas o señales de advertencia tempranas y se ofrezca a compartir sus estrategias o su experiencia.

10. **¿Supone secretos, engaños y mentiras?:** hay una diferencia entre comer de más en una cena familiar y comer comida chatarra solo a las tres de la mañana. Si te atascas solo de forma habitual es probable que creas que es malo o vergonzoso. Cualquiera que sea tu hábito, ¿recurres a él en soledad? Ocultarlo o mentir cuando alguien te pregunta sobre él, podría ser una señal de que se ha convertido en una adicción.

CAPÍTULO 2

Escribe para expresar lo que piensas: anorexia, funciones y disfunciones sociales

¿Es posible ser adicto a las actividades de la iglesia? Descubrí la respuesta cuando Jean, en sus palabras "una devota esposa y madre católica que nunca falta a misa", me fue a ver por su hija anoréxica, Stacey. Parecía que el torbellino de actividades religiosas en torno al cual se centraba la vida de Jean, había provocado que su hija se sintiera sola y descontenta al grado de rechazar la comida.

Tras atender a pacientes con trastornos alimenticios, he aprendido que la anorexia es una actividad compulsiva y perniciosa empleada para bloquear y controlar sentimientos, por lo que la considero una adicción. Acepté reunirme con Stacey.

Sin embargo, había un problema. Durante los primeros cuatro meses de tratamiento, no pronunció una sola palabra.

Se trataba de una adolescente pelirroja de 16 años, de 1.60 metros de estatura y 30 kilos a la que habían hospitalizado varias veces y alimentado por vía intravenosa. No había menstruado en dos años y su sistema inmune estaba tan frágil que, de acuerdo con su doctor, hasta una gripe podía matarla. Para cuando llegó a mi consultorio en Arkansas, en la primavera de 2009, lucía esquelética y a punto de morir. Vivía con sus padres, ellos la habían llevado a consulta. Accedió a asistir a terapia porque sus padres no le habían dejado otra alternativa. Era esto o volver al hospital al que le tenía pavor. No obstante, cuando entró a mi oficina, permaneció muda, se negaba a hablar.

En nuestra primera sesión, le pedí a sus padres que la acompañaran los primeros diez minutos para que nos explicaran (a mí y a Stacey) sus motivos para llevarla a terapia. Cuando le pedí a sus padres que salieran, seguía sin decir nada. Permaneció sentada con la cabeza agachada, paralizada y ausente. Cuando a partir de entonces asistía a consultas individuales, permanecía en absoluto silencio. Semana tras semana. Nunca me había sucedido algo similar en treinta años de ejercer la medicina.

Se veía tan perdida e inexpresiva que no me dio la impresión de que estuviera fingiendo o quisiera desafiarme. Era como si no tuviera voz, energía ni ganas de vivir. En mi infancia, supe lo que significaba sentirse desesperado y desolado, desear que alguien se preocupara o interesara por mí para superar mi pesadumbre. Tenía una hija adolescente unos años menor que ella. ¿Qué pasaría si mi niña enfrentara tanto dolor? Estaba desesperado por llegar a ella, de tal forma que cada sesión le hablaba sin parar.

"Tus padres me dijeron que los psicólogos y doctores que te han tratado no te han funcionado. Creo que es porque se obsesionaron con tus problemas con la comida, por lo que no haré lo mismo. No pretendo enfocarme en tu anorexia. De momento, me quiero concentrar en tu psique y alma, en donde radican los verdaderos problemas. ¿De acuerdo?", le pregunté, como si estuviéramos conversando. Si alguien más hubiera presenciado la escena, estoy seguro de que mis monólogos de una hora repletos de movimientos exagerados de las manos e historias personales sobre mis propios problemas le habrían parecido ridículos. Estaba decidido a comunicarme con esta chica a toda costa. Según la suerte que había tenido en casos previos, también difíciles, decidí que compartir mi historia personal sería una forma de llegar a ella.

A lo largo de cuatro meses de silencio, le conté de los psicólogos que me habían atendido y decepcionado, lo que había aprendido de estos fracasos y de mi intención de brindarle a mis pacientes la orientación que no había encontrado en la terapia, por lo menos en un inicio. Le dije que entendía la desesperación y angustia que parecía enfrentar porque había tenido una madre que nunca me quiso y habría preferido verme muerto. Le confesé que creía que a veces la vida era cruel e injusta, le conté que había perdido mi departamento en Battery Park City, al sur de Manhattan, durante los ataques al World Trade Center del 9/11, de tal manera que tuve que trasladar a mi familia a Arkansas. Muchos psicólogos se inclinan por una estrategia reservada y prefieren empezar de cero con cada paciente. Compartir detalles de mi vida privada con mis pacientes para ayudarlos no me resulta problemático.

Si bien Stacey no respondía con palabras, pude detectar movimientos casi imperceptibles de sus cejas y que sus ojos azules me seguían cuando me ponía de pie para servirme un vaso de agua. Algunas veces, cuando se inclinaba un poco hacia adelante para escucharme, sentía su atención. A veces la notaba distraída, mirando a otro lado y le decía: "Lo siento, te estoy aburriendo", con lo cual recuperaba su atención. Sabía que me escuchaba y esperaba acercarme a ella poco a poco.

—No importa si decides no hablarme nunca, de todas formas seguiré hablándote y voy a curarte —le dije—. Si crees que tu falta de respuesta conseguirá disuadirme, te equivocas porque no me voy a callar ni a darme por vencido.

En mi profesión, se nos enseña a preguntar en vez de afirmar, a parecer neutrales y no tendenciosos, a sugerir: "Por qué no consideras la posibilidad de... ". A mí también me enseñaron a ser tolerante, no juzgar y nunca decir nada que a un paciente le pueda parecer arrogante, provocativo o crítico. Pero éste no es el tipo de terapia que me fue útil y tampoco es el tipo de psicólogo que quiero ser. No conozco ninguna otra profesión en la que un experto nunca critique, se abstenga de ofrecer juicios de valor, declaraciones firmes o decisiones concisas. En cualquier otra área, a un profesionista inteligente y con carácter no sólo se le permite ser firme y decidido sino que se espera que lo sea. Imagínate acudir a un cirujano que se mostrara ambiguo y aprensivo a la hora de emitir un diagnóstico o incluso expresar su opinión. O si un bombero que acudiera a tu casa en llamas, titubeara e indeciso de si subir las escaleras para apagar el fuego o pedir refuerzos, te preguntara: "¿Qué te parece?".

He tratado a muchos adictos como Stacey que se debaten entre la vida y la muerte. Algunos pacientes corrían el riesgo de morir de hambre, de una sobredosis, por manejar ebrios o consumir drogas frente a sus hijos y ocasionar daños irreparables a su persona y a su familia. Es frecuente que el instinto de supervivencia de un adicto sea disfuncional y que como Stacey, necesite escuchar una voz potente para combatir un impulso adictivo. Creo que es habitual que un adicto se sienta más seguro, tranquilo y en buenas manos con una figura de autoridad que le señale un camino claro. Para algunas personas, soy su último recurso, acuden a mí cuando todo lo demás ha fracasado. Pagan para obtener mi opinión y experiencia. Mi objetivo es brindarles asistencia inmediata. No me importa ir a contracorriente o adoptar una actitud agresiva o arrogante si estoy convencido de que así le salvaría la vida a alguien.

Luego de cuatro meses, en nuestra decimoquinta sesión, le relataba la profunda desesperación que experimenté a su edad y le dije:

—Estoy seguro de que no tienes idea de lo que estoy hablando.

—Sí la tengo —respondió.

Me reí y respondí: "Ah, ella habla", procuraba no darle importancia, no quería que se cohibiera. Sonrió. Después de esa ocasión, habló cada vez más. Entonces guardé silencio y escuché.

Con el tiempo, habló sobre su depresión y desesperación profundas. Estaba convencida de que no merecía existir. Se sentía ignorada, invisible. Nadie la conocía. Afirmaba ser fría, estar paralizada, ensimismada. Le fascinaba la escuela, era lo único que le importaba pero sentía la compulsión de obtener calificaciones perfectas y no tenía verdaderos amigos. Decía estar sola en el mundo, el propio Dios la había abandonado. Estaba segura de que nunca encajaría. Se sentía miserable, culpable, fea, creía que cuanto más pequeña era, menor era el espacio que ocupaba y menos ofensiva resultaba para Dios y el universo. Le pedí que empezara a escribir un diario en el que volcara sus sentimientos de manera que pudiéramos continuar nuestro diálogo íntimo fuera de las sesiones. Le resultaba más fácil escribir acerca de sus emociones que hablar sobre ellas.

Al cabo de unos meses, comenzó a enviarme por correo electrónico entradas poéticas que transcribía en su computadora. A propósito de un viaje con su madre a las montañas, escribió: "Mis ojos cansados contemplan el arribo del invierno… las sombras de las montañas y del cielo plácido acercan sus cuerpos pesados al mío como recordatorio de la inutilidad de tener esperanza… No tenía idea de lo que me deparaba el futuro pues esperaba morir antes de su llegada".

Stacey no había conseguido verbalizar su tendencia suicida ni articular las palabras "esperaba morir". Haberme enviado este pasaje para que lo leyera era un progreso inmenso. Al compartirlo, me ayudaba a apoyarla. Me permitió confiar en que no moriría. Me sentía aliviado. Me confesó que nunca lo había admitido, ni a ella misma. Su diario nos permitió entender su fragilidad y estimar la cantidad de trabajo que teníamos por delante. Imprimí algunas de las páginas y le pedí que las leyera en voz alta en nuestras sesiones para que los dos escucháramos las palabras de su propia boca. Al principio se negó, tuve que convencerla de lo contrario. "Por favor, quiero escucharte leerlas." Al final, cedió. Su voz era diminuta, titubeante, tímida, como si no tuviera derecho de hacer notar su presencia en el mundo a través del habla.

Estaba maravillado de que describiera sus emociones en nuestras sesiones cuando antes había permanecido muda. "Me han defraudado los doctores y los psicólogos que me han tratado como una más y no como un ser humano. Me hicieron sentir como un problema que había que solucionar, como alguien bajo el efecto parcial de la anestesia: incapaz de hablar pero que siente el efecto del cuchillo... Las primeras sesiones con el doctor Woolverton fueron iguales que con todos los psicólogos. Por otro lado, no me examinaba como los otros lo hacían... Insistía en hablar sobre él. Logró que me viera reflejada en sus historias... A pesar de mi silencio, creyó en su habilidad para ayudarme... Hice a un lado mis dudas y decidí hacer lo que me pidiera. Si la vida termina por abrumarme, el suicidio es una salida. En un acto de confianza, me puse en sus manos."

Estaba agradecido de que lo hubiera hecho. Sin embargo, conocía los límites al tratar a un paciente una hora a la semana. Su supervivencia dependía de que confiara en otras personas que pudieran asistirla en cualquier momento. Un tema recurrente en las sesiones y en su diario era que su madre no la comprendía, la ignoraba o no la quería. Stacey sabía que me reunía con frecuencia con sus padres para hablar sobre la condición que ponía en riesgo su vida; dos meses después de su progreso, le sugerí trabajar con ella y su madre en una sola sesión. Se negó, dijo que no tenía sentido, estaba segura de que su madre no la entendería. Aun así estuvo de acuerdo con que me reuniera sólo con su madre. Se mostró neutral al respecto, no le incomodaba la idea. Al preguntarle por qué, respondió que le parecía inútil pero que estaba de acuerdo, me deseó suerte. Estaba desapegada a su madre, por lo que su reacción fue: "Adelante, a ver qué logras".

A diferencia de los psicólogos que se apegan a una doctrina que se opone a atender a miembros de la misma familia, o a una pareja por separado, en mi caso, no tengo reglas absolutas al respecto. Es interesante que tampoco Sigmund Freud, el padre del psicoanálisis, las tuviera. De hecho Freud invitaba a sus pacientes a cenar a su casa y se los presentaba a su familia. Los posfreudianos se encargaron de imponer reglas estrictas. Por controvertidas que parezcan algunas de mis prácticas en ciertos círculos, creo que una terapia de adicción efectiva mezcla métodos psicoanalíticos y cognitivos. Si son benéficos para los pacientes, no me importa si se les considera poco convencionales. Mi prioridad es lograr que los adictos dejen las drogas o renuncien a actividades que podrían tener consecuencias fatales y dañinas para ellos, sus parejas o hijos. De manera que evalúo lo que cada caso requiere.

A veces la madre, el padre o la pareja de algún paciente son los únicos capaces de brindarles los cuidados cotidianos que requieren. Reunirse con el hijo, padre o pareja de manera individual puede ser muy esclarecedor. Aunque reconozco que también es arriesgado, me resulta más fácil actuar una vez que conozco la historia completa desde una perspectiva distinta a la del adicto, lo cual me permite conseguir que las dos partes trabajen mejor en conjunto.

Cuando Jean, la madre de Stacey, me visitó por primera vez, sonreía todo el tiempo, sus primeras palabras fueron: "Es un placer conocerte y estar aquí. He escuchado acerca de la labor maravillosa que llevas a cabo en el Village Institute para ayudar a la gente". Era una católica irlandesa de clase media, pelirroja, de cuarenta y dos años, bonita y alegre que hablaba del clima como si nos acabáramos de conocer en una fiesta. Dado el peligro en el que se encontraba su hija, su máscara sociable y cortés era inquietante. Jean portaba tantas capas de cordialidad que era incapaz de admitir por qué se encontraba en mi oficina. En vista de que había empezado a tratar a su hija una vez a la semana, me alarmó sospechar que Jean hubiera continuado su plática superficial a lo largo de la sesión si no la hubiera detenido.

—Qué clima tan maravilloso hemos tenido —afirmó.

—Mira, Jean, deja la amabilidad a un lado y afronta las desgracias que está viviendo tu familia —le dije.

Empezó a llorar.

—Dime por qué estás llorando —le pedí.

—Stacey no se encuentra del todo bien.

—En los últimos dos años, tu hija ha estado a punto de morir varias veces. Si quieres hacer algo, tienes que dejar de sonreír y halagarme y empezar a hablar con honestidad sobre lo que está sucediendo.

No era mi intención ser ofensivo, necesitaba ser contundente para sacudirla. Quería que Jean entendiera lo que yo había aprendido de su hija. Les aclaro a mis pacientes que pretendo ser un participante activo durante el tratamiento. Sin mentiras y sin juegos. Digo lo que pienso y no pierdo el tiempo. Quiero confiar en lo que escucho y pienso. No soy de la idea de que la terapia tiene que ser un encuentro cortés. Concuerdo con la psicoanalista austriaca Melanie Klein, quien creía que un psicólogo debe decirle lo que sea a un paciente. Lo que importa no es lo que dices sino cómo lo dices. Acostumbro a equilibrar mi franqueza echando mano de cierta delicadeza y preocupación para evitar ofender o alejar a cualquiera a quien intento orientar. No obstante, en vista de que Stacey pesaba menos de 45 kg y por lo tanto, temía por su vida, estaba dispuesto a arriesgarme a ser descortés con su madre.

—No sé por qué está enferma. La adoramos. He hecho todo lo que ha estado en mis manos. Siempre fuimos juntos a la iglesia. Era una niña feliz —Jean aseguró.

—Parece que no es así —insistí.

—No entiendo qué pasa —Jean respondió sollozando. Le pasé un pañuelo.

Jean me contó que su esposo, Tom, un piloto que trabajaba para una aerolínea, se ausentaba mucho y que su hija de dieciocho años, Rachel, estudiaba teatro en la universidad y se había mudado hacía poco a su propio departamento. (Parecía que Rachel no tenía trastornos alimenticios.) Jean se sentía sola y su manera de lidiar con la soledad era salir y socializar. Todo el tiempo. Se autodenominaba "una mariposa sociable", lo cual era un eufemismo. Pronto me percaté de que la existencia de Jean giraba en torno a las misas de los miércoles y domingos, así como otras actividades religiosas: eventos para recaudar fondos, reuniones sociales, comités, almuerzos y cenas de beneficencia casi todos los días, de día y noche. Desde hacía años, casi nunca estaba en su casa.

A pesar de que en ocasiones aliento a mis pacientes a sumarse a actividades religiosas, Jean no se había percatado de que su vida social se había convertido en una adicción perniciosa que contribuía a la enfermedad de su hija y estaba destrozando a su familia.

—Tenemos una vida maravillosa, es una bendición. Tenemos una casa hermosa, autos, dinero suficiente, todo lo que siempre quisimos —Jean afirmó—. ¿Qué le molesta a Stacey?

—Eres noble, tienes un gran corazón —le dije con franqueza—, por desgracia, estás tan ocupada que no tienes tiempo para averiguar cómo se siente tu hija ni tú misma.

—Intento entenderla —aseguró.

—¿No te entristece que tu esposo siempre esté fuera?

—Es por su trabajo —contestó—. Es un hombre bondadoso y un proveedor generoso.

Era claro que tenía que ir directo al grano.

—Tu hija preferiría estar muerta. ¿Qué te parece?

Jean se soltó a llorar de nuevo. Estaba tan acostumbrada a tener conversaciones superficiales, falsas y optimistas con sus conocidos que no estaba familiarizada con sus sentimientos más profundos. Sin lugar a dudas, las reuniones sociales y benéficas de la iglesia son actividades positivas. Sin embargo, en este caso, Jean las utilizaba de manera inconsciente para escapar de la tristeza y evitar lidiar con los problemas graves. Después de tres sesiones, aceptó que de hecho detestaba la ausencia de su marido a pesar de que nunca se lo había dicho, ni lo había admitido.

Durante años la soledad la había inundado. No tenía una carrera. Su hija mayor se había independizado y ya no la necesitaba. La menor se le escapaba. A pesar de que Jean adoraba a su familia, no tenía ninguna conexión íntima con ninguno de ellos. Su vida social era una adicción peligrosa porque interfería en su matrimonio y la salud de su hija. Su razón de ser era evadir sus emociones. Si renunciaba a ella, le afectaría. Su lógica le decía que cualquier cosa relacionada con la religión era positiva. Sin embargo, un hábito saludable en exceso (como tomar demasiada agua), se puede convertir en un problema grave, sobre todo si no se es consciente de cuáles son los motivos para optar por esa práctica. Jean tenía miedo de estar sola y en silencio porque entonces su infelicidad y miedos sobre la condición de su hija saldrían a la superficie.

Desde luego la enfermedad de Stacey era devastadora. Para participar en su recuperación, Jean tenía que reconocer su propio problema: agendaba planes nocturnos y atiborraba sus días de actividades para no sentirse desdichada. Una vez que identificara este problema, tenía que admitir las consecuencias. No conocía a sus hijas y una de ellas estaba en peligro de muerte. Tampoco se conocía a sí misma. Estaba paralizada, atrapada en un patrón de actividades sociales que la hacían sentirse vacía.

Como acostumbro al comienzo de algunas terapias, le sugerí a Jean que empezara a escribir acerca de lo que sucedía en su vida y lo que le molestaba. Era preciso que reconociera y exteriorizara sus sentimientos más amargos, del mismo modo que Stacey. Jean nunca había expresado cómo se sentía. Tenía que averiguarlo para salir de ese torbellino sin sentido y descubrir quién era su hija para ayudarla.

—Siempre quise escribir —reconoció.

—¡Hazlo! ¡Exprésate! No ocultes nada —le recomendé—. No se lo tienes que enseñar a nadie, ni a mí.

Al cabo de algunas semanas, Jean regresó con muchas hojas impresas que quería compartir conmigo. "Siento que todos mis actos generosos han ocultado lo infeliz que me siento. He estado sola toda mi vida", confesó. "Me pregunto por qué estoy llorando. Había contenido estas lágrimas demasiados años." Como su hija, escribir un diario le permitió acceder a un nivel emocional profundo que no había conseguido verbalizar antes.

Jean escribía durante una hora temprano por la mañana todos los días. Pasó poco tiempo para que consiguiera expresar la frustración que le causaban su esposo y el trabajo que lo mantenía lejos. Reconoció que la religión había sido su única forma de organizar su universo y asegurarle que era bondadosa. A pesar de ello, en fechas recientes se había sentido engañada por el sacerdote pues éste le había prometido que si rezaba, asistía a misa y era noble, no mentía ni robaba, todo estaría estupendo. Era obvio que, con una hija muriéndose de hambre por iniciativa propia, nada marchaba viento en popa. Si bien la religión le brindaba un proyecto moral apropiado en el cual fundamentar su existencia, no remplazaba la cercanía con su familia ni solucionaba todos sus problemas.

Jean descubrió que sentía que sus padres la habían decepcionado porque nunca la habían abrazado ni le habían dicho que la querían. Se sentía obligada a ser una estudiante excepcional, asistir a misa, ser una niña bien portada, demostrar compostura y modales impecables. Sospechaba que sus padres no la habían conocido y que ella recreaba ese patrón idealista y vacío con sus propias hijas.

Cuanto más escribía acerca de sus sentimientos y aprendía a vivir con ellos, menos sentía la necesidad de salir. Para muchos adictos, la vida social es un componente esencial en su recuperación y yo la fomento. No obstante, en el caso de Jean, con una hija enferma y un esposo ausente, las actividades de la iglesia (desde la misa, los rezos, a la comunidad en torno a ella), se habían convertido en la adicción nociva para la salud de su familia. Jean admitió que no salía para estrechar sus amistades, buscar conexiones espirituales, ni siquiera para divertirse. Sus salidas eran un escape. Necesitaba encontrar la manera de estar más en su casa e intensificar las relaciones con su propia familia.

Con el paso de los meses, Jean me enviaba por mail secciones de su diario y las comentábamos en consulta. "Me esfuerzo en imaginar lo terrible que se debe sentir mi hija para hacerle esto a su cuerpo y a su vida. La culpa es mía." Admitirlo le causaba un dolor intolerable porque había intentado ser la madre perfecta.

Si bien animaba a Jean a ser honesta y crítica, culparse por todo era contraproducente. Si su único recurso era sentirse culpable entonces sería incapaz de empatizar con su hija y seguiría sin entenderla. Según mis propias dificultades, aun a los cincuenta y nueve años de edad, al intentar recuperar la relación con mi madre, nunca es tarde para reparar el lazo entre madre e hija.

Cuando me enfrento a casos desafiantes, recurro a la teoría psicoanalítica de Melanie Klein, según la cual cuando una madre no es amorosa ni protectora, el niño sufre ansiedad, temor o terror extremos ante la posibilidad de ser abandonado y quedarse solo. Tengamos en cuenta las metáforas maternales que acompañan a las adicciones. Los alcohólicos "se pierden en la botella". Los fumadores inhalan profundo como un bebé succiona leche del seno materno. Cuando un fumador que no ha prendido un cigarro en un rato por fin lo hace, o un heroinómano asiente después de una dosis, su semblante es muy parecido al de un niño hambriento lactando. Cuando el adicto está satisfecho, su cuerpo se torna cálido, está saciado, calmado y transformado. Basta escuchar a los jugadores cuando besan los dados o antes de que el crupier les reparta las cartas: "Vamos, cariño, sonríeme" o "sé que me quieres. Me vas a hacer ganar". Si Fortuna, o la diosa de la suerte, te sonríe, entonces todo irá a tu favor. ¿Es de extrañar que muchas personas (como yo) recurran a un helado —hecho de leche y azúcar— para relajarse antes de dormir?

En el caso de Stacey, me preguntaba si detrás de su aversión a la comida yacía un desconocimiento por cómo asimilar el amor de su madre. Ya que dada la falta de tanto peso, esta adolescente de dieciséis años había perdido los senos y las caderas así como el periodo, quizá la anorexia simbolizaba su rechazo a todo aquello relacionado con la feminidad y la maternidad. Sin embargo, como Jean tenía intenciones nobles, el conflicto de Stacey la atormentaba y estaba dispuesta a hacer todo lo posible por mantener a su hija viva, me enfoqué en contribuir a que reconstruyera su relación con ella.

Cierto día, le dije: "Stacey no cree que la quieras, te interese o seas capaz de aceptar la verdad". Le aconsejé a Jean que en vez de convencerla de cuán increíble era su vida, tenía que preguntarle qué le ocurría. Entonces tendría que escucharla de verdad sin interrumpirla con comentarios religiosos, consejos o historias personales. "Haz que la conversación gire en torno a ella y escucha lo que dice y cómo se siente", le pedí. "Si quieres discutir o defenderte, hazlo conmigo o en tu diario. Entiendo que te parecerá injusto pero corre peligro." Para acelerar el proceso de rehabilitación, Jean tenía que brindarle a su hija el amor, apoyo y atención incondicionales que ésta creía nunca haber recibido.

Jean llevó a su esposo, Tom, al consultorio de nuevo. Era cinco años mayor que ella, un hombre de aspecto distinguido con cabello cano. Al principio parecía conservador, inhibido y estoico, enseguida comprendí que era una fachada. Tom quería profundizar en el problema, aunque no sabía cómo hacerlo o qué decir. Le pregunté: "¿Qué piensas sobre lo que ocurre en tu familia?".

—No entiendo qué la atormenta —contestó—. La adoramos y la cuidamos. ¿En qué nos equivocamos?

—Estamos aquí para develar ese misterio —respondí—. Sincerarse y hablar de la situación es el primer paso.

Lucía agotado. Cuando le pregunté si estaba durmiendo, me contó que se había propuesto sentarse al lado de la cama de su hija todos los días para asegurarse de que se tomara dos vasos de una malteada de proteína. Algunas noches se tardaba cuatro o cinco horas para tomarse una. No se trataba de un impedimento físico sino emocional. Estaba tan renuente y tenía tanto miedo de ingerir nutrientes, que se había convertido en una rutina tormentosa. Tom la esperaba hasta pasada la medianoche y al día siguiente salía a trabajar a las cinco de la mañana. Afirmaba estar tan cansado que una vez se quedó dormido mientras manejaba de camino al trabajo.

"Si te mueres en un accidente automovilístico, tu hija no se recuperará", le aseguré. "Mañana mismo dile que no estás dispuesto a correr ese riesgo, tampoco de ser responsable de la muerte de tus pasajeros a causa del cansancio. Dale una hora para que se tome la malteada. Si se niega, dile que no irá a la escuela." Sabía que la escuela era lo que valoraba más en la vida y, en efecto, comenzó a terminarse su bebida en el tiempo indicado.

Después de un par de sesiones, cuando Tom declaró:

—Amo a mi esposa.

Jean lo interrumpió para decirle:

—¿Entonces por qué nunca lo demuestras?

La incité a que siguiera exteriorizando sus sentimientos, sin importar lo difícil que le resultara.

—Me siento sola y no quiero estarlo —por fin confesó.

Al principio, Tom estaba desconcertado.

—Trabajo muchísimo. Siempre he sido fiel y leal.

—Sí, aun así, estoy sola —respondió Jean.

—Soy bueno con mi familia. Les compro todo lo que necesitan —argumentó.

—La fidelidad y la manutención no son suficientes —le expliqué—. Aun en tus viajes de trabajo tienes que ser un sostén emocional. Ayúdale a tu esposa a no sentirse sola.

Se conocieron y enamoraron en una pequeña universidad del sur de Estados Unidos cuando carecían de las herramientas o el lenguaje adecuados para comunicar su dolor e inquietudes. Una vez que Jean aprendió a transmitirle lo que la afligía, sus necesidades no satisfechas, les sugerí que pusieran en práctica nuevas reglas. Cuando Tom estaba de viaje, tenía que llamarle a Jean todas las noches y hablar con ella media hora —de preferencia por Skype para que pudieran verse—, sin importar en dónde se encontrara.

—¿Y de qué vamos a hablar? —preguntó Tom.

—Pregúntale cómo se siente, qué tal estuvo su día, que te cuente sobre los momentos del día en los que te extrañó más —le sugerí.

Pese a que al principio las llamadas eran incómodas, Jean reconocía que Tom se esforzaba, lo cual le dio esperanzas. Dejó de sentirse obligada a sonar animada y contenta, entendió lo importante que era compartir sus emociones negativas e incómodas. Cuando Tom volvía a casa, daban paseos de una hora juntos. Había transcurrido tanto tiempo desde que se habían demostrado afecto de forma física que tuvieron que practicar caminar tomados de las manos. Les sugerí que por las noches se sentaran a leer en la misma habitación.

Jean comenzó a convivir más con Stacey, a veces se subían al Honda plateado de Jean para manejar sin destino fijo, escuchaban la música favorita de Stacey: discos de Animal Collective, Fleet Foxes y TV on the Radio, rock y folk alternativo ecléctico y emotivo que le terminó por gustar a Jean. La actividad era lo de menos, lo importante era el tiempo que pasaba con su hija. La familia siempre había estado tan ocupada, "haciendo lo correcto", que nunca se había sentido el centro de la atención o el amor de sus padres. La regla fundamental que establecí fue que Stacey tenía que decidir; los gustos, deseos y agenda religiosa de Jean ya no importaban. A lo largo de su rehabilitación, todo tendría que girar en torno suyo. A veces iban de compras, a caminar o al cine. Empezaron a cocinar juntas, aunque ella seguía negándose a comer enfrente de nadie.

Era consciente de que su madre se esforzaba por compartir sus sentimientos y apreciaba el esfuerzo, por torpe que fuera. Cuando manejaban sin hablar, sólo escuchando la música que le gustaba, se sentía más cercana a su madre. Me preguntó un día: "¿Lo está intentando en serio, verdad?", aunque con cierto cinismo.

Luego de dos años, se mudó a su propio departamento compartido cerca de casa de sus padres. Ahora está preparando solicitudes para varias universidades para estudiar arte. Pesa 48 kilos, 16 kilos más que cuando la conocí. Según su estatura debería pesar cerca de 55, aun así, menstrúa de nuevo y se acerca más a su peso normal.

Jean continúa acudiendo a sesiones mensuales de terapia conmigo, sola o con su esposo. Asisten a misa de vez en cuando. Sin embargo, necesitaba una nueva actividad que tuviera un significado especial sólo para ella, por lo que decidió tomar una clase de escritura creativa. Ahí conoció a un escritor que trabajaba en un libro con un personaje anoréxico, hablaban a menudo acerca de lo que implicaba vivir con un anoréxico. Jean sigue registrando su soledad, ira y decepción por escrito, lo cual es una señal positiva, si estuviera escribiendo sobre lo feliz que es, sabría que ha recaído.

Para mí, la escritura es una herramienta extraordinaria para que los adictos aprendan a vincular sus hábitos con sus emociones, para expresar lo que de otro modo sería incómodo o confuso. Como dijo Joan Didion: "Escribo para averiguar lo que pienso". Además de escribir un diario, hay otros métodos creativos por medio de los cuales se aprende a exteriorizar los sentimientos más profundos, por ejemplo, la pintura, escultura, fotografía o tocar algún instrumento y escribir canciones. Una paciente cantaba viejas canciones de su pasado que la entristecían y con ellas se permitía llorar. Si no encuentras un medio cómodo para canalizar estas emociones, las marginas y esa parte fundamental de tu personalidad se pierde, queda enterrada y olvidada. Esta represión tiene un efecto negativo y acumulativo, y como en el caso de Jean y Stacey, se destapa demasiado tarde.

Stacey todavía tiene que enseñarle lo que ha escrito a su madre. En cambio, Jean imprimió páginas enteras de su diario y se las entregó a su hija. Al instante, ésta leyó sobre el dolor, la angustia y la soledad de su madre. Le impresionó y fascinó la profundidad y oscuridad de sus sentimientos. No tenía idea de que su madre se sintiera así y le pidió que le leyera más.

Cómo empezar a renunciar

Para vencer una adicción, te recomiendo que como Jean y Stacey comiences a escribir todos los días, ya sea en un diario, hojas sueltas, una computadora o en un iPad. Anota tus sentimientos, tu consumo de alimentos o drogas, tus planes, poemas, canciones o aforismos. Especifica tus hábitos. En vez de resaltar que "fumas", reconoce que "llevas veinte años fumando una cajetilla de Marlboro" y enlista todos los métodos que has intentado para dejarlo. "Comí demasiado" es muy general; mejor, como en la novela *El diario de Bridget Jones,* detalla: "Me atasqué de galletas otra vez a las dos de la mañana". A continuación, otras formas de empezar el proceso hacia la abstención.

1. **Decide que hoy es el momento de renunciar:** acepta y verbaliza que quieres dejar de alterar tu estado emocional por medio de una adicción. Es posible tomar esta decisión a pesar del miedo, ansiedad, cinismo o indecisión.

2. **Descubre qué te falta:** ¿qué es lo que más deseas en la vida y no has obtenido? ¿Puedes ponerlo por escrito? A veces recomiendo un ejercicio que consiste en escribir un obituario imaginado que revele tus anhelos. Reconoce que tu adicción te podría estar impidiendo llevarlos a cabo y que es un sustituto deficiente.

3. **No seas huraño:** nadie es capaz de renunciar a una adicción por su cuenta. Como leerás en los dos capítulos siguientes, necesitarás "pilares fundamentales" dispuestos a respaldarte. Para empezar, busca a un mentor, de preferencia a algún exadicto a quien puedas recurrir con frecuencia, ya sea por teléfono, por Skype, Facebook o correo electrónico.

4. **Cuando te decidas, el mundo te secundará:** aprovecha los recursos disponibles. Busca en Google "tratamientos para las adicciones" en tu país, acude a la biblioteca, explora la sección sobre adicciones en las librerías, investiga en tu escuela (a veces las escuelas brindan asesorías gratuitas para combatir las adicciones) y revisa si tu seguro médico cubre este tipo de tratamiento.

5. **Acude a tu médico:** averigua si existen medicamentos para tu condición. Los heroinómanos suelen beneficiarse de la metadona. Muchos fumadores recurren a los parches, chicles o inhaladores de nicotina para dejar de fumar. Con frecuencia, tratar trastornos como el déficit de atención, el déficit de atención con hiperactividad, el dolor crónico, la ansiedad o la depresión con medicamentos adecuados, facilita combatir dicho padecimiento.

6. **Haz una cita:** procura asistir a una reunión de rehabilitación o agendar una sesión individual con un especialista en adicciones o drogadicción o un amigo que haya superado una situación similar. Si quieres combatir una adicción, haz todo lo posible por encontrar un método que te funcione.

7. **Arma un plan:** esto implica internarte un mes en una clínica de rehabilitación, asistir a terapia semanal, inscribirte a Weight Watchers, adquirir el parche de nicotina o caminar tres veces por semana con un amigo. Cuanto más saludables sean los sustitutos, mayores serán las posibilidades de combatir la adicción para siempre.

8. **Elige el día:** tal vez tu cumpleaños, el de tu hijo o una fecha arbitraria. Te recomiendo no hacerlo en año nuevo (más adelante explico por qué).

9. **Baja el ritmo:** no dormir lo suficiente, el estrés, el trabajo excesivo y programar demasiadas actividades diarias, exacerban la conducta adictiva. Las transformaciones que perduran requieren de tiempo, meditación, energía e introspección. De ser posible, tómate unas vacaciones, aunque sea algunos días o un fin de semana. Si es imposible, considera practicar yoga, meditar, darte un buen masaje o tomarte una tarde para ti, sin obligaciones ni fechas límite de ningún tipo. Necesitas tiempo para pensar, relajarte, respirar y evaluar de forma racional tu estado emocional y cómo tienes que proceder.

10. **Sé receptivo:** sí, has conducido tu vida, relaciones sentimentales, trabajo, hábitos de sueño, alimenticios y régimen de ejercicio de cierta forma todos estos años. Es difícil cambiar los patrones de conducta. Sin embargo, conviene reevaluar todo lo que haces y consumes para descubrir en dónde radica el problema. Algo en apariencia insignificante como dormirte o despertarte una hora antes de lo habitual, no asistir a un evento social, cambiar el refresco por el té o contratar un día más a la niñera, pueden ser la diferencia entre el éxito y el fracaso.

11. **Prepárate para sentirte miserable:** no esperes sentirte de maravilla tras la abstención. Así no funciona. Cuando renuncias a un hábito, te sientes peor. Sin embargo, es el camino a una vida más profunda, interesante e intensa de la que has vivido hasta ahora. Una vez que te permites sufrir y sentirte triste, habrás disminuido el sufrimiento que te espera porque ya no te tomará por sorpresa. Estarás más preparado para los síntomas de abstención inevitables. Hay muchas estrategias que recomiendo para "sufrir bien".

12. **Ten en cuenta que tus emociones y cambios de ánimo no tendrán sentido:** no esperes a estar listo para renunciar, nadie lo está jamás. Cuando te decides, te parecerá la peor decisión que has tomado en tu vida. Estos sentimientos son inevitables. No obstante,

los sentimientos no son hechos. Más adelante explico por qué los sentimientos desinforman y, a veces, te conducen a perpetuar tus hábitos destructivos. La única forma de cambiar es actuando; el entendimiento viene después.

Aprende a confiar en las personas, no en las sustancias: cigarros, alcohol y azúcar

Quienes han visto las series de televisión *Breaking Bad, Weeds, Rescue Me, Huge, My Name Is Earl, Two and a Half Men* y los realities *Big Life, The Biggest Loser* y *Dr. Drew's Celebrity Rehab*, se dejan llevar por la idea de que los adictos son graciosos, encantadores, ingeniosos y divertidos. Nada más alejado de la realidad. Las adicciones son un problema serio, doloroso y triste que tienen la capacidad de arruinarte la vida, así como perjudicar a personas inocentes. Cuando en 2011, David Laffer, un veterano desempleado, mató con un arma de fuego a cuatro personas en una farmacia de Medford, Nueva York, tras intentar robar analgésicos para su esposa, la nación se conmocionó y aterrorizó.

Dadas las estadísticas, resulta más sorprendente que este tipo de tragedias no ocurran más a menudo. De hecho, estudios recientes indican que la drogadicción afecta a más de diez millones de personas. Se cree que desde 1990, el número de individuos que de forma ilegal consumen medicamentos que requieren receta médica, ha aumentado quinientos por ciento. Veintidós millones de estadunidenses son alcohólicos y por lo menos sesenta millones son obesos. A pesar del riesgo evidente de desarrollar cáncer de pulmón, veinte por ciento de la población fuma de manera regular. Ocho millones son adictos a comprar. Si le sumas la adicción a las apuestas, la pornografía, la cafeína, la televisión, los videojuegos, la computadora y el trabajo, se hace evidente que el consumo de sustancias para controlar estados emocionales es un fenómeno generalizado. La drogadicción y el alcoholismo son causas de muerte, perpetúan el crimen, la destrucción, la violencia y ocasionan accidentes automovilísticos mortales. Los pacientes con obesidad tienen problemas de salud que resultan en cuatrocientas mil muertes anuales (la misma cifra de muertes por enfermedades relacionadas con el tabaquismo).

He orientado a pacientes para dejar de inyectarse cocaína y heroína en las venas; fumar crack, mariguana y hachís de manera cotidiana; tomar medicamentos; beberse una botella de Jack Daniel's al día, dominar su fascinación por las armas, así como renunciar a mentir, robar y vender sexo para costear sus hábitos. He visto a individuos dejar de fumar tres cajetillas de cigarros al día y con ello negarse a llenar sus pulmones de veneno, así como a gastar o apostar dinero que necesitan para pagar la renta, la comida o la educación de sus hijos. He trabajado con otros para que corten de tajo su dependencia hacia la comida, ya sea que se manifieste en comer o ejercitar de forma excesiva, hacer dietas, la anorexia, la bulimia o los atracones. He atendido a hombres y mujeres que oscilan entre los catorce y los 75 años, desde un abogado exitoso y eficiente hasta un alcohólico indigente y violento que amenazaba con hacerle daño a quien se le pusiera enfrente, hasta a él mismo.

Las adicciones se manifiestan de varias maneras y aquejan a las personas sin importar la raza, la religión, los antecedentes, la edad o la clase social. Ni siquiera los ciudadanos respetables, sensatos, respetuosos de las leyes que nunca fuman, toman o consumen drogas están exentos de hundirse en la pesadilla de depender de sustancias. Un accidente, una muerte en la familia, un divorcio, un revés laboral o una enfermedad grave tienen la capacidad de llevar a una persona mesurada y trabajadora que se ha mantenido en línea y sobria durante cincuenta años a encontrar refugio en los medicamentos bajo receta médica, las compras, el sexo o los trastornos alimenticios. Se trata de vicios humanos que se presentan cuando menos lo esperas.

La fama, el talento y el éxito no son garantía de inmunidad. Basta con hojear las revistas, los periódicos o buscar en internet para encontrar ejemplos evidentes: Amy Winehouse, Michael Jackson, Heath Ledger, Brittany Murphy y Corey Haim murieron de una sobredosis. Tiger Woods, Elliot Spitzer y el expresidente Clinton pusieron en riesgo sus legados debido a una serie de infidelidades. Bill Bennett, católico devoto, político y autor de *El libro de las virtudes*, perdió ocho millones de dólares apostando. El locutor de radio Rush Limbaugh se volvió adicto a los analgésicos tras una serie de problemas de salud. Lindsay Lohan entra y sale de la corte y de rehabilitación a diario. La actriz Winona Ryder fue arrestada por robar en una tienda, más adelante, encontraron ansiolíticos en su bolso. La comediante Kirstie Alley subió 45 kilos cuando terminó la relación con su pareja. Después de años de ser reconocidos y llevar una vida impecable, estas figuras públicas no parecían ser conscientes de sus límites y fragilidades humanas.

El hecho de que cualquiera sea susceptible de tener problemas de consumo y perder su trabajo, fortuna y relaciones, no me sorprende en lo absoluto. Sé de primera mano que los efectos, en apariencia inofensivos y poco conocidos, de una adicción son tan perniciosos como los problemas más evidentes que causan. Ya sea que el hábito implique comida, cigarros, drogas, alcohol, pornografía, masticar chicle sin cesar, casi siempre identifico un vínculo entre la adicción de un paciente y su fracaso para llevar a cabo sus sueños.

Por fortuna, también ocurre lo contrario. Renunciar a una adicción te acerca a lo que más quieres, ya sea una carrera satisfactoria, éxito financiero, salud o mejor apariencia física, un matrimonio feliz, relaciones más cercanas con tus amigos, padres o hijos. No obstante, considera que la rehabilitación no ocurre por sí misma de la noche a la mañana. Es un proceso largo, sobre todo si se trata de un hábito persistente. Suele ser la experiencia más dolorosa, desgarradora, aterradora y transformadora que te ocurra en la vida. Asimismo, hacerlo representará, en términos emocionales, la decisión más significativa que tomes.

Cuando alguien admite que está atrapado en las garras de una adicción y necesita apoyo para hacerle frente, tienen cuatro alternativas:

1. Dejarla de golpe por su cuenta.
2. Ingresar a un hospital o centro de rehabilitación.
3. Asistir a reuniones de doce pasos como Weight Watchers, Comedores Compulsivos, Jugadores o Alcohólicos Anónimos.
4. Contactar a un doctor, psicólogo o especialista en adicciones y programar una cita.

En mi experiencia, la primera alternativa es la menos efectiva.

Ahora bien, ningún paciente, adicción o tratamiento son iguales. Es posible emplear diferentes técnicas según las necesidades y personalidad del adicto. Por ejemplo, un fumador asiduo recurre al parche de nicotina y obtiene los resultados esperados. Otros dicen que el parche irrita la piel y causa pesadillas. En esos casos, optan por el chicle o el inhalador. Al mismo tiempo, es útil que el o la fumadora escriba en su diario cada hora, evite los sitios en donde se fuma, se inscriba a un gimnasio o asista a reuniones semanales de Fumadores Anónimos.

Estoy convencido de que es imposible tratar una adicción con resultados óptimos sin enfrentarse a los problemas emocionales que después de todo, son los causantes del abuso de una sustancia. Si no exploras los orígenes de tu comportamiento, es más factible que recaigas o cambies de vicio sin darte cuenta.

Cuando Susan superó su adicción al tabaco y a la mariguana, misma que se remontaba a años atrás, comenzó a beber más. Después cambió el alcohol por los chicles, los masticaba de manera obsesiva, con lo cual arruinaba sus dientes y añadía demasiadas calorías a su dieta. Cuando dejó los chicles, empezó a comprar de forma compulsiva. Ahora bromea y dice que se ha vuelto adicta al trabajo, a cerrar las negociaciones de sus libros. Es posible. (¿Qué pasaría si su agente le dice que no consigue vender uno de sus proyectos más recientes? Tendría que lidiar con la depresión que subyace a esta adicción.)

Cuando dejé de fumar, me sentí miserable todo un año, a veces les advierto a mis pacientes que lo mismo podría pasarles. El objetivo es que se permitan sufrir en vez de cambiar de vicio para eludir los sentimientos desagradables. Si buscas la felicidad o el bienestar instantáneos, la adicción regresará. En cambio, si buscas llevar una vida equilibrada, más interesante y profunda, al cabo de un tiempo, disfrutarás la sobriedad.

Un doctor, especialista en adicciones, consejero, grupo AA, director de rehabilitación o exadicto te dirá la verdad y será capaz de guiarte para superar tu adicción. Cuando un adicto sabe que se sentirá miserable y, por lo tanto, se prepara para ello, el malestar será menos temible y llevadero.

Si estás decidido a renunciar, necesitas encontrar a gente en tu vida cotidiana que contribuya a que te responsabilices, cuestione y argumente tus percepciones, señale patrones en tu adicción que se te escapen, y que a cambio, te pida total honestidad y confianza. Si eres un adicto, aprenderás mucho, incluso es posible que superes tu adicción, con *Liberados*. Sin embargo, el libro será útil para que te mantengas libre de adicciones si, además, acudes a seres humanos en quienes confiar en vez de depender de una sustancia.

Sé que esta transición se antoja difícil. Es más fácil depender de una cajetilla de cigarros, una botella de alcohol o una caja de galletas que confiar en alguien. Las sustancias son fáciles de encontrar, se compran, almacenan y a veces ordenan las veinticuatro horas del día. Muchos adictos no se percatan de que sustituyen las conexiones humanas con sus adicciones. Un paciente que ingería comida chatarra de manera compulsiva notó, poco a poco, que las noches en las que lo hacía, no quería tener relaciones sexuales, ni siquiera acurrucarse con su esposa. Una exfumadora cayó en cuenta de que cuando dejó de fumar, buscaba a su esposo para que la abrazara, era un método alternativo para tranquilizarse.

Stephen, un músico de 36 años a quien atendí, bebía, tomaba analgésicos e inhalaba heroína. A pesar de ser una persona solitaria, primerizo en cualquier tipo de terapia y en apariencia, fuera de control, se convirtió en un paciente devoto. Cuando estaba sobrio, era honesto y despiadado al referirse a sus debilidades y miedos. Ansiaba establecer una conexión con alguien. Me sentía cercano a él, de forma paternal. Asistió a terapia dos veces a la semana a lo largo de dos meses, comenzó a consumir menos drogas y en las sesiones establecía vínculos reveladores sobre su sensación de fracaso y su necesidad de consumir sustancias. Confiaba en que estaba encaminado en el proceso de la rehabilitación. De pronto, desapareció.

Me preocupé por él, le dejé mensajes en su contestadora, por desgracia, no me regresó las llamadas. Me preguntaba en qué me estaba equivocando y por qué no era capaz de ayudarlo. En términos racionales, sabía que las drogas lo controlaban. Cuando Stephen se drogaba, se sumía tanto en su mundo que nada más importaba en su vida. Su terapia y yo desaparecíamos de su radar. Quería intervenir, pero, por desgracia, las drogas tenían tal control sobre él que era imposible competir contra ellas. No era la primera vez que era testigo de que una sustancia remplazaba las relaciones significativas en la vida de una persona. La sustancia actuaba como un amante celoso y posesivo que hacía promesas falsas tales como: "Te voy a cuidar. Olvídate de los demás. Sólo me necesitas a mí". La adicción de Stephen se había vuelto intensa y omnipresente, de manera que no había espacio para cultivar ninguna cercanía con una persona real.

Es comprensible que un adicto que sufre recurra a una sustancia que lo consuele rápido. Para qué intentar obtener lo que quieres de una persona si es mucho más complicado y suele ser decepcionante. A diferencia de un martini, un porro, un cigarro, una pastilla, un dulce, pornografía en internet o un hermoso par de zapatos de diseñador de 400 dólares, las personas no son perfectas, inspiran desconfianza, son insoportables, incontrolables y con frecuencia están muy ocupadas con sus propias vidas. Se van de vacaciones, se enferman, dicen tonterías o se olvidan de cosas esenciales. A veces hasta se mueren. Esto no significa que sea mejor depender de una sustancia. Por el contrario, tienes que encontrar a aquellas personas que entiendan por lo que estás pasando y que quieran que confíes en ellas, por lo menos el primer año de rehabilitación. Estas personas serán tus pilares. Cuanto más sostén te brinden, mayores serán tus posibilidades de éxito.

Esto no quiere decir que tus pilares tengan que ser perfectos. No lo serán. Son humanos y debes comprender sus errores y límites. Elige a personas que te garanticen compromiso y fiabilidad. Para que esta relación brinde frutos, debes ser honesto con ellos. No esperes que nadie adivine lo que estás pensando. Es más fácil que te cuiden o auxilien cuando verbalizas qué necesitas para sentirte mejor. A veces es difícil averiguarlo por ti mismo. Una de las ventajas de tener un psicólogo especialista en adicciones o un padrino de AA es que conocerá tus problemas e intervendrá para que moderes tus reacciones, explicaciones y peticiones.

Cuando la coautora de *Liberados*, Susan, atravesaba un periodo de abstinencia difícil, su esposo se ofreció a respaldarla. Era un no fumador que odiaba el hábito y estaba deseoso de que su esposa lo dejara. Susan estaba susceptible y buscaba pelear cuando él volvía del trabajo por la noche. Estas discusiones culminaban en gritos y llanto. Le receté lo siguiente: tenía que pedirle que la abrazara una hora en silencio todas las noches. No se decían nada. El silencio tuvo los resultados esperados. Susan se sentía sosegada y superaron las peleas que tanto perjudicaban su intimidad. También los acercó y fue clave para que dejara el cigarro.

No todas las parejas están dispuestas a hacer algo así de desinteresado. Por desgracia, algunas empeoran la situación, sobre todo quienes siguen comiendo pizza cuando estás a dieta o tomando vino cuando estás sufriendo en AA. No hay reglas escritas que indiquen quién te podrá ayudar y quién no. A algunos, los expertos reconocidos y premiados cuyas terapias son costosas les parecerán distantes y se sentirán más cómodos con exadictos que les doblan la edad. Es cuestión de química, confianza y disponibilidad. Tampoco es preciso reunirte con las personas que participan en tu rehabilitación cada día, semana o mes. Sin importar si viven en otra ciudad o país, echen mano del teléfono, correo electrónico o Skype.

Un paso fundamental para recuperarte es admitir que no lo puedes hacer solo y recurrir a quienes están dispuestos a apoyarte.

CAPÍTULO 4

Cómo cultivar pilares fundamentales: éxtasis y deportes extremos

Daniel fue mi paciente a lo largo de cinco años. Era un empresario adinerado de origen italiano que rondaba los sesenta, divorciado. Su tono de voz era indiferente, objetivo y monótono. Su comportamiento y su voz cobraban vida —se llenaban de miedo, ansiedad y preocupación— cuando hablaba de su hijo Kevin. Daniel no había estado presente como padre desde que dejó a su familia cuando Kevin tenía doce años. Al pasar del tiempo, éste se había mudado a California, en donde se metió en varios problemas, incluidos la drogadicción y el alcoholismo. A su padre le inquietaba su adicción a las drogas y su comportamiento destructivo. En cierta ocasión, temeroso de que se suicidara, Daniel voló a la costa oeste para intervenir. Me llamó para que lo aconsejara, estaba tan asustado que no sabía qué hacer. En vista de que parecía ser un caos, le recomendé que lo hospitalizara, y lo hizo.

El distanciamiento de Daniel con su hijo me recordaba el abismo que existía entre mi padre y yo, el cual se intensificó a mis catorce años tras el divorcio de mis padres. Al igual que Daniel, mi padre me mantenía pero era demasiado estoico y reservado como para relacionarse conmigo a nivel emocional. Trabajé con Daniel para que lograra expresarle sus sentimientos a su hijo.

Al poco tiempo de que terminara su terapia en 2003, me llamó y dejó un mensaje en mi contestadora que decía: "Mi hijo se mudó a Nueva York. Todavía me preocupa que se encuentre mal. ¿Lo atenderías?". Kevin había figurado como un personaje constante en la terapia de su padre. Me daba la sensación de conocerlo. Le dije a Daniel que le diera mi teléfono a su hijo. El mensaje fue: "Tengo demasiados problemas como para contártelos por teléfono. Mi papá insiste en que me reúna contigo". En ambos mensajes, los dos se mencionaban. Si bien se negaban a pedir auxilio de manera directa, los mensajes eran una señal de que se querían y tenían influencia el uno sobre el otro.

Cuando programé una cita con Kevin, pensé: *este chico podría tener un verdadero padre por primera vez en la vida. A lo mejor soy el puente que lo reúna con él.* Sabía que me estaba guiando por mi propia dinámica, imponiendo mi fantasía paternal en mi paciente. Sin embargo, estaba dispuesto a hacer lo que fuera, siempre y cuando funcionara.

Cuando llegó a mi oficina, se le notaba incómodo. Dijo que nunca había asistido a terapia. Tenía 29 años de edad, medía alrededor de 1.75 metros y llevaba el pelo corto. No se parecía a Daniel, su piel olivo, pelo y ojos castaños eran más oscuros. Iba bien vestido y estaba en forma, fornido, habituado a las actividades al aire libre. Llevaba unos pantalones caqui con cinturón y una camisa polo fajada. Parecía un chico de corazón noble, pese a ello, sus ojos delataban su dolor. Eran penetrantes, desesperados por ver más allá de la superficie. Se le notaba hiperactivo, afligido y torturado. Su padre lo había descrito con precisión.

—¿Por qué tu papá está tan preocupado? —le pregunté.

—Soy tan depresivo y ansioso que no sé cómo sobrevivo —respondió—. Soy demasiado intenso, vivo al límite.

Al preguntarle, admitió que tomaba cerveza y fumaba mariguana todas las noches, además inhalaba cocaína a solas todos los fines de semana. Estas prácticas cambiaron cuando el éxtasis se convirtió en su droga favorita. Lo tomaba en los antros, disfrutaba del caos de la vida nocturna. Para muchos, la MDMA [3,4-metilendioximetanfetamina] es una droga juvenil. Los psicofarmacólogos la describen como una droga *empatógena* porque estimula la capacidad de empatizar con las personas. La cocaína, la mariguana y el éxtasis te hacen sentir satisfecho, desinhibido, menos retraído y más sociable. Al consumirlas, no se volvía hiperactivo. Era sorprendente que las drogas lo estabilizaran y lo hicieran sentirse normal, vivo. Daba la impresión de que se automedicaba para mantener la depresión a raya, tal como la terapia intravenosa inyecta medicamento a las venas de manera gradual.

Kevin no había encontrado un trabajo cualificado en la costa oeste. Se mantenía con el apoyo de su papá y trabajando como entrenador personal independiente. Era adicto a los deportes extremos: practicaba ciclismo, esquí de velocidad, escalada en rocas, salto en *bungee*, paracaidismo desde aviones y escalada ilegal de rascacielos, todo sin el equipo adecuado, en lugares y bajo condiciones que representaban un riesgo enorme. Al mismo tiempo, disfrutaba los deportes competitivos, los jugaba con rudeza, de forma radical, coqueteaba con el peligro. Le gustaba la emoción, la línea entre la vida y la muerte, vivir al límite. Después de escucharlo detallar su consumo de drogas y su obsesión con los riesgos, me sorprendió que siguiera con vida.

Según mi experiencia, al esquiar en zonas de alto riesgo o practicar descenso de río debes enfocarte en una sola cosa: sobrevivir. Ante el peligro inminente, dejas de ponerle atención a todo lo demás. El vacío y las ansiedades desaparecen cuando estás concentrado en sobrevivir, ésta es una de las razones por las que a los adictos les atraen las actividades peligrosas. De vez en cuando, esquío en pistas difíciles o desciendo por aguas turbulentas, sin embargo, aprendo las reglas de los deportistas más experimentados, quienes me enseñan a dominar cada una de las técnicas. Por el contrario, a Kevin le gustaban las actividades ilegales y arriesgadas como escalar rascacielos, para las que fijaba sus propias reglas. Seguía un patrón de conducta riesgosa: ignoraba las reglas, realizaba estas actividades solo y le atraían los momentos de euforia. En la intensidad de los deportes extremos, afirmaba, desaparecían la tristeza y otros sentimientos difíciles.

Cuando me contó que odiaba la escuela porque no era capaz de mantenerse quieto, sospeché que padecía trastorno por déficit de atención. Lo referí al doctor Sands, un colega psicofarmacólogo. Le sugiero a 20 por ciento de mis pacientes que acudan a un médico en caso de tener dolencias como espasmos constantes en la espalda, migrañas, mareos, insomnio, problemas de la vista y dolor crónico. Asimismo, lo recomiendo cuando manifiestan padecimientos psicológicos extremos como ansiedad, depresión, bipolaridad o síntomas de trastorno obsesivo compulsivo, como jalarse el pelo de manera obsesiva. A veces el medicamento indicado facilita la recuperación en la psicoterapia, incluso medicamentos que no requieren receta médica como el ibuprofeno o el naproxeno son útiles. Antidepresivos populares y no adictivos como el Prozac, la paroxetina, la sertralina y el burpopión alivian la terrible agonía a la que los adictos son propensos.

El doctor Sands confirmó que padecía trastorno por déficit de atención. Después de asegurarse de que había dejado de consumir cocaína, le recetó metilfenidato, un estimulante que se comercializa con el nombre de Ritalín. Para aquellos que no sufren trastorno por déficit de atención, el Ritalín tiene un efecto estimulante, en cambio, los pacientes que sí lo padecen consiguen relajarse y concentrarse bajo el efecto de este medicamento. Para él, el Ritalín tuvo un efecto inmediato, dramático y positivo.

"Es la primera vez en la vida que me siento calmado", reconoció tras una semana de tratamiento.

Una vez que se sintió tranquilo, reveló lo que implicó crecer en un hogar represivo en la costa este. Su madre era una mujer infeliz e inútil, no trabajaba y tampoco tenía una vida propia. Sus padres habían muerto cuando era muy joven, por lo que creció en un orfanato. Como figura maternal, no era protectora, afectuosa ni alentaba a sus hijos a hacer cosas. La describía como "fría y vacía, sin alegría ni felicidad que dar". Sus finanzas dependían de su exesposo. Él se había vuelto a casar y ella no. Kevin no tenía una relación cercana ni con su hermana ni con su madre y aún le guardaba rencor a su padre. No sólo porque los había abandonado sino porque a lo largo de su infancia, había sido un adicto al trabajo y no había sido un sostén emocional para su hijo.

Daniel creía que su sustento financiero era una prueba de que quería a su hijo. Para éste, por el contrario, su padre era frío, insensible e indiferente; en vez de relacionarse con él, le enviaba cheques. Dejó a su familia cuando Kevin tenía doce años, una edad difícil para que un niño pierda a su padre pues intensifica la sensación de soledad en la adolescencia.

Me identificaba con la historia de este chico, sabía lo que significaba no tener un padre a esa edad para protegerte, darte consejos y guiarte. Cuando mis padres se separaron, mis tres hermanos y yo nos trasladamos con frecuencia, vivíamos tres meses con cada uno de mis padres, esta situación perduró hasta que me enviaron a un internado. Obligarnos a mudarnos tanto era un plan desastroso diseñado según la conveniencia de mis padres, no por nuestro bienestar. Nunca tuve un hogar.

No quería que mi hijo Jake viviera lo mismo. Cuando mi primera esposa y yo nos divorciamos, él tenía siete años. Como vivíamos en Long Island, se sentía aislada, prefería estar cerca de su familia en la costa oeste. Estuve de acuerdo con que se mudaran. Al mismo tiempo, me aseguré de llamar a Jake un día sí y otro no y visitarlo una vez al mes. Nos quedábamos en un hotel de Santa Mónica el fin de semana que lo visitaba, íbamos al cine y salíamos a comer hamburguesas, nada especial. Le recomiendo a los padres divorciados que no tienen la custodia de sus hijos que no se preocupen por planear algo especial cuando los vean. Si le preguntas a un niño por su día favorito con su mamá o papá, seguro responderá: "Cuando no hicimos nada, sólo estar juntos".

En la terapia, Kevin compartió más acerca de lo perdido, solitario y abandonado que sus padres lo habían hecho sentir. Se trataba de un tipo que aparentaba rudeza, pero que lloró varias veces, lo cual me daba a entender que conmigo se sentía seguro. Apreciaba que lo respetara, escuchara y aconsejara. Me confesó que nunca había tenido una relación tan cercana con otro hombre. Siempre he pensado que una parte fundamental de mi trabajo es asumir el papel de buen padre, como el que me hubiera gustado tener. En este caso, me sentía muy paternal con este paciente. Dispuesto a ser su pilar, le permití que se apoyara en mí. A diferencia de otros pacientes, nunca me llamaba o escribía entre sesiones.

Le confesé que me molestaba y asustaba cuando ponía en riesgo su vida. Me preocupaba menos cuando iba a bares con sus amigos después del trabajo que cuando consumía drogas a solas. Los hábitos ocultos siempre son más traicioneros, ya que implican mentiras, vergüenza y clandestinidad. Para los adictos, siempre es pernicioso ocultar su hábito y hacerlo a solas. Un paso imprescindible para la recuperación es hablar de su adicción con un psicólogo, consejero o colega de AA. Mi mantra es: "Vive una vida lo menos sigilosa posible".

Al principio, las dosis diarias de Ritalín lo cansaban, lo cual confirmaba su trastorno por déficit de atención (el Ritalín y el Adderall aceleran a quienes no lo padecen). Consiguió un trabajo en una agencia en Nueva York que proveía empleados temporales a otras empresas y sólo tenía energía para trabajar y dormir. Le pedí que empezara a escribir un diario para anotar las sustancias que consumía y cómo se sentía antes, durante y después de hacerlo. Era la primera vez que hablaba o escribía sobre sus emociones. Su ritmo frenético no le había permitido ser introspectivo. Le resultó esclarecedor descubrir lo que sucedía en su interior y que su deseo de tomar, consumir drogas y arriesgarse se vinculaba a sus altibajos emocionales. Había tenido muchas relaciones sentimentales cortas pero nunca se había permitido estrechar ninguna de ellas. Uno de sus mayores descubrimientos fue darse cuenta de lo solitario que se había sentido toda la vida y lo mucho que anhelaba establecer una relación cercana con alguien.

Una vez que había dejado la cocaína y reducido su consumo de mariguana, cerveza y deportes extremos, le pregunté: "¿Cuánto tiempo soportarías sin consumir éxtasis?". Se lo planteé como una pregunta, no como una orden, no quería confrontarlo o ser impositivo como un padre regañón.

En una época de la universidad, mi hijo Jake empezó a consumir drogas y alcohol. Reconozco que mi reacción no fue adecuada. Me traicionó la emoción. Furioso, me presenté en su escuela, lo amenacé con reportarlo con el director y dejar de mantenerlo. Después comprendí que era una medida muy extrema porque necesitaba sentirse seguro de que sin importar lo que pasara, tendría un techo en donde vivir. Me disculpé por haber ido tan lejos. Él dejó sus hábitos perniciosos y me perdonó por mi reacción desproporcionada.

Cuando se trataba de mis pacientes, era más objetivo y sereno. No le sugerí a Kevin que dejara la mariguana y la cerveza pues sé que es imposible renunciar a varios malos hábitos de golpe. Prescindir de tantos apoyos al mismo tiempo suele causar una recaída o una reacción adversa. Cuando dijo estar listo para dejar el éxtasis, le pregunté si lo estaba para sentirse miserable. Quería prepararlo. Como era competitivo, le gustaba el reto implícito. Dejó de consumir éxtasis tres días, luego una semana. Como siempre, cuando un adicto deja las sustancias, afloran sentimientos complicados. Las emociones se magnifican.

Así, ante la ausencia de las drogas, la desesperación se apoderó de él. "La vida no tiene sentido. No encuentro ninguna razón para vivir", afirmó. Se hundió en la soledad, dolor y ansiedad, causantes de sus adicciones. Además de reunirnos dos veces por semana y escribir su diario, también asistía a Narcóticos Anónimos dos veces por semana, con lo cual se sentía menos solo.

Con el tiempo, renunció al éxtasis, disminuyó el consumo de mariguana y dejó de practicar deportes extremos. Extrañaba la emoción que le provocaban porque ésta lo distanciaba de su mente. Enfocó su energía en su vida profesional. En lo que se refería a su seguridad y supervivencia, abstenerse de actividades deportivas peligrosas era una bendición. Me alegraba de que no estuviera en riesgo de caerse de la cima de una montaña o que se lastimara tras caer encima de un árbol. Me daba la impresión de que había decidido vivir.

Kevin fumaba y bebía menos, empezó a ir al gimnasio. Le sugerí que levantara pesas de forma moderada. Le brindaba un alivio físico sin riesgo. Como no era peligroso, le aburría. Cuando se remplaza una sustancia por una alternativa más saludable, al principio nunca se siente igual que el hábito original. Sin embargo, luego de tres meses en el gimnasio, conoció a alguien. "Siento una conexión con esta chica, Denise. Es muy guapa", me dijo. Él tenía 34 y ella 29.

Las adicciones no sólo tienen efectos negativos, también evitan que sucedan cosas positivas. Éste es un ejemplo que muestra cómo renunciar a una adicción predispone a una persona para tener experiencias que, de lo contrario, no habría tenido. Cuando llevaban un tiempo saliendo, me pidió traer a Denise a la terapia. Parecía querer mi aprobación, como si llevara a una chica a casa para que conociera a sus padres. Ya conocía a su padre, ahora vería a su novia también.

Durante el posgrado en el Instituto Derner, mi mentor, el doctor Marks —un psicoanalista—, con frecuencia actuaba en contra de los procedimientos y las costumbres psicoanalíticas convencionales. Le preocupaban más las personas que la ideología. No le parecía reprobable que un psicólogo respondiera a las preguntas personales de un paciente, por ejemplo, ni que recibiera regalos de sus pacientes, tampoco se negaba a recibir a personas ajenas a la terapia en las sesiones. Era un hombre abierto, interesado y curioso al que le fascinaba lo que le presentaran en su oficina: ideas, sentimientos, memorias, regalos, amigos, amantes, bebés, mascotas, bicicletas o parientes. A todos les daba la misma importancia. Todos podían ser material clave. Si un paciente llegaba a verlo acompañado de un amigo y pedía que éste entrara con él, accedía; la mayoría de los psicólogos no lo harían. Se le condenaría por ser una actuación inaceptable. Para el doctor Marks sería equivalente a decirle a sus pacientes: "Tienes prohibido exponer esos sentimientos aquí". Estaba de acuerdo con él, sobre todo cuando se trataba de gente externa que quería ser proactiva, esto aumentaba las posibilidades de que mi paciente se mantuviera sobrio.

Me dio mucho gusto descubrir que Denise era una mujer encantadora, atlética, trabajadora y que no consumía drogas (era esencial si iba a convertirse en su pilar). Era ejecutiva en el mundo de la moda, tenía un puesto de responsabilidad. Esto me dio esperanzas de que lo guiaría por un buen camino.

Al verlos interactuar, me daba la impresión de que era atenta y leal. Lo miraba de manera afectuosa con frecuencia. Y él parecía más tranquilo a su lado, más contento, como si se sintiera comprendido. Se les notaba cercanos aunque no se tocaran. Parecían estar seguros de su relación. Nunca confío en las parejas que se tocan mucho o que se sientan uno encima del otro en mi presencia. Es una señal de que no le dejan espacio a los problemas o a la incertidumbre, sólo permiten que se manifieste lo maravilloso; es una actitud poco realista.

—Sé que Kevin ha consumido muchas drogas —dijo Denise—. Y sé lo ansioso y deprimido que se siente. Por eso estoy aquí. Quiero saber qué hacer cuando se deprima.

—Esto es lo que puedes hacer —le dije—. Demuéstrale tu empatía. Descríbele con tus palabras su estado de ánimo. Dile: "Sé que piensas que no tiene sentido vivir, te garantizo que esto pasará". Escúchalo sin juzgarlo.

Acepta su lado oscuro. No intentes curarlo. No te corresponde. Permítele que se deprima, no dejes que se sienta solo.

En su siguiente sesión individual, me preguntó qué opinaba de Denise. Como era una figura paterna sustituta, quería mi aprobación. "Hacen buena pareja", le dije con entusiasmo. "Es evidente que es una mujer segura y que te quiere. Ésta es tu oportunidad para establecer un lazo emotivo auténtico con alguien."

Mi reacción le producía curiosidad y ansiedad al mismo tiempo. La mejor señal era que estaba dispuesto a complacer a Denise para hacerla feliz. Me gusta ver esto en un paciente masculino. No es frecuente que un hombre anteponga la felicidad de su pareja a la suya (según mi teoría, esto resulta en su propia felicidad).

Había dejado todo salvo el Ritalín, la cerveza y la mariguana, la cual todavía fumaba de vez en cuando. Algunos aseguran que la mariguana no es adictiva. ¡Tonterías! En algunos casos provoca una adicción extrema. He tratado a pacientes que no pueden empezar el día o dormir por la noche sin haberse fumado un porro. Es posible engancharse a cualquier cosa que altere tu estado de ánimo, sobre todo si estás igual de atormentado que Kevin.

Al año siguiente, había dejado de tomar y fumar por completo. Se mudó con Denise. A algunos la mariguana les provoca paranoia, a él le calmaba la ansiedad y la depresión. Por suerte, Denise tenía un efecto dulce y tranquilizante sobre él, tomó el lugar de la mariguana. Me gusta pensar que sustituyó las drogas de manera saludable. Las relaciones codependientes me parecen egoístas, dependientes y obsesivas. En cambio, el amor auténtico y desinteresado tiene excelentes efectos medicinales.

Como seguía desconectado de su padre, le pedí permiso para que Daniel volviera a terapia. "De acuerdo", respondió apático. No creía que su padre cambiaría. Quería comprobar si Daniel estaba dispuesto a aprender a ser un padre competente y reconstruir su relación con su hijo. Cité a George Eliot: "Nunca es tarde para convertirte en lo que podrías haber sido". Si bien es imposible cambiar el pasado, uno siempre está a tiempo de convertirse en padre de sus hijos, sin importar la edad de éstos. Daniel se mostró interesado. Le advertí que su hijo necesitaba expresar enojo acumulado, tendría que escucharlo sin ponerse a la defensiva.

Los dos asistieron a seis sesiones de terapia juntos. Se les notaba incómodos. Se sentaron separados, ni siquiera sabían cómo compartir la misma habitación. Pese a que no discutieron ni gritaron, Kevin admitió que odiaba y amaba a su padre en la misma medida.

—Haría cualquier cosa por ti —aseguró Daniel.

—Sé que tus intenciones son nobles, aun así, no puedes hacer nada —respondió.

No creía que fuera un caso perdido así que les dejé tarea. Quería que Daniel invitara a cenar a su hijo a un restaurante en la ciudad, los dos solos. Kevin no estaba convencido. "No tendremos nada de qué hablar. Nos veremos a la cara sin decir nada toda la noche", protestó. Se sentía huérfano. Sus expectativas de ganarse el amor de su padre eran nulas.

Insistí, compartir el pan podría ser una buena forma de reconectar. Quería que Daniel despertara y se convirtiera en el pilar que su hijo siempre había necesitado. Kevin estuvo de acuerdo con intentarlo. En la cena, le pidió consejos a su padre, quien estaba encantado de compartir su experiencia como empresario. Le sorprendió lo mucho que disfrutaba tener la atención exclusiva de su padre. "Es increíble lo agradable que fue", me contó después.

—Tu hijo necesita saber que lo quieres. Convive más con él. Muéstrale que te interesa su vida. Invítalo a cenar otra vez.

—Mira, me encantaría hacerlo, pero ¿de qué vamos a hablar? —preguntó.

—Pregúntale sobre su vida y su trabajo.

—Parecerá que lo estoy entrevistando.

—Entrevístalo, es una prueba de que te interesa. Hazle preguntas.

—Todavía está enojado por su infancia y el divorcio —Daniel aseguró—. No está en mis manos remediarlo.

Le compartí una idea de Maya Angelou: "Hiciste entonces lo que sabías hacer, y cuanto más sabías, mejor lo hacías".

Salían a cenar una vez por semana a asadores, pequeños bistrós franceses, cafés italianos y, en ocasiones, hamburgueserías. No se trataba de la comida sino de la compañía, por fin Daniel alimentaba a Kevin. En estas cenas Daniel pagaba la cuenta. Le daba gusto darle de comer a su hijo, de forma literal y metafórica. Una vez Daniel invitó también a Denise, pero le sugerí que retomara el plan original de cenar a solas con su hijo una vez por semana.

Kevin trabajaba en Wall Street y el 11 de septiembre de 2001 presenció los ataques al World Trade Center. Como muchos neoyorquinos, lo perturbaron y entristecieron a lo largo de varios meses. En esa época vivía con mi segunda esposa y nuestra hija pequeña en Battery Park City, cerca de la Zona Cero. Mi familia también estaba traumatizada por haber estado en el centro del desastre. Un día de invierno durante una sesión, mi esposa me llamó a mi teléfono de emergencia, el cual siempre respondo. Había ocurrido una explosión en una planta eléctrica. Asustada por lo sucedido meses atrás, temía que se tratara de otro ataque terrorista. Me disculpé por la interrupción y le conté que mi esposa y mi hija habían resultado heridas en el 9/11 y que mi esposa temía que se estuviera repitiendo la historia. Al haberlo vivido en carne propia, comprendió de inmediato: "Tienes que ir, sal de aquí", me dijo. Sentí que éramos camaradas peleando en la misma guerra.

Cuando decidió que quería dejar la terapia y seguir adelante, me pregunté si al compartirle mis ansiedades sobre el 9/11 lo había perturbado en vez de tranquilizarlo. Su padre se encontraba fuera de Nueva York en esa fecha y le proporcionó el alivio y perspectiva que no fui capaz de brindarle. A pesar de esto, estuvimos de acuerdo con que ahora que había recuperado a su verdadero padre, ya no me necesitaba.

Kevin superó sus adicciones a la cocaína, al éxtasis, a la mariguana y a los deportes extremos con mi apoyo, el de sus compañeros de Narcóticos Anónimos, el amor de su novia y una cena semanal con su papá. Tengo entendido que ambos mantienen esta costumbre.

En vista de que los recuerdos de los ataques al World Trade Center seguían atormentando a mi familia, decidimos mudarnos a Arkansas, la ciudad nativa de mi esposa, porque nos parecía más segura. Desde entonces, mi hijo Jake se ha graduado en leyes en Nueva York. Cada seis semanas que viajo a Nueva York, nos vemos para cenar. Algunas veces invita a su novia, lo cual es agradable, no obstante, le he dejado claro que mi prioridad es estar a solas con él para ponernos al día. No se me ocurriría visitar Nueva York sin verlo.

A quién recurrir

Por desgracia, no todos los adictos tienen la suerte de tener una pareja que se preocupe por ellos o padres dispuestos a secundar la pelea contra sus adicciones. De cualquier manera, existen las juntas de rehabilitación y los especialistas en adicciones, los cuales ofrecen un buen punto de partida para empezar a construir una relación con quienes se convertirán en pilares fundamentales. Hay muchas personas afectuosas con las que puedes contar. Al demostrar que eres capaz de cambiar, aquellos que te han decepcionado en el pasado, podrían hacerse presentes y cambiar también. La abstinencia supone muchas sorpresas. En ocasiones, las personas que más te apoyan son las que has tenido enfrente de ti desde el principio.

Ésta es una lista de personas que pueden contribuir a tu rehabilitación:

1. Padrinos o exadictos de grupos como: Alcohólicos, Neuróticos, Fumadores y Comedores Compulsivos Anónimos o Weight Watchers. Los beneficios de encontrar aliados en estas organizaciones son la similitud de sus metas, sus servicios suelen ser gratuitos o de bajo costo, se reúnen todos los días y noches en muchas ciudades y, por último, están disponibles las 24 horas del día.

2. Un especialista en adicciones, un psicólogo o un trabajador social. Lo ideal sería encontrar un experto que te guste y en quien confíes y asistir a dos terapias semanales por lo menos durante un año. Si tu presupuesto no te lo permite, pregúntale a tu psicólogo si aceptaría reducir su tarifa o si ofrece terapia de grupo, la cual suele ser más asequible.

   Revisa la cobertura de tu seguro médico. El seguro de Susan incluía cincuenta sesiones de terapia contra las adicciones al año, por lo que sólo tuvo que pagar una tarifa fija de 25 dólares.

3. Consejeros especializados en el consumo de drogas, doctores, psicofarmacólogos y farmacólogos que te proporcionen datos, realicen exámenes, expidan recetas médicas y que estén al tanto de las últimas herramientas para combatir una adicción. Por ejemplo, estos profesionales sabrán que el spray nasal de nicotina, o el antidepresivo Zyban, han resultado efectivos para los fumadores que quieren dejar el tabaco. Asimismo, el Departamento de Salud del Estado de Nueva York distribuye parches de nicotina de manera gratuita.

4. Otros profesionales de la salud: nutriólogos, entrenadores personales, instructores, acupunturistas, masajistas, instructores de artes marciales o yoga, expertos cuyos objetivos saludables coincidan con los tuyos.

5. Compañeros de entrenamiento o de equipo en tu club o equipo deportivo.

6. Compañeros de trabajo, agentes, gerentes, editores, jefes, guardaespaldas, asistentes personales y colegas que se hayan enfrentado a

los mismos problemas y que estén dispuestos a apoyarte a lo largo de tu recuperación.

7. Amigos cercanos con quienes te sientas cómodo y que hayan superado adicciones o problemas similares.

8. Parejas, padres o hijos que no tengan la misma adicción que tú y quieran apoyarte.

9. Un tío, tía, primo, sobrina, sobrino u otro miembro de tu familia que haya tenido el mismo problema o que sea abstemio y esté dispuesto a escucharte.

10. Grupos de adictos en línea, páginas web o chats brindan asistencia las 24 horas del día y comparten información novedosa. Recurre a ellos para localizar a colegas reales (no sólo virtuales) en tu comunidad, tal vez son los pilares que te hacen falta. Lo más importante es encontrar a personas que comprendan tu lucha y la seriedad de tu misión para llevar una vida sobria, mejor y más honesta.

CAPÍTULO 5

Los sentimientos engañan:
cocaína, sexo y compras

Cierto día, mi paciente Courtney me dijo: "Me siento fea y tonta, nunca voy a encontrar a nadie que me quiera".

Si bien soy partidario de lo dicho por W.H. Auden: "Confía en tu dolor", también le insisto a mis pacientes que los sentimientos engañan. Deben contemplar que éstos no son hechos. No es raro que un adicto confunda sus pensamientos, miedos y emociones con la realidad y la verdad. "Si lo siento, debe ser cierto", "eso creo, entonces es un hecho". A la mayoría de los adictos a las sustancias, se les cruzaron los cables a una edad temprana, sus padres o tutores no eran confiables, tampoco sus voces internas. Los sentimientos tomaron el lugar del pensamiento racional y cobraron vida propia de forma muy convincente.

El principal objetivo de una crianza eficaz debería ser hacer sentir a los hijos seguros. Cuando ocurre lo contrario, el niño crece creyendo que el mundo es un lugar peligroso y que las personas son enemigos. Estas impresiones provienen del pasado, no del mundo real. A muchos adictos a los que he tratado los decepcionaron adultos en su infancia, es decir, no se sintieron protegidos por ellos. Como sus voces internas no los consuelan ni los hacen sentir seguros, recurren a las sustancias para lidiar con los sentimientos incómodos. Cuando eso ocurre, los recursos internos se paralizan. Desde un punto de vista positivo, las adicciones hacen una labor excepcional al controlar aquellos sentimientos turbulentos cuando no hay nadie en quién apoyarse, por lo menos de forma temporal. Ése era el caso de Courtney.

Me dejó un mensaje en mi contestadora, sonaba inteligente, encantadora y elocuente. Me preguntaba si se estaba engañando o me engañaba o ambas cosas. Un colega de la costa oeste me había advertido que "era una cocainómana en serio, un desastre total". En la clínica para tratar el abuso de sustancias en Long Island en la que trabajaba, aprendí que las apariencias engañan: el mejor vestido podía ser el peor adicto. Courtney parecía entusiasmada de verme. Se trataba de mi primera paciente. Había abierto mi propio consultorio, en mayo de 1983, en Manhattan, así que yo también estaba emocionado de verla.

Temprano, la mañana siguiente, llegó a la pequeña oficina que había rentado en la Calle 19 y la 5a Avenida. Era una chica protestante de 22 años, egresada de la universidad y proveniente de Gramercy Park [una zona exclusiva de Manhattan]. Medía 1.63 metros, vestía una blusa beige de seda y unos pantalones de mezclilla elegantes; parecía una mezcla de una típica chica estadunidense y una hippie. Tenía una sonrisa amplia y su pelo rizado, largo y alocado, le llegaba a la espalda. Nadie habría adivinado que era una drogadicta desastrosa.

Como ocurre a menudo con los pacientes, entre la cacofonía de elementos que surgen durante la sesión —apariencia, temas de conversación, palabras, tono, sentimientos—, hay una característica que tiene mayor significado que las demás. Con Courtney, su pelo rizado y caótico parecía revelar con más precisión su caos interno.

En nuestra primera reunión, respondió a mis preguntas rápido, me relató una historia larga sin ningún orden cronológico ni tema preponderante, era un discurso inconexo impulsado por una ansiedad extrema. Me contó sobre su escuela privada para gente adinerada que aparece en la sección de sociales, sobre sus sirvientes y fideicomisos. Su madre murió cuando Courtney tenía seis. Su padre era dentista pero prefería jugar tenis y bridge en el club antes que trabajar. Si bien había tenido muchas novias desde que su madre había muerto, nunca se había vuelto a casar. Su hermano mayor era farmacólogo. Courtney había estudiado en un internado privado, al igual que él. Había terminado el bachillerato en Reed College hacía poco. En los veinte minutos que duró su monólogo incesante, no mencionó su drogadicción.

—¿Qué hay de la supuesta adicción a la cocaína de la que me contaron? —le pregunté, quería que supiera que estaba enterado.

No se inmutó con mi pregunta, admitió que era adicta desde su adolescencia. De cualquier modo, su problema, insistió, era que su madre había muerto de una sobredosis de sedantes y analgésicos. Relató una serie de problemas familiares complejos. Sus padres habían tenido amantes durante su matrimonio y sus hijos eran conscientes de ello desde muy pequeños. Los dos eran alcohólicos y drogadictos: consumían estimulantes, depresores, *cristal* y analgésicos. Como dentista, su padre conseguía fármacos sin problema.

Su madre la había usado para comprar las recetas que falsificaba en el recetario de su esposo. Courtney recordaba que de niña iba a la farmacia y pedía que le surtieran la receta para su mami. En casa, su madre se las tomaba enfrente de ella. A sus cinco años, le rogaba que no lo hiciera: "Mami no son buenas, te hacen daño".

Reconocí la confusión y la negligencia que padeció Courtney. Sé lo que significa crecer en el abandono en una familia blanca, anglosajona, protestante y adinerada de Manhattan. Confiaba en que la similitud le beneficiara. Era capaz de apreciar el interior de su mundo mejor que ella. En ese entonces tenía treinta años (ocho más que ella), estaba casado y vivía en Long Island. Me había doctorado hacía poco y había obtenido mi licencia para practicar psicología clínica en el estado de Nueva York. Ella era soltera y vivía en el Upper West Side, en el noroeste de Manhattan; las similitudes en nuestras vidas eran impresionantes. Había estudiado en Dalton, una escuela privada exclusiva y costosa. Mi madre y su hermana estudiaron en escuelas similares a Dalton. Yo había tenido novias de Dalton. Es decir, las habría tenido de haber mostrado valor para hablarles. La madre de Courtney era adicta a las pastillas, mi madre al alcohol.

Courtney recordaba el día en que su maestra de primaria le dijo que tenía que regresar a su casa a mitad del día. Una limusina negra la esperaba afuera de la escuela. "Sabía que uno de mis padres había muerto", relató. "En ese momento creía que estaba en mis manos elegir cuál de ellos había sido. Me imaginé a quién prefería muerto, era una locura, elegí a mi padre." Concluyó que tenía que tomar una decisión, por lo menos para sí, como en la película *La decisión de Sophie* [1982]. Se equivocó. Era su madre la que había muerto de una sobredosis.

"En esa época pensaba que era capaz de controlar lo que ocurría a mi alrededor si tan sólo hacía lo correcto", confesó. "Un día, mientras caminaba por la calle, se me ocurrió que si atrapaba a un pájaro que volaba por ahí y me lo comía, resucitaría a mi madre." La invadían estas ideas, así como una ansiedad, desesperación y angustia extremas.

Era supersticiosa y creía que sus pensamientos eran tan poderosos que controlaban el universo e incluso decidían quién vivía y moría. Estos síntomas se tienden a confundir con la bipolaridad o el trastorno obsesivo compulsivo; no era su caso. Muchos adictos confunden los pensamientos y sentimientos fortuitos con la verdad. Le expliqué que no porque *se sintiera* frágil, como si fuera a derrumbarse en cualquier momento, iba a hacerlo. Era una sensación, nada más. Era importante entender la diferencia.

A pesar de que su madre tenía una adicción seria, Courtney se identificaba con ella y creía que también la había amado. Se sentía más apegada a su madre que a su padre, quien era una figura ausente. En la familia no hubo abusos físicos ni sexuales, tampoco reglas. Courtney vivía de su fideicomiso. Admitió haberse gastado 10 mil dólares en cocaína el semestre anterior. Cuando le llamó a su padre para pedirle otros 10 mil, éste le preguntó:

—¿Para qué?

—Necesito ropa nueva —le mintió.

—Qué gusto que te esmeres en tu apariencia —replicó y firmó otro cheque.

No había reglas.

Nunca había atendido a un cocainómano que inhalara y se inyectara a la vez. Courtney llevaba tres años haciéndolo. Para mi sorpresa, admitió que drogarse no le divertía. No era una consumidora casual que buscara placer en las drogas. Se volvió adicta desde el primer día que probó la cocaína. Pese a que odió el efecto que le producía, no podía dejar de consumirla. ¿Por qué se drogaba si no le proporcionaba felicidad ni emoción? Porque al hacerlo, desaparecía el dolor, le brindaba una concentración tensa, nerviosa, estresante. Consumía cocaína para externar la ansiedad que la invadía. Por desagradable que resultara, funcionaba. Se despojaba del dolor y lo remplazaba con una ansiedad externa a la que se enfrentaba de mejor manera.

Es una práctica común entre los adictos y constituye un argumento contundente contra la idea de que los adictos son hedonistas en busca de placer. Es frecuente que las adicciones no le brinden ningún placer ni alegría a los consumidores. Por el contrario, despojan al individuo del dolor, la depresión y la ansiedad insoportables y lo dejan en un estado letárgico, o con un equilibrio frágil, que hace que la sola existencia parezca posible. En ocasiones, las sustancias funcionan como medicamentos autorrecetados para la angustia, por lo general sin diagnóstico, de un adicto.

Para un adicto, todo entusiasmo es sospechoso. Una sensación de alegría desorbitada que te permite escapar de la existencia cotidiana te suele orillar a tomar decisiones estúpidas. Un jugador al calor de un juego de póker apuesta la renta del mes porque la suerte le sonríe. Un ebrio en un bar se dispone a manejar o se va a casa con un extraño y se niega a reconocer que es peligroso. Un comprador compulsivo adquiere una sala costosa convencido de que los muebles nuevos salvarán su matrimonio o cambiarán su nivel social. El objetivo inconsciente de una conducta adictiva es alterar, curar o escapar de las emociones propias, por lo cual las adicciones inspiran, incitan y acentúan estos autoengaños.

Courtney confesó que se acostaba con varios hombres. Su vida sexual era irracional, imprudente, inducida por las drogas y motivada por toda clase de ideas equívocas y una falta de juicio sobre lo que sentía y creía. Pensaba que si besaba a un hombre y lo provocaba, tendría que acostarse con él, a pesar de que no le gustaba el sexo. Era incapaz de negarse ni pronunciarse a favor o en contra. Tampoco de cuestionar ésta ni otras conductas irracionales que dictaban lo que debía o no hacer.

En su adolescencia, un día no llegó a dormir a su casa, su papá descubrió que había pasado la noche con un chico. Al día siguiente, como castigo, la obligó a ver varios partidos de tenis con él. ¿La estaba castigando o premiando? Porque al fin le concedía su atención tres horas seguidas. Ella no lo entendió. Carecía de autoestima, normas propias o esquemas. Inventaba las reglas para las relaciones sobre la marcha porque sus padres nunca fueron modelos a seguir ni le dieron un mapa racional y útil con el cual orientarse. Su vida estaba fuera de control.

En la clínica de Long Island en donde trabajaba en aquel entonces, los adictos a los que recibía eran, en su mayoría, pacientes adolescentes entre los 14 y 18 años. Consumían alcohol, mariguana y cocaína durante periodos breves. Sus padres, escuelas o los tribunales los obligaban a recibir tratamiento. El consumo de estos chicos era mera rebeldía, nada atípico entre adolescentes. Escuchar la letanía de sexo y cocaína de Courtney era otra historia. Era una introducción dramática a lo caótico que podía ser cada aspecto de la vida y psique de un adicto.

Al terminar nuestra primera sesión, me dijo:

—Me voy a Grecia tres meses. Nos vemos cuando regrese.

—¿A Grecia? ¿Para qué? —le pregunté.

—Me voy de vacaciones de verano —respondió.

—¿Con quién?

—Sola —contestó—. Regreso a mediados de agosto.

Era raro que una chica de 22, que apenas era capaz de hacerse cargo de su vida quisiera pasar tres meses en otro país. Como psicólogo clínico, me enseñaron a secundar las decisiones de los pacientes, ser una figura neutra, no comprometer mis emociones, ni articular una opinión firme. Le

71

dije que estaba de acuerdo y programamos una cita para finales de agosto. No le di más vueltas al asunto hasta semanas después que hablé con mi mentor, el doctor Brian Marks.

Conocí al doctor Marks en 1977, cuando me inscribí a su clase de Sigmund Freud. Era un judío inconformista, de estatura baja, robusto, gracioso, impulsivo y provocador. Era un fumador empedernido, como yo en esa época. Antes de ser psicólogo, había sido guitarrista en una banda de rock. Era un renegado con un distintivo lado salvaje. Me enamoré de él de inmediato. Un día después de clase, le entregué mi ensayo de cincuenta páginas sobre Freud y la antropología, le di a entender que la estructura de su clase seguía la estructura de mi ensayo, lo cual le pareció de una arrogancia ridícula. Detestaba la arrogancia gratuita, además, él había trabajado muy duro para ganarse la admiración de la que gozaba, yo no. Y tenía razón. De cualquier manera, me aburrían mis profesores demasiado académicos, lo quería de supervisor. Después se lo dije cuando me lo encontré en el baño de hombres. Me respondió: "Te odiaba porque eras arrogante y grosero, ahora te quiero. Te asesoraré cuando quieras".

Se convirtió en mi padre adoptivo. Un amigo me decía en broma que nuestra relación era como la de Freud y Jung, yo estaba muy prendado como para notarlo. Le hablaba sobre todos mis pacientes; le conté de Courtney y su viaje a Grecia. Se sorprendió y me preguntó por qué la había dejado ir. ¡Qué pregunta! Tenía ante mí a un profesor prestigioso, el director de mi programa de doctorado y mi jefe en la clínica para tratar el abuso de sustancias, y me preguntaba por qué no había interferido sin más en la vida de un adulto durante nuestra primera sesión. De vez en cuando, el doctor Marks profería un enunciado o me preguntaba algo en determinado tono de voz que cambiaba mi manera de pensar para siempre. Éste fue uno de esos momentos. En el instante que preguntó por qué había permitido que esta paciente fuera de control viajara al extranjero tanto tiempo, supe que había cometido un error. Por lo menos debí haber intentado detenerla. La pregunta directa del doctor Marks me permitió entender lo que ya sabía, que era una locura que una persona tan inestable viajara sola. Había formado una opinión firme cuando Courtney me contó sobre su viaje, pese a ello, la reprimí. El doctor Marks me enseñaba a desarrollar el enfoque directo y participativo que con el tiempo caracterizaría mi terapia contra las adicciones.

Courtney me preguntó después cómo la había dejado ir a Grecia en las condiciones en las que se encontraba. Mi estilo había cambiado de tal forma en los años subsecuentes que no comprendía cómo había sido tan pasivo de cara a su plan irreflexivo. En los años que fue mi paciente, se convirtió en asesora en drogadicciones. En un punto crítico de su consultoría, decidió comenzar a remitirme a sus pacientes difíciles. Sabía lo contundente que era y que mi estrategia, ahora más arriesgada, daba mejores resultados con los adictos, a diferencia de las terapias que no eran agresivas.

No obstante, cuando la conocí, en 1983, era más joven y reservado en mis primeras intervenciones, no estaba dispuesto a compartir mis opiniones e historia personal con mis pacientes. Me negaba a desafiar los métodos convencionales y con ello meterme en problemas. Estaba dispuesto a seguir las reglas que me habían enseñado, aun cuando mis pacientes no parecían beneficiarse de mi postura desapegada y nada intervencionista. Años después, reconocí que había cometido un error al no intentar detenerla y me disculpé con ella.

Empezaba a comprender que una terapia contra las adicciones efectiva tenía que diferir de los métodos graduales y analíticos empleados para tratar neurosis y depresión. Las preguntas calmadas y racionales, la "libre asociación" y un psicólogo que fuera como una pantalla en blanco, no eran efectivos de cara a una adicción extrema y peligrosa que requería más intensidad y una intervención más rápida. Tratar adictos exigía un enfoque y habilidad distintos de los que había aprendido. Los pacientes no acudían a mí en busca de teorías académicas, o para profundizar la comprensión de ellos mismos. Se trataba de personas deprimidas, con dolor, fuera de control, que se hacían daño de manera cotidiana y pedían ayuda a gritos.

Courtney le dio mi teléfono a un amigo alcohólico que se presentó a terapia. Como estudiante de una universidad Ivy League, este chico había asistido a psicoanálisis cuatro veces a la semana. En su primera sesión conmigo, dijo: "Aprendía mucho sobre mi pasado, sobre el origen de mis problemas y era fabuloso. Al salir de la terapia, me dirigía a un bar y reflexionaba al respecto mientras me emborrachaba".

Uno de los motivos por los cuales el método de los doce pasos es tan efectivo para los adictos es que como grupo, no es necesario dedicarle cien horas a repasar las infancias espantosas de cada quien. Es imperativo que alguien les pida que se detengan y les aclare que corren el riesgo de morir. Una vez sobrios ya es prudente detenerse a estudiar sus infancias para entenderlas mejor. Por eso los programas de doce pasos son tan eficaces para frenar las adicciones. A muchos psicólogos los preparan para enfocarse en el pasado, ser prudentes y reunir información para después explicarle al paciente que su conducta presente procede de la infancia. Los gestores de

AA y programas afines saben que el conocimiento no le ayuda a los adictos a volverse abstemios. Actuar es parte fundamental de la solución. La capacidad de reflexión nunca le ha ayudado a nadie a renunciar a nada. Dejar de tomar es la manera de hacerle frente al alcoholismo.

Sin embargo, hay quienes no se sienten cómodos como parte de un grupo. Muchos, como Courtney, progresan por medio de estrategias y atención personalizadas. Cada caso es único pero he aprendido que si no intervengo rápido y de forma contundente, los pacientes ya no regresan a una segunda sesión y perpetúan su propia desgracia y la de sus allegados. Comprar drogas en barrios marginales es muy peligroso, sobre todo para una mujer joven y sola. Los narcóticos pueden estar mezclados con veneno. Bajo el efecto de las drogas, algunos pacientes invitan a sus casas a desconocidos que se encuentran en un bar. Fuera de juicio deciden manejar drogados, o como la madre de Courtney, consumir drogas frente a sus hijos.

No me tomó mucho tiempo darme cuenta de lo rápido que los adictos abandonaban la terapia. Era de esperarse que después de una sesión poco útil, tiraran la toalla. De tal forma que la ventana de oportunidades era muy pequeña. La mayoría se anticipaba a decepcionarse. Estaban convencidos de que no podían confiar en nadie más que en las sustancias. Al mismo tiempo, estaban fuera de control y querían ponerle límites a sus hábitos. Por eso acudían a mí. Pese a ello, a veces deseaban que fallara para justificar sus adicciones. Mi consultorio prosperaba por lo que me permití ser más atrevido, directo y confrontar a mis pacientes. Quería dar una impresión inmediata que cautivara a los adictos para que se comprometieran con la terapia y consiguieran superar sus adicciones.

Cuando Courtney volvió de su viaje, fue un alivio saber que no había consumido cocaína en Grecia. Cuando sus circunstancias o contexto cambian de manera dramática, algunos adictos hacen sus hábitos a un lado porque la emoción de la nueva experiencia ocupa su espacio psíquico. Las asociaciones con la sustancia desaparecen. Ésta fue una prueba de que era capaz de dejar la cocaína. Además no había conseguido nada desde que había regresado a Nueva York. Si volvía a consumir, su vida no progresaría. Quería ocupar el espacio del polvo blanco. Como su presupuesto se lo permitía y además lo necesitaba, empezó a verme cuatro veces a la semana. Entendí que para rehabilitarse, tenía que remplazar su dependencia a las drogas y al sexo irresponsable por la terapia, por lo menos en una etapa inicial de su recuperación.

En nuestra décima sesión le dije: "Debes dejar de tener sexo casual por completo. Es muy arriesgado. Ni siquiera lo disfrutas. Lo haces porque te aterra estar sola. Te aferras a cualquiera que comparta tu cama y te abrace". Estuvo de acuerdo y me daba la impresión de que cumpliría su promesa. Consideraba su promiscuidad como síntoma de su confusión y soledad. Tal vez, al insistirle que dejara de hacerlo —con lo cual le demostraba que alguien se preocupaba por ella y velaba por su bienestar—, se sentiría menos sola.

Algunas sesiones después, me embarqué en una campaña directa para que dejara las drogas. Ésta fue la primera vez que presioné a un paciente para que renunciara a una sustancia. Fue un punto de inflexión en su vida y en mi carrera. Ahora bien, esta estrategia no funcionó en casos posteriores. Courtney era joven y no tenía familia, por lo que actué como un padre omnipotente. Me preguntaba si deseaba tener un padre que se preocupara por ella más que la cocaína. Era posible que estuviera lista para sanar y permitiera que alguien se preocupara por ella.

Por desgracia, al dejar la cocaína, Courtney empezó a comprar ropa costosa de manera compulsiva en las tiendas y boutiques de la avenida Madison. Llegaba a mi oficina molesta por haber comprado un bolso de 700 dólares porque la vendedora había sido tan amable que no había sido posible negarse (así como le resultaba imposible negarse a tener relaciones sexuales con un chico al que había besado).

No creía que cambiar de adicciones fuera una cura. Sin embargo, había una jerarquía en estos hábitos. Si bien tanto la cocaína como el sexo irresponsable y el uso obsesivo de una tarjeta de crédito eran formas para escapar de sentimientos difíciles, por lo menos no se moriría de una sobredosis de compras compulsivas. Le hice ver su compulsión e impuse nuevas reglas como no gastar más de 100 dólares sin antes consultarlo en terapia. Al reducir sus compras, logró mermar su impulsividad.

Al cabo de seis meses, dejó de tomar, consumir drogas, acostarse con extraños y gastar dinero a ciegas. No obstante, le tomó casi tres décadas desenmarañar el dolor que subyacía en sus adicciones. No es inusual. He tratado a muchos pacientes como ella cuyas adicciones datan de su adolescencia. Cuando empezaron a consumir sustancias, su desarrollo emocional se detuvo. Al dominar sus adicciones, siguen siendo adolescentes, por lo menos en materia emocional, y tienen que empezar en donde se quedaron.

Todavía me reúno una vez por semana con Courtney. Es el periodo más largo que he tratado a un paciente (28 años). Con el paso del tiempo, he conocido a todos los personajes que han protagonizado sus psicodramas.

Su padre viudo acudió a diez sesiones de terapia conmigo, se suponía que para hablar de los problemas de su hija y de cómo ayudarla, sin embargo, me dio la impresión de que le interesaba hablar sobre sí mismo. Era un hombre severo e infeliz. Le aseguré que todavía podía ayudar a su hija si se convertía en un padre más capaz. Le sugerí que la buscara y frecuentara más, que le preguntara sobre su trabajo y su terapia, que se esforzara para que el tiempo que pasaran juntos girara en torno a ella. Le dijo a Courtney que le había agradado. Su padre era importante para ella, por lo que estaba contenta. Construyeron una relación más cercana antes de que él muriera de neumonía en 1995. Conocí al hermano de Courtney, quien adoraba el tenis tanto como su padre. Años después tendría una crisis personal y acudiría a diez sesiones de terapia.

Tenía dudas serias sobre su primer esposo, por desgracia, no lo llevó a terapia hasta que se casó con él. Era un escritor becado con quien se casó a sus 27 años. Fantaseaba con que era un tipo agradable, seguro y que tenía un trabajo estable. Me pareció pasivo, un vividor. No era drogadicto pero después se le acusaría de malversación de fondos, lo cual nos sorprendió a ambos. ¿Por qué se había casado con él? Porque le temía a la soledad y todavía seguía sus sentimientos a ciegas en vez de aprender a tranquilizarse y permitir que su cerebro evaluara las situaciones con precisión.

A los 33 se volvió a casar y tuvo un hijo con su segundo esposo; también intenté persuadirla de no hacerlo, sin lograrlo. Resultó ser un alcohólico violento. Al cabo de dos años, se divorció. La relación más cercana que había tenido en la vida era con su hijo. De alguna forma, el vínculo maternal satisfizo la cercanía que nunca tuvo con su propia madre, y había anhelado con desesperación.

A los 35, por fin atendió mi consejo: dejó de precipitarse y se dio tiempo para disfrutar el cortejo sin brincar a la cama o mudarse con sus parejas a la primera oportunidad. No estaba acostumbrada al cortejo a la vieja usanza, hablamos sobre la importancia de que se tomara su tiempo para decidir mejor. Se cortó, tiñó y estilizó el pelo. Era un corte más limpio, elegante y ordenado. Al tiempo que su pelo sufrió una transformación conservadora, ella se volvió más expresiva, verbal y explosiva: "¿Por qué carajo el bebé estuvo llorando toda la noche?", gritó una vez. A otra sesión llegó furiosa: "Voy a despedir a la niñera, es una idiota". En ocasiones, los adictos tienen un lado salvaje por lo que el hecho de que descubriera su energía natural y pasión primitiva era un avance.

En los noventa, a sus 39 años, se casó con un arquitecto exitoso que tenía un hijo de una relación previa. Era un hombre inteligente, estable y sensato que la hacía poner los pies sobre la tierra. En sus cuarenta, tuvo un segundo hijo, una niña. Durante sus sesiones de terapia, la animé a que ampliara su labor como consejera y regresara a la escuela para estudiar trabajo social.

Al mismo tiempo que Courtney terminaba su maestría, atravesé un periodo turbulento de mi carrera profesional. Cuando en la Universidad Adelphi un grupo de estudiantes de posgrado se quejaron de que no querían que una clase fuera obligatoria, programé una reunión con ellos y algunos profesores sin consultarlo con mi jefe, el doctor Marks. Se puso furioso porque había desafiado su autoridad. Tenía razón, había empezado a hacer las cosas a mi manera, me enemisté con comités que él consideraba importantes y no fui diplomático. Aprendí que las instituciones educativas son sistemas políticos complejos y que uno tiene que ser un estratega cuidadoso si quiere ascender. No fui un buen miembro del equipo y, por lo tanto, me convertí en una carga para el doctor Marks.

Me despidió, perdí mi puesto como profesor, me echó de su programa y de su vida. Me citó en su oficina para decirme que estaba fuera de manera definitiva, después salió furioso y me dejó solo en su oficina. Era un rechazo rotundo para alguien con serios problemas de abandono como yo. (Una vez intenté copiar esta salida dramática y dejé a un paciente mal portado de quince años de edad solo en mi oficina. Resultó contraproducente porque se encerró y escondió varias notas detrás de los marcos de mis fotografías. Las encontré mucho tiempo después, eran notas que expresaban sus deseos de encontrar el amor y la fama en el futuro, le daba vergüenza decírmelo en persona.)

El doctor Marks no quiso tener nada que ver conmigo durante cinco años. Su rechazo me causó un dolor desgarrador. Lo quería y admiraba tanto, lo glorifiqué como mentor y figura paterna, que olvidé que era un ser humano con defectos. Mi adoración y necesidad me habían confundido.

Pese a que fue difícil separarme de él, nuestra disputa resultó liberadora. Me permitió convertirme en un psicólogo independiente y el jefe de mi propia clínica, el Village Institute. Comencé a enviarle tarjetas de navidad y postales en las que afirmaba que su genialidad e inspiración prevalecían tras nuestra ruptura. Me dejó un mensaje cariñoso en mi contestadora en el que decía que había seguido mi carrera y me deseaba éxito y felicidad. No hace mucho le llamé para referirle a una paciente. Tuvimos una conversación agradable. Por fin logré verlo como una persona tridimensional con cualidades y defectos.

A veces Courtney me cuenta de sus consultas exitosas. Me pregunto si haber sido protegido del doctor Marks me permitió ser un mejor mentor para ella.

Hace poco me confesó: "Mi vida es tan próspera, sin embargo, nunca me había sentido tan triste"; todavía intenta desenmarañar su infancia caótica, los días de la cocaína y lo que significó para ella la muerte de su madre a una edad tan temprana. Me parece un avance considerable que se sienta segura como para permitirse llorar la muerte de su madre. Como el difunto psicoanalista británico Wilfred Bion ha sugerido, los sentimientos turbulentos son problemas que necesitan resolverse. Los sentimientos de Courtney ya no son monstruos aterradores de los que tiene que huir a toda costa.

Cómo saber si tus sentimientos son engañosos

1. Escribe lo que sientes en tu diario, incluso si te parece exagerado. Si te despidieron, escribe algo así: "Tengo miedo de no encontrar trabajo otra vez. Perderé mi departamento, moriré pobre y desamparado".
2. Imagina que algún ser querido escribió la frase de arriba. ¿Qué le dirías a tu amigo cercano, pareja o hijo si hubieran dicho eso de sí mismos?
3. Imagina que eres un abogado litigante. Enlista los trabajos que has tenido, las veces que te han despedido y las que te has recuperado.
4. Muéstrale tu diario a un amigo íntimo. Si su punto de vista es distinto al tuyo, escúchalo.
5. Si lo peor que escribiste llegara a suceder, ¿qué harías?
6. Haz una lista de tus recursos en caso de enfrentar una emergencia financiera, como mudarte con alguno de tus padres o un antiguo compañero de habitación, pedirle prestado a alguno de tus hermanos o buscar un departamento más barato en una ciudad menos costosa.
7. No actúes de manera impulsiva a partir de tus sentimientos. Por ejemplo, no llames a tus padres para decirles: "Creo que necesito mudarme con ustedes", por lo menos no aún. Date más tiempo para

procesar tus sentimientos —de ser posible, habla con un amigo o algún pariente en quien confíes— antes de hacer algo.

8. Establece reglas para tu reacción en este estado de ánimo. Por ejemplo, uno de mis pacientes debe esperar por lo menos doce horas para responder a correos electrónicos difíciles.

9. Lee lo que escribiste al día siguiente para averiguar si tu estado de ánimo ha cambiado o si te ha dado otra perspectiva.

10. Comparte este sentimiento con un amigo o familiar cercano o con tu pareja.

11. Coméntalo con tu psicólogo, en tu terapia grupal o con alguno de tus pilares. Te dará gusto saber que mucha gente se siente así a veces, sin embargo, no significa que esa sensación sea verdadera o útil, es factible que sea una emoción pasajera que se disipe cuando tengas la cabeza fría.

CAPÍTULO 6

Cómo entender la lógica de los adictos: drogas alucinógenas y robos

Doug tenía una razón convincente para ir a verme en el otoño de 1986: un juez lo obligó a asistir a terapia. El estudiante de preparatoria de dieciséis años había sido arrestado por irrumpir en propiedad privada. Tenía dos opciones: la cárcel o la terapia.

Cuando era director clínico de Baldwin Council Against Drug Abuse [El concejo de Baldwin contra la drogadicción], los jueces de Long Island sabían que éramos una clínica que brindaba atención gratuita y que se especializaba en el tratamiento de las adicciones. De manera que sentenciaban de manera rutinaria a adictos, alborotadores y faltistas, entre los trece y dieciocho años, a un año o más de tratamiento obligatorio con nosotros. Cuando tenía a un paciente poco colaborativo, le decía: "Tú eliges: la cárcel siete días a la semana o mi oficina una vez a la semana. Créeme, mi oficina es mejor que una celda. Pero si así lo prefieres, le diré al juez que te mande a la cárcel". Era el remedio perfecto para la mala conducta.

Doug no tenía una actitud negativa. Cuando entró a mi oficina, se mostró atento y respetuoso. Llevaba pantalones holgados, una playera y zapatos deportivos, informal y descuidado como correspondía a su edad. Medía 1.55 metros, era de complexión media y tenía pelo rubio oscuro. Su comportamiento, sus lentes con armazón delgado y el cuidado con el que observaba su entorno, me dieron la impresión de que se trataba de un adolescente intelectual y cohibido.

Le hice preguntas acerca de su vida. Doug era el segundo de tres hijos en una familia judía liberal de los suburbios. Su padre era dueño de un taller mecánico y su madre trabajaba tiempo completo en un centro comercial. Los padres parecían trabajadores pero despistados. En ocasiones, los padres de los adictos se distancian de ellos y no se percatan de las señales evidentes de problemas. La hermana mayor de Doug se había casado y ya no vivía en casa. Su hermano menor seguía sus pasos: iba directo a las drogas y al ausentismo escolar. Doug era un estudiante de dieces que apenas estudiaba. A pesar de que faltaba con frecuencia a la escuela, sus maestros no lo reprendían siempre y cuando conservara sus buenas calificaciones. Ése era el tipo de educación que recibía.

Daba la impresión de ser un sociópata pues se mostraba indiferente hacia las reglas sociales. Esto es un rasgo común de los adictos que creen que sus necesidades están por encima de las reglas que seguimos los demás. Doug era astuto y vivía para satisfacer sus intereses propios. Antes de ser arrestado por el robo que había cometido, se había salido con la suya en innumerables ocasiones. Tenía poca supervisión por parte de su familia desorganizada en la que los niños comían lo que fuera y consumían drogas cuando querían. Me contó que había irrumpido en una casa de su vecindario, por lo cual lo arrestaron y obligaron a presentarse en mi consultorio.

—¿Por qué lo hiciste —quería saber.

—Porque tenía hambre —respondió.

Su respuesta me sorprendió.

—¿A qué te refieres?

—No había comido, en serio —explicó—. Asalté el refrigerador y me robé algunas joyas ya que estaba ahí.

Al irrumpir a la casa, se activó la alarma silenciosa. La policía lo sorprendió sentado en la mesa de la cocina, comiendo cosas del refrigerador. Cuando lo atraparon, no tenía las joyas consigo.

Lo seguí interrogando.

—¿Es la primera vez que lo haces?

—¿Es confidencial? —preguntó—. ¿O le vas a decir al juez?

Era un chico listo, no quería incriminarse en otros delitos.

—Éstas son mis reglas —le dije—. Contactaré al juez sólo para confirmarle que te has presentado a terapia y reportarle cuando no lo hagas. El juez no se enterará de nada más. Más vale que no me pregunte. Si las autoridades me pidieran más información, preferiría la cárcel a responderles. —Como alguien que ha buscado desesperado la atención y dirección de sus padres toda su vida, le hablé con convicción y autoridad; una vez más, intentaba emular el tono de un padre firme y preocupado.

—De acuerdo —contestó Doug—. ¿Qué quieres saber?

—Cuéntame sobre tus actividades ilegales.

Reconoció consumir LSD, mezcalina y hongos alucinógenos varias veces a la semana, en soledad. Se trataba de drogas alucinógenas y escapistas con las que desconectaba su conciencia de la realidad durante horas. Sospechaba que Doug quería escapar de su vida, alejarse de su dolor.

Su dolor residía en la superficie, no era inconsciente. Dada su edad, todavía tenía que aprender a desarrollar sistemas para enmascarar problemas más complejos que las drogas y los delitos. Su familia le frustraba y se quejaba de sus padres a menudo. Su madre parecía sentirse atrapada en un matrimonio miserable. Su esposo no parecía quererla ni hacerle mucho caso. Él no era un hombre exitoso. La satisfacción más grande de su madre era trabajar, por lo que su felicidad provenía de fuera de casa. No eran personas malvadas ni violentas, en cambio, sí eran infelices, se preocupaban sólo por su bienestar y se habían olvidado de amar a sus hijos.

—Te voy a contar algo que hizo mi padre —dijo Doug—. Tengo que sacar la basura dos veces a la semana. La semana pasada se me olvidó y me pidió que lo hiciera. Le respondí que no se me daba la gana. Resignado, me dijo que no había problema, que él la sacaría, y eso hizo. ¿No te parece patético? ¿Por qué no me regañó y me golpeó para que lo hiciera? Porque es muy débil, por eso. Es incapaz de hacerlo.

Como casi todos los chicos adolescentes, Doug quería un padre fuerte y enérgico. Se decepcionan con las figuras paternas débiles y cuando sus propios padres son inútiles, desprecian a todos los adultos. Recordé cuánto me decepcionaba a esa edad que mi padre no fuera una figura fuerte que tomara las riendas y me protegiera. Me sentía como mi paciente, tenía que cuidarme con mis propios medios porque nadie más lo haría. Si bien en ese entonces no lo sabía, quizá fue la razón por la que a la edad de Doug ya era adicto al cigarro: buscaba alivio y protección del dolor en el tabaquismo.

—¿Por qué te drogas? —le pregunté.

—Porque me gusta —era obvio que no tenía ni idea de las razones más profundas.

No le gustaban las sustancias típicas de la adolescencia: el alcohol, la mariguana o los cigarros, tampoco le interesaba el sexo. Se le dificultaba relacionarse con las personas. Estaba atrapado en la paradoja del adicto: se negaba a depender de las personas y, al mismo tiempo, ansiaba tener relaciones estrechas, comprensión e intimidad. Cuando se drogaba, Doug escuchaba a Grateful Dead o a Bob Dylan, paseaba por el bosque que rodeaba su casa y a veces irrumpía en su escuela por las noches o los fines de semana. Leía novelas de Kurt Vonnegut, Aldous Huxley y, raro, libros de negocios.

Su hábito le costaba 50 dólares a la semana. Como sus padres le daban una mesada de 10 dólares semanales, en vez de pedirles más, la complementaba asaltando casas del vecindario. Se robaba joyas, relojes y otros bienes de valor que después vendía en casas de empeño para pagarle a su traficante.

—¿Así que eres un ladrón serial, judío y agradable que quiere ser el presidente de una empresa? —le pregunté.

Su *modus operandi* era original, no había visto nada igual en la serie *Law & Order*. En todos sus atracos, antes de terminar de robar la casa, iba al refrigerador, sacaba comida, se sentaba en la mesa y comía. El simbolismo de este acto era de una complejidad fascinante y evidente.

—Voy a atenuar tu diagnóstico —le dije—. No eres un ladrón, eres un niño que quiere que lo alimenten. Tus padres nunca te han dado de comer como es debido en tu casa y eso es lo que quieres. Quieres sentarte a la mesa con una familia a comer una buena comida y sentirte querido y protegido.

Al decir esto, Doug se entristeció. Se le empezaron a llenar los ojos de lágrimas, como si nunca lo hubiera pensado pero reconociera la verdad de mi argumento. Era un caso fascinante. Nunca había atendido a ningún adicto a esa combinación de ácido, hongos mágicos y asaltar refrigeradores ajenos. Escenificaba sus necesidades psicológicas de la forma más notoria que haya visto.

—Mira, eres un chico inteligente y creo que vas a ser un empresario exitoso. A fin de cuentas, muchos empresarios adinerados no son más que ladrones legales —bromeé—. Así que vas por buen camino.

Sonrió en señal de agradecimiento por la descripción tan precisa que hice de él y por sentirse comprendido.

—Tienes que hacer lo que yo te diga.

—¿Qué quieres que haga? —me preguntó.

—Deja de consumir drogas, son una mierda. Deja de robar o te ficharán como ratero de poca monta —le pedí—. Tienes que aprender a llorar sin remordimientos.

Le expliqué a Doug mi teoría según la cual si no aceptaba sus sentimientos difíciles de ira y tristeza, tendría que seguir drogándose y robando. Estaba seguro de que si era capaz de llorar frente a mí, alguien que se preocupaba por él, sería capaz de detener su conducta sociópata. Saquear las casas de sus vecinos resultaba una metáfora de tomar las cosas que creía merecer y que no poseía, como comida y amor. Si aprendía a experimentar sus anhelos y decepciones, no se sentiría obligado a llevarlos a cabo. Estuvo de acuerdo con verme una vez por semana, pues era mejor que la cárcel y, con el tiempo, disfrutó de nuestras sesiones. Tengo entendido que nunca volvió a robar; las drogas eran otra historia.

A pesar de que Doug era un chico brillante, todavía estaba muy distante y desconfiaba de mí por lo que no se permitía estrechar su relación conmigo. Todo lo que decía era sincero, serio y pensado. (Con el tiempo se volvió más abierto y gracioso.) Desde el principio me transmitió sus aspiraciones, todas ellas superficiales. Era un materialista que quería poseer una variedad de objetos: ropa costosa, computadoras sofisticadas, televisores, reproductores de música y relojes finos, los cuales, desde mi punto de vista, eran sustitutos del amor. Lo interesante era que en su tiempo libre inventaba cosas: máquinas inteligentes y atractivas que servían para ponerle pasta a tu cepillo en las mañanas o despertadores hechos de juguetes. Era flojo y oportunista, así que todos sus inventos producían resultados a partir del mínimo esfuerzo. No obstante, tenía una mente activa y le sobraban ideas. Se esmeraba en poner por escrito los diagramas de sus creaciones.

Mi intención era remplazar sus hábitos nocivos por saludables. Así que me aproveché de su vena de inventor y le dejé varias tareas. Lo mandé a hacer investigación en la biblioteca y conseguir solicitudes en la oficina de patentes. Resultó un proceso largo y arduo, pero esto no fue un impedimento para que se dedicara a la investigación y la solicitud de patentes con una diligencia y rigurosidad excepcionales.

Después le pedí que disminuyera su consumo de drogas. Doug dejó de drogarse una vez a la semana, comenzó a hacerlo cada tres semanas. En vez de consumir drogas de forma habitual, lo convirtió en un hábito más recreativo. Le dolía dejar su adicción por lo que le aseguré que ahora contaba conmigo para compartir su dolor, ya no estaba solo. De cierta forma, para mí todas las sustancias que mis pacientes consumen son iguales. El propósito de todas las adicciones es ahuyentar la depresión y la inquietud.

Sin las drogas, Doug se sentía triste, vacío y malhumorado. No obstante, era más reflexivo, realista y filosófico. Al cabo de un año de terapia, dejó las drogas por completo. En esa época, por primera vez lloró frente a mí. Eran progresos monumentales.

La ventaja de tratar a pacientes jóvenes es que son maleables, sus hábitos no están arraigados. Es más fácil tener injerencia en sus vidas que en la de un adicto al cigarro, al alcohol o a la mariguana en sus cuarenta, cuya adicción ha sido un apoyo para hacerle frente a la vida desde hace veinte años. Cuanto más tiempo haya sido adicto a una sustancia, mayor será su desconfianza en los demás y más difícil será renunciar a ella. Éste es un buen argumento para la intervención temprana.

Poco tiempo después de que dejara las drogas, Doug visitó a un amigo cuya casa había robado. La madre de su amigo les contó a los dos lo triste que se encontraba desde que sus joyas familiares habían sido robadas. Los broches y pulseras eran regalos de su madre y abuela, ahora difuntas, y no podían sustituirse. Por primera vez, Doug se sintió culpable porque sus fechorías pasadas habían afectado a terceros.

Creía que el sentimiento de culpa era apropiado y no lo disuadí de albergarlo. Se trataba de uno de tantos sentimientos complejos a los que quería que se enfrentara sin necesidad de consumir drogas. Regresó a la casa de empeño para recuperar los tesoros, por desgracia ya los habían vendido. Empezó a sentirse arrepentido de todo lo que había robado en todas las casas y decidió que quería compensarlos. Se convirtió en su meta. Escribió una lista de todos los artículos que había robado. Cuando se convirtiera en un empresario exitoso, los remplazaría. A veces fomento la culpa, sobre todo si motiva a alguien a progresar.

Le dije que era una misión noble. Asimismo, le advertí que tuviera cuidado. Si confesaba sus pecados, alguien querría denunciarlo y terminaría en la cárcel. Desde mi punto de vista, no sería el fin del mundo porque en efecto, había infringido la ley y merecía ser castigado. Antes tenía que estar seguro de aceptar las consecuencias de sus incipientes intenciones honestas. Lo estaba. Tenía una necesidad imperiosa de redimirse. Ahorró dinero y se lo ofreció a sus víctimas, junto con confesiones francas y disculpas. Muchos vecinos le dijeron que donara el dinero a una beneficencia, a otros los desconcertó que este chico buscara la expiación. Nadie lo denunció.

En los próximos nueve años seguimos reuniéndonos una vez a la semana. Es habitual que aunque un paciente supere sus adicciones rápido, requiera mucho más tiempo para desentrañar los graves problemas causantes de su adicción. Doug nunca volvió a drogarse ni a robar. Mejoró su rendimiento académico, estudió en una buena universidad, se adaptó a la sociedad, tuvo varias relaciones amorosas y consiguió las patentes de algunos de sus inventos. Ahora es un empresario exitoso de Manhattan. Como regalo de despedida, me dio un reloj de bolsillo antiguo de latón con la inscripción: "Para Fred, el padre que nunca tuve".

Por supuesto que no todos los casos de adicciones son tan transparentes. No obstante, todos los adictos comparten algunos de los atributos que reconocí en Doug. Muchos se sienten vacíos porque en su casa no los criaron o alimentaron como es debido. Ansían sentirse queridos y protegidos. En el fondo, es lo que todos buscan.

Preguntas importantes que un adicto debe hacerse para entender las emociones subyacentes a sus hábitos

1. Durante tu infancia, ¿te sentiste querido?, ¿por quién?
2. ¿Con quién te sentías más seguro?
3. ¿Tenías a alguien con quien hablar y en quién apoyarte?
4. ¿Quién te decepcionó de niño y cómo?
5. ¿A quién te hubiera gustado ser más cercano?
6. ¿Qué te impedía sentirte comprendido o más cercano a alguien?
7. ¿Qué te hizo falta en tu infancia?
8. ¿Tenías alguna forma de compensar tu falta de amor o atención?
9. ¿Tus allegados comían, bebían o consumían sustancias de manera compulsiva?
10. Ahora como adulto, ¿te sientes seguro?
11. ¿Te sientes querido y protegido?
12. ¿Te gustaría sentirte más querido y protegido? ¿De qué forma?

CAPÍTULO 7

Renuncia a una adicción a la vez: la promiscuidad y el alcohol

—La única razón por la que estoy aquí es porque mis padres me obligaron. Si no vengo, no me darán dinero. Aun así, más te vale que no te metas conmigo, cabrón. Ustedes los loqueros son unos cabrones que nunca me han traído nada bueno. Son una bola de hipócritas, todos blancos en sus abrigos, corbatas y zapatos elegantes —anunció Erica.

—¿Quién te dijo que podías hablar así aquí? —le pregunté—. Te tengo una noticia: eres una invitada en mi casa. Aquí se siguen mis reglas y está prohibido hablar así.

—No es tu puta casa, es tu puta oficina y te estoy pagando así que voy a hablar como se me dé la gana —respondió.

—Lo siento, no voy a empezar hasta que te disculpes —alegué.

—¿Por qué?

—Por tu forma de expresarte y tu falta de respeto.

—Vete a la mierda —me dijo.

Me cayó bien. Su carácter era interesante. Era mayo de 2002, se trataba de nuestra primera sesión. Era una mujer negra de piel clara de veintidós años de edad, inteligente, atractiva, originaria del Bronx. Era baja de estatura, quizá medía 1.58 metros, llevaba unos overoles dos tallas más grandes, un abrigo holgado y zapatos deportivos. Parecía imitar el estilo y la actitud de los raperos o hiphoperos. Su padrastro se había enterado de mi trabajo y consternado por su comportamiento imprudente y sus adicciones, hizo una cita. Erica se comportaba demasiado casual, desafiante y sabía defenderse, lo cual indicaba que ocultaba un serio problema. Todavía no era consciente de cuán extremos eran sus hábitos ni de cuál era su adicción principal.

—Parece que no me estás escuchando. Te pedí que no hablaras así en mi casa —le dije en el mismo tono firme y paternal que empleo con mis propios hijos.

—¿Por qué carajos no voy a hablar así en como sea que le llames a esta mierda de lugar? — preguntó.

Le gustaba que su actitud me indignara. Me daba la impresión de que quería que alguien viera más allá de sus groserías (una mera fachada) y le pusiera límites.

—Porque no te lo permito.

—¿Por qué? —preguntó.

—Porque cuando eres irrespetuosa, hieres mis sentimientos —respondí.

Miró para arriba.

—No hiero tus putos sentimientos.

—Si digo que lo haces, es así —le aseguré—. Ahora quiero que te disculpes.

—Lamento haberte herido —aceptó con cierta sinceridad. Luego añadió—, pero no lamento hablar así porque así hablo.

La tenía, pensé. En vez de escuchar su monólogo interminable repleto de obscenidades, empezábamos a entablar una conversación interactiva. Me había escuchado, entendido y cedido. Ya que se había disculpado, continué. Insistir sobre su conducta después de haberse disculpado, parecía correctivo y no era mi intención castigar o censurarla. Presentía que su problema era serio. Quería ganármela para contribuir a que superara lo que la estaba perjudicando tanto que lo ocultaba con capas de cinismo y frialdad.

Hablaba con afecto de su hermano Alex, un adolescente que cursaba la preparatoria. Su madre era una mujer italocatólica que trabajaba en la Cruz Roja. Su padre biológico era un carpintero negro baptista originario del sur del país. Había abandonado a la familia cuando Erica tenía seis años. Seis años después, su madre se había vuelto a casar con un empresario blanco. Se mudaron a Murray Hill, en Manhattan. Erica no tenía una relación cercana ni con su madre ni con su padrastro. A los catorce años, su madre la descubrió fumando mariguana y la corrió de su casa. Se mudó con su padre biológico a Crown Heights, en Brooklyn. La dejaba hacer lo que quería, no tenía idea de lo que pasaba en la vida de su hija. Recurría a malos hábitos y a hombres infames. En el transcurso de un año, volvió a casa de su madre con la promesa de rectificar su camino.

—Así que eres como una huérfana —le dije—. O como un niño de la calle en busca de un padre.

—Estás muy jodido —respondió.

Comenzó a asistir a terapia una vez por semana. Había abandonado la universidad, no trabajaba y me había dejado claro que la única razón por la que asistía a nuestras sesiones era para que sus padres le dieran dinero. Su madre me dejaba muchos mensajes en mi contestadora: "Erica no llegó a dormir anoche, ¿lo sabías?", decía. "El recibo del teléfono llegó altísimo porque estuvo hablando quién sabe con quién." En otro mensaje me advertía: "En nuestra ausencia, se drogó en nuestro departamento, además de que invitó a extraños. ¿Estás al tanto de esto?".

Los mensajes de su madre eran exigentes, esperaba que resolviera problemas fuera de mi área de influencia. No era capaz de controlar su conducta en mi oficina, mucho menos fuera de ella. Por otro lado, por lo menos su madre se mostraba preocupada por su hija. Quería conocerme. En el transcurso de tres meses, en parte para conocer a la madre y comprender qué estaba sucediendo en esa familia, programé una sesión con ambas.

Sabía gracias a la terapia que su madre era una figura importante en su vida. Además, pagaba por su terapia así que tenía derecho a evaluarme. Si su madre me conocía y le daba confianza, continuaría pagando el tratamiento que su hija necesitaba. Sentí que esta reunión era importante para Erica.

Me sorprendió que no parecían pertenecer a la misma familia. Su madre era blanca, delgada, tenía el pelo negro y rasgos toscos. Vestía ropa más ajustada y femenina que su hija. Era respetuosa y cortés, daba la impresión de ser una ciudadana ejemplar. De igual forma, Erica tenía un aspecto pulcro pese a que continuaba hablando con obscenidades y usaba ropa holgada que cubría su cuerpo y negaba todo tipo de estilo femenino.

Al empezar la sesión, Erica no entendió algo que dije y preguntó:

—¿Qué carajo dijiste?

—No tienes permitido hablar así enfrente de mí o de tu madre —le advertí.

—No importa. Que hable como quiera —interrumpió su madre.

—No en mi oficina —respondí, comprendiendo la dinámica.

Su madre tuvo a sus hijos joven, en sus veinte. Era una demócrata liberal activa en la política e idealista. Era demasiado liberal. No le ponía reglas ni restricciones a su hija. Comprendí que era preciso que fungiera como modelo para ambas.

Ambas estaban preocupadas porque Alex, a sus diecisiete años, fumaba mariguana seis o siete veces al día. Quería evadir la realidad y permanecer en un estado onírico y agradable. Pese a que Alex y Erica a veces fumaban mariguana juntos, las dos querían ayudarlo. Apenas estaba estableciendo un vínculo con Erica, acababa de invitar a su madre a mi consultorio y no quería que nuestra relación tan reciente se viera amenazada por involucrarme demasiado con toda la familia. Por otro lado, me daba gusto que estuviera tan preocupada por su hermano, era un indicio de que no rechazaba las relaciones significativas. Era común que para cuando me reunía con un adicto, ya se había dado por vencido con la gente y recurría a las sustancias para desahogarse. Así que era una buena señal que a Erica todavía le importaran las personas. Sabía que la había conocido a tiempo.

Les recomendé a un colega del Village Institute para Alex. Al principio, era inconsistente, faltaba a las terapias sin previo aviso. Después de un año de terapia exitosa que implicaba reglas y rendición de cuentas, un espacio para expresar su angustia y confusión, dejó la mariguana y se graduó de la preparatoria. Fue un paciente fácil, su hermana no lo era. Era compleja, tenía varias capas, a veces se salía de control como un animal salvaje que explotaba sin provocación aparente.

A pesar de que no había revelado su verdadero problema, nunca faltaba a ninguna sesión, siempre llegaba a tiempo, era claro que quería comprometerse y cambiar.

—Te empiezo a agradar—le dije una vez, a unos meses de haber empezado con la terapia.

—No es cierto, vete a la mierda —respondió—. Pero reconozco que eres diferente de los demás.

—¿En qué? —pregunté.

—Me dices la verdad así que sé qué esperar.

—¿Todos los demás mienten? —pregunté.

—Tú también —contestó—. No eres diferente. Ustedes los blancos con sus jodidos trajes y corbatas son iguales. Sé cuáles son sus intenciones. No sabes nada de mí.

Era un "tipo blanco" como su padrastro, quien no le agradaba y en quien no confiaba. Era hostil hacia sus dos padres, le parecían restrictivos, nada creativos ni comprensivos. Le resultaba más fácil atacarme que acercarse a mí. Como su verdadero padre, a quien se parecía, la había abandonado en su infancia, los vínculos emocionales le parecían peligrosos.

—No soy como cualquier tipo blanco. Quiero conocerte y saber qué está sucediendo —le aseguré.

—No tienes idea de en dónde he estado ni de lo que he hecho por dinero —confesó.

—Tienes razón, no la tengo. ¿Qué has tenido que hacer? —le pregunté—. ¿En dónde has estado? Cuéntame.

—He hecho cosas malas que deberías saber. No lo creerías —dijo—. Me han arrestado, me han internado en hospitales psiquiátricos, me han encerrado en habitaciones con protección. He arriesgado mi vida en incontables ocasiones. Soy una puta.

Le llevó seis meses sentirse segura para admitir que había tenido relaciones sexuales por dinero desde los trece años. Había estado con más de cien hombres en bares, discotecas, fiestas privadas, terrazas y en la calle. Reconoció que no podía dejar de hacerlo por más que quisiera. Si bien aseguraba hacerlo sólo por el dinero, sabía que en el fondo buscaba una relación amorosa, por perverso que pareciera. Era el peor caso de adicción al sexo al que me había enfrentado, sobre todo porque se trataba de una chica tan joven como ella. Con mi paciente Courtney, la muerte de su madre explicaba la falta de supervisión en su vida, a la cual se debía su promiscuidad. En cambio la madre de Erica estaba viva. ¿En dónde se encontraban ella y su padrastro cuando esto sucedía? Una vez más, me consternaba que estos padres, en apariencia responsables, ignoraran las actividades ilícitas de su hija.

Mi definición de una adicción sexual es que cuando no tienes sexo, la soledad es insoportable y es difícil detenerte. El acto sexual funciona como un medicamento, te brinda alivio para paliar la soledad y el vacío absolutos. A tal grado que sin él, la vida no tiene sentido.

Los encuentros sexuales de Erica eran más tolerables gracias al cigarro, a la mariguana, otras drogas y al alcohol; había empezado a beber a los doce. Pese a que la quería sobria, nunca he intentado que ninguno de mis pacientes renuncie a múltiples hábitos al mismo tiempo.

Si un adicto tiene varias adicciones a la vez, lo cual es frecuente, procuro establecer cuál es el más peligroso o cuál pone en riesgo su vida. Las drogas y el alcohol alteran tu comportamiento y en ocasiones tu juicio, te llevan a manejar ebrio e incluso a la muerte más rápido que, por ejemplo, el tabaco o comer de manera compulsiva. Si una adicción pone en peligro a mi paciente o a sus seres queridos, debe abordarse de inmediato.

Las repercusiones de las conductas sexuales de Erica eran muy desconcertantes. Me imaginaba las peores consecuencias para sus actos sexuales

LIBERADOS

indiscriminados: sida, enfermedades venéreas, violación en grupo, violencia, embarazos no deseados y abortos, todas ellas tenían la capacidad de afectar una futura maternidad. El sólo hecho de pensar en todas estas posibilidades, me entristecía. Debajo de su bravuconería, veía a una niña desesperada y sola. Temía que se hiciera o le hicieran daño, o que pudiera morir. Quería protegerla como si fuera un bebé abandonado.

Sé que no es común que un psicólogo reconozca estas emociones, no obstante, he aprendido que los adictos tienen una necesidad infantil de recibir atención y sentirse seguros porque nunca han sentido que sus padres los hayan cuidado. Así que cuando renuncian a una sustancia, retroceden a la edad en la que empezaron a consumirla. Se manifiesta un hambre palpable de sentirse amado que se remonta al pasado. Yo mismo me sentí así casi toda mi vida y por eso percibo los anhelos de mis pacientes. Los entiendo y me identifico con ellos. A veces presiento que un paciente quiere que lo cuide, aunque sea de forma inconsciente. En estos casos, mantengo las fronteras terapéuticas tradicionales y, al mismo tiempo, les hablo en un tono de voz más suave y consolador, como si le hablara a un niño. Recordé que Erica empezó a drogarse a los doce.

—¿Por qué tienes relaciones sexuales con desconocidos? Podrían lastimarte. No me gustaría que eso sucediera —le dije.

—Lo hago por el dinero —insistió.

Había un grado de sociopatía en esto: la habilidad de manipular a otros para su propio beneficio sin manifestar ningún sentimiento de culpa.

—Dudo que sea la única razón —le aseguré.

—¿Por qué más lo haría?

—Me da la impresión de que quieres estar con alguien porque te sientes sola pero no quieres admitirlo, tampoco intensificar tu relación con nadie —le dije—. Así que cuando tienes sexo a cambio de dinero, puedes pretender que es impersonal, de cualquier modo, los dos sabemos que lo haces porque buscas amor.

En esta ocasión, no debatió.

—Debes dejar de tener encuentros sexuales con extraños. No es aceptable. No lo tienes permitido —le dije en tono compasivo—. Me preocupa e inquieta. Es peligroso y degradante. Podrías morir. Por favor deja de ponerte en peligro —intenté no ser moralista y empleé un tono paternal.

—De acuerdo —respondió—, no lo haré.

Tenía mis dudas, le dije:

—Voy a creerte.

94

Sabía que podía estar engañándome, aun así quería creer que era sincera. Después de esa sesión, todo indicaba que había dejado de tener sexo riesgoso. Me daba la impresión de que estaba lista para superar su dependencia. Había estado esperando que alguien que se preocupara por ella le dijera que dejara de tener relaciones sexuales destructivas. Ahora que figuraba en su vida, ya no sentía esa desesperación de atraer el amor y la atención de un hombre, ya tenía el mío. Sin embargo, nunca admitiría que me necesitaba o que se sentía cercana a mí.

El simple hecho de decir "deja de comportarte así", no es un método eficaz. En ocasiones, cuando mis pacientes eran mujeres jóvenes, era más fácil obtener resultados con una actitud autoritaria. Cuando se trataba de hombres mayores, el orgullo era un obstáculo. Obedecer las órdenes de otro hombre les resultaba humillante. La estructura emocional de algunas de las mujeres a las que había atendido, les permitía someterse y ceder sin que mi actitud paternal vulnerara su dignidad. Entiendo que parece sexista pero mi objetivo principal era hacer lo que fuera para evitar que mis pacientes siguieran lastimándose. Me preguntaba si mis exigencias se cumplían más rápido cuando lidiaba con pacientes mujeres jóvenes y casi huérfanas de padre.

Reconozco que en ocasiones era sexista, exigente, excéntrico o que violentaba las reglas y límites de la psicología tradicional. Sin embargo, una terapia contra las adicciones requería ser más rápida y rotunda que una psicoterapia normal. Tengamos en cuenta que tenía pacientes que se inyectaban heroína y después decidían manejar un auto con sus hijos en el asiento trasero. Mi meta era mantenerlos sobrios y evitar reincidencias.

Según las descripciones de Erica, ansiaba la cercanía como si fuera una sustancia. La consolaba y saciaba de la misma manera que el alcohol y la mariguana. Disfrutaba el sobresalto y la seguridad que le proporcionaban sus encuentros sexuales. Sospechaba que cuando su padre biológico se había ido de casa, había sentido que no tenía ningún control ni injerencia sobre él. Nunca tuvo en cuenta sus sentimientos. Acostarse con hombres por dinero la hacía sentir poderosa: intimaba en sus propios términos y se iba cuando quería. Le entusiasmaba que la desearan y que pudiera relacionarse con ellos sin manifestar ningún tipo de necesidad emocional.

Había otra razón por la cual Erica sería capaz de renunciar a su adicción al sexo antes que dejar el alcohol, las drogas o los cigarros. De todas sus compulsiones destructivas, el sexo era la más complicada porque requería una pareja. Ésa no sería la sustancia preferida de un obsesivo.

La pornografía y la masturbación tal vez sí. Necesitar a otra persona para satisfacer tus necesidades es problemático. Puedes tirar una lata de cerveza a la basura, desechar las sobras de mariguana en el retrete o apagar tu computadora para dejar un chat para adultos en el instante. En cambio, no es fácil dominar, controlar o deshacerte de una persona. En su adicción al sexo subyacía un deseo de acercarse, pero no tanto.

Le pedí que escribiera un diario, como era mi costumbre. Esperaba que se convirtiera en otra manera de comunicarse conmigo (y con ella misma) que no fuera tan personal ni directa, algo que pudiera hacer fuera de mi oficina a cualquier hora. Dentro de poco dejó de sentir la necesidad de ser una chica ruda y evitó las groserías. Comenzó a darme copias de las historias largas que escribía —haciendo uso del fluir de la conciencia— acerca de ella, su pasado y sus actividades cotidianas, a veces amargas. Su escritura parecía auténtica, profunda, emotiva y reflexiva. Me citaba y argumentaba mis teorías, me llamaba, a veces de forma sarcástica, "el buen doctor". Me encantaba porque me demostraba que me estaba aceptando, me tomaba en serio, discutía conmigo en su mente en mi ausencia. Lo consideré un cumplido y una señal de progreso.

—¿Leíste mi relato? ¿Te gustó? —me preguntó en un tono infantil, como si necesitara mi visto bueno.

—Es maravilloso —le dije, elogiándola de manera rotunda, como anhelaba—. Tienes talento para la escritura —añadí.

Sonrío satisfecha.

—¿En serio? ¿Te gustó? ¿Crees que sea publicable?

—Es extraordinaria, si bien es cierto que un poco indisciplinada, como tú —le dije con honestidad—. A lo mejor te interesaría tomar clases de escritura creativa.

Se mostró interesada. Además de empezar un trabajo administrativo de medio tiempo que su madre le consiguió en una agencia que suministraba empleados temporales, volvió a la universidad y se inscribió a clases de literatura inglesa y escritura creativa. No obstante, cuando se le dificultaban, faltaba y "olvidaba" hacer su tarea.

De vez en cuando le preguntaba:

—¿Has tenido relaciones sexuales?

—No —respondía.

—¿Cómo se siente?

—Horrible —contestaba, lo cual me convencía de que decía la verdad.

—¿Te sientes sola? —preguntaba.

—Es una mierda sentirme sola —era su respuesta.

—¿Cómo haces para no sentirte sola?

En una ocasión, me miró y respondió:

—Tomar.

El aspecto positivo de su recuperación era que en vez de sexo ocasional con desconocidos, empezó a tener novios estables. Les exigía que la trataran con respeto. Uno de sus novios, un empleado de mantenimiento, resultó ser negligente. En cambio, hubo un chico de la universidad agradable por el que me incliné. Se quejaba de que la necesitaba demasiado y eso la ponía nerviosa. Llevaba sus escritos a casi todas las sesiones. También se acercó más a su madre, la cual se había vuelto más cariñosa y abierta. En la última sesión que tuvieron juntas, su madre rompió a llorar.

Por desgracia, siguió tomando dos años más. Cuando le pedí que me diera los detalles de su consumo, reconoció que salía tres veces a la semana y se tomaba media botella de vodka o más. Se sentía mal y se desmayaba. Sin embargo, no estaba dispuesta a prescindir de ese escudo. Desde su punto de vista, insistía demasiado con el tema de la sobriedad.

—Cállate ya —me gritó—. No voy a regresar si me sigues molestando con el asunto del alcohol. Estoy harta.

En vez de arriesgarme a perderla, decidí moderarme.

—De acuerdo. Acataré tu disposición de censura y no hablaré acerca del alcohol —le dije—, no obstante, estaré pensando en ello cada vez que hablemos porque me preocupas.

En su peor momento, llegó con la cara amoratada e inflamada. Cuando le pregunté qué había ocurrido, respondió:

—Nada, choqué con un camión.

—A ver, cuéntame qué pasó —insistí.

—Me emborraché con vodka y a punto de cruzar la calle, volteé al lado equivocado para ver si venían autos, no vi ninguno y empecé a cruzar. Un camión con un espejo lateral enorme pasó a toda velocidad. El espejo me pegó en la cara —relató—. Me caí aturdida. Tirada en el suelo pensé: "¿Qué estoy haciendo borracha, tirada en Columbus Avenue? ¿Qué estoy haciendo con mi vida?". Es grave, ¿verdad?

—Es obvio que no me gustaría que la situación empeorara —le dije—. ¿Qué te tiene que suceder para que me permitas ayudarte a dejar de tomar?

—¿Qué quieres que haga?

97

—¿Desde cuándo accedes a hacer lo que alguien más quiere que hagas? —le pregunté.

—Ya lo sé, lo odio pero creo que estoy lista.

—¿Estás lista para seguirme?

Le sugerí que se abstuviera de tomar tres días y que nos viéramos al cuarto día. Siguió mi consejo y comenzó a asistir a reuniones de AA todos los días. Después de noventa días, consiguió un padrino. Dejamos de vernos en 2006 cuando me mudé a Arkansas. La última vez que supe de ella, me dio gusto enterarme de que había vuelto a la universidad de tiempo completo y que había dejado de tomar.

Identifica tus hábitos

La mayoría de los adictos tiene una serie de compulsiones que se mezclan o entran en conflicto. Quienes se emborrachan, disminuyen su resistencia a otras sustancias por lo que es más probable que tengan sexo casual, gasten dinero que no tienen, fumen, consuman mariguana u otras drogas que les ofrezcan cuando están en estado de ebriedad. De hecho, según mi experiencia, es raro que un adicto lo sea a una sola sustancia. Para establecer a qué hábito renunciar primero —tú o la persona a quien intentas apoyar—, hazte las siguientes preguntas:

1. ¿Para satisfacer tu hábito tienes que reunirte con personas con las que de otro modo no te asociarías?
2. ¿Tu hábito te ha orillado a tener sexo con alguien que conozcas poco, a quien no respetes o de quien te avergüences al día siguiente?
3. ¿Para conseguir tu sustancia tienes que ir a colonias peligrosas o estar en la calle toda la noche?
4. ¿Tu hábito implica actividades ilegales como robar, vender drogas o comprar alcohol si eres menor de edad?
5. ¿Tu hábito te ha llevado a cometer actos inmorales como tener sexo con alguien casado, menor de edad, o algo similar, o que no haya estado sobrio como para tomar una decisión sensata?
6. ¿Las personas con las que te relacionas para satisfacer tu hábito tienen armas? ¿Tienen antecedentes penales? ¿Alguna vez te han amenazado o te han contado que se han comportado de manera violenta?

7. ¿Le estás ocultando tus actividades a todos tus conocidos? ¿Hacerlo ha distanciado, molestado o preocupado a tu pareja, miembros de tu familia o amigos cercanos?
8. ¿Has manejado en estado de ebriedad o bajo el efecto de las drogas o te has subido al auto de alguien que lo haya hecho?
9. ¿Has sido responsable de cuidar a niños bajo los efectos de tu adicción o has estado tan preocupado por satisfacerla que los has puesto en peligro?
10. ¿Alguna vez has golpeado o lastimado a alguien o has hecho algo ilegal o inmoral al conseguir o consumir la sustancia a la que eres adicto?
11. ¿Has temido por tu bienestar al realizar esta actividad o consumir dicha sustancia?
12. ¿Has amenazado a alguien, de forma verbal o física, al realizar esta actividad o consumir dicha sustancia?
13. ¿Te has sentido desesperado o fuera de control al realizar esta actividad o consumir dicha sustancia?
14. ¿Estás gastando dinero que no tienes para satisfacer esta compulsión?
15. ¿Alguna vez has experimentado malestar después de satisfacer esta adicción (desmayarte, perder el conocimiento, vomitar, marearte, sentir náuseas)?
16. ¿Te has sentido autodestructivo o suicida?

Si respondiste que sí a una de estas preguntas, te recomiendo que:

1. Le cuentes a alguien de confianza: un pariente, amigo, compañero de clase, colega del trabajo, profesor, vecino o doctor.
2. Consigas el teléfono de un especialista en adicciones, psicólogo o doctor. Pídele a otro doctor o paciente que te lo recomiende. Busca en Google "psicólogo", "adicción" y la ciudad en la que vives y aparecerán listados.
3. Llames a este especialista en adicciones, psicólogo o doctor y le dejes un mensaje claro y honesto en el que le digas que necesitas programar una cita de carácter urgente.
4. Asistas a una reunión grupal pronto. Suelen ser gratuitas, en todas las ciudades y a todas horas. Si no encuentras al grupo que buscas, considera AA ya que muchos de los pasos y principios de todos los grupos de recuperación son similares.

5. Consideres la rehabilitación en un hospital o clínica al alcance de tu presupuesto; averigua si tu seguro médico lo contempla.

6. Tomes un cuaderno en blanco y una pluma y te dirijas a un lugar en el que no tengas la tentación de consumir o realizar tu adicción: un parque, la casa de tus padres, una tía, primo o un amigo, la biblioteca, el café de una librería u otra cafetería. Respira profundo y escribe lo que sientes durante una hora.

7. Te permitas llorar.

CAPÍTULO 8

Los secretos de los hábitos suaves: atracones

Una noche, después de cenar, cerca de las 10:00 p.m., me sentía hambriento e inquieto. Mi esposa y mi hija ya estaban descansando en sus habitaciones. Fui a la cocina y saqué el bote de helado Häagen-Dazs de vainilla con chispas de chocolate del congelador. Era mi sabor favorito y se me antojaba mucho. Prendí la televisión, me senté en mi silla de piel café en la sala y empecé a comerme el helado directo del bote. Su sabor era frío y calmante. Me sentí mejor de inmediato.

Al principio, pensé que comería un poquito. Una porción de 300 calorías, lo que permitía mi dieta moderada. A la segunda cucharada, ya me estaba mintiendo. O a lo mejor el autoengaño empezó el día anterior, cuando había comprado el helado en la tienda, como lo había hecho cientos de veces antes. ¿Qué estaba pensando cuando compré el bote? Que comería un poquito esta vez, a pesar de que la experiencia me había enseñado que nunca me limitaba a una porción, sobre todo cuando estaba cansado de un largo día de trabajo y me sentía agotado por la noche.

Cuando me terminé una porción, me sentía hambriento. Quería más. Así que seguí comiendo, bloqueé toda la información con la que contaba: que comerme un bote completo era un golpe para mi dieta ya que representaba el doble de mi consumo calórico diario. También hice de cuenta que no padezco una ligera intolerancia a la lactosa e ignoré que me sentiría enfermo al día siguiente. También olvidé —qué oportuno— que en mis cincuenta tenía que controlar mi peso, de lo contrario aumentaría la talla de mi cintura como otros miembros masculinos de mi edad en la familia, lo cual me acarrearía angustia y malestar. Todo esto dejó de importar porque mi cerebro había salido por la ventana.

Sabía que lo correcto era detenerme pero la idea de hacerlo me parecía ridícula, lo mejor sería terminármelo todo. Ya había arruinado mi dieta ese día así que qué más podría pasar. La lógica incorrecta se había apoderado por completo de mi pensamiento. De hecho, llegué a creer que comerme todo el helado mejoraría todos los aspectos de mi vida. Me prometí comer mucho menos al día siguiente, además de ejercitar más para quemar las calorías extra. Es más, me sentía con derecho a comerme el helado. ¡Había tenido un día y una vida muy difíciles! Esto era lo que me merecía, lo que nunca me tocaba.

Eurípides, el dramaturgo griego, le rindió homenaje a Dionisio, el hedonista cuya filosofía consistía en demostrar que sin placer, la vida no valía la pena. Una parte de mí reconocía que estaba recurriendo a justificaciones intelectuales para no renunciar a ese bote de helado y sentirme tranquilo. Pese a ello, estaba en tal fase de negación que no diferenciaba entre la realidad y un razonamiento absurdo.

Me terminé el bote completo y me fui a dormir sintiéndome saciado. A la mañana siguiente, desperté con malestar a las 6:00 a.m., arrepentido por mi indulgencia y bajo el efecto inevitable de una resaca de comida. Me pesé y descubrí que había aumentado 1.5 kilos. Me vi en el espejo y reconocí mi problema: era adicto al helado Häagen-Dazs de vainilla con chispas de chocolate. Como medía 1.82 metros y era más o menos delgado —pesaba 76 kilos—, mi adicción al helado no era un problema tan obvio como el de fumar una cajetilla de cigarros al día; un hábito que ya había superado. Tampoco se le considera tan serio como el consumo habitual de crack, cocaína, alcohol, LSD, mariguana, medicamentos o apostar.

En cualquier caso había recaído sin querer en mi antiguo hábito de consumir una sustancia para calmarme, recompensarme y regular mis emociones, además, lo hacía en contra de lo que me dictaba la razón. Dejar de comer helado habría sido difícil. Me habría hecho sentir vacío, ansioso o deprimido. Por eso sabía que tenía que detenerme. Comprendí que cumplía los criterios que definen una adicción. Había exhibido la típica actitud del adicto según la cual me encontraba solo en el mundo y quería lidiar con mis problemas sin ayuda de nadie. De manera que decidí tratarme como trato a mis pacientes en terapia.

Con frecuencia les aconsejo a mis pacientes que lleven una vida lo menos misteriosa posible, así que me propuse seguir mi propio consejo. En vez de esconderme en la planta baja de la casa con un bote de helado cuando mi esposa ya se había ido a dormir, hablé con ella y con un par de amigos cercanos sobre mi debilidad por el helado y sobre el vacío y la ansiedad que reconocí como la fuente de mis antojos. También concerté una cita con mi asesor jungiano, Bob. Gracias a él identifiqué dos áreas concretas que me estaban causando conflicto sin que me hubiera percatado.

Después del once de septiembre, mi esposa y yo tomamos la decisión de vender nuestro departamento en Nueva York, el cual se ubicaba a dos cuadras de la Zona Cero. Había sufrido daños considerables durante los ataques al World Trade Center; mi esposa e hija también habían resultado perjudicadas. Mudarnos parecía una decisión razonable, sobre todo porque el lugar estaba lleno de recuerdos dolorosos de ese día. A pesar de ello, dejar la casa que habíamos decorado con tanto esfuerzo y en la que nos sentíamos cómodos, era lamentable. Era agotador y confuso tener que sufrir las molestias y los sentimientos complicados que implicaba vender la casa, empacar y mudarnos. Nuestro plan era rentar un departamento y ahorrar uno o dos años antes de comprar otra propiedad en Manhattan. Al final decidimos irnos de Nueva York e instalarnos en Arkansas. Si bien era la mejor decisión para mi familia, tenía que lidiar con la confusión, el dolor y el arrepentimiento que suponía.

Además de recuperarme del trauma familiar derivado de los ataques del 9/11, así como mudarme de la ciudad que adoraba, también intentaba recuperar la relación con mi madre, de la cual me había distanciado desde los años setenta. Después de casi treinta años de no tener ningún tipo de contacto, comencé a enviarle flores y detalles en su cumpleaños, navidad, Día de san Valentín y otras festividades que me servían de pretexto para enviarle un regalo y una carta.

Para mi sorpresa, como respuesta a cada regalo me enviaba una tarjeta de agradecimiento escrita a mano a casa de mi padre, en otro estado. (Pese a que se habían divorciado hacía mucho, seguían en contacto.) Sí, era extraño que no me enviara sus misivas a mi casa pero sus respuestas cálidas a mis regalos eran indicio de progreso en nuestra relación, como si un glaciar por fin comenzara a derretirse. Tenía 85 años y su salud era precaria. Quería verla por lo que decidí mostrar más iniciativa, aunque con cautela. Cuando le envié otro regalo y recibí su nota de agradecimiento, decidí responderle y mencionarle de manera casual que viajaría a Carolina del Sur, cerca de su casa, por trabajo y que me gustaría verla para tomar un café.

Para el Día de las madres, le envié una canasta de cremas y jabones, me aseguré de que la tienda pusiera mi dirección en la tarjeta de forma clara. Su tarjeta de agradecimiento por mi regalo del Día de las madres nunca llegó a mi casa ni a la de mi padre. Mi plan había producido el efecto indeseado o no se había concretado. Como psicólogo era inevitable que analizara cada aspecto de esta última ruptura. A lo mejor el Día de las madres era una fecha muy íntima y por lo tanto incómoda para reunirnos después de haber estado separados tanto tiempo. ¿Acaso los jabones y las cremas eran un regalo demasiado personal? Temía que al haber incluido la dirección de mi casa en el regalo, se sintiera obligada a mandar su respuesta ahí, lo cual en esencia consistía en pedirle que reconociera mi existencia y mi vida.

Aunque los detalles de estas transacciones eran triviales, me recordaron el motivo principal de mi tristeza durante mi infancia: que mi madre no me había querido. Como hacía mucho había renunciado al efecto calmante del tabaquismo, ¿acaso era extraño que buscara alivio en la leche y el azúcar antes de ir a dormir?

No dudo que haya quienes se burlen de la idea de que un hombre de mediana edad delgado y activo que comiera helado en su casa pudiera encontrarse en peligro, sin embargo, basta examinar lo que se ocultaba tras la superficie de un acto así de simple. Por eso no distingo entre las adicciones "suaves" y las "fuertes". Ya sea un postre, alprazolam, mariguana, julepes de menta nocturnos o muchas escapadas de fin de semana a Atlantic City, creo que el tipo de sustancia o hábito no tiene tanta importancia como las emociones caóticas e inquietantes que la sustancia está intentando controlar y reprimir.

La razón por la que no iba a ignorar mis aventuras nocturnas y por la que es preciso ponerle atención a todo cambio en tus hábitos de consumo, es que las adicciones que no se reconocen o atienden nunca disminuyen. Por el contrario, crecen, conllevan otras sustancias y actividades o se extienden a otras áreas de nuestra vida. Las adicciones no desaparecen por su cuenta. Deben reconocerse y entenderse antes de que cualquier tratamiento surta efecto.

Si no atendía ni examinaba mi hábito de comer helado de forma obsesiva, de hacerlo una vez al mes, lo haría una vez a la semana y luego una vez al día. He sido testigo de cómo hábitos en apariencia inofensivos como correr, ver páginas de pornografía en internet y hasta masticar chicle, provocan calamidades médicas, la ruptura de relaciones sentimentales, finanzas turbulentas, acciones ilegales o inmorales y la agresión de parejas, padres e hijos.

Es imposible saciar el vacío que las sustancias intentan remplazar. Por lo tanto, un hábito semanal que aplaca el vacío emocional de manera temporal es propenso a convertirse en una compulsión diaria y horaria con relativa facilidad. La cantidad de la sustancia a la que recurres se incrementará porque el vacío es infinito y nunca será satisfecho. Aquí radica la necesidad de bajarte de la rueda de la fortuna para entender qué está sucediendo y darle oportunidad a tus sentimientos de tristeza para que cuenten su historia extraña, compleja y extensa.

El Día de los caídos retomé mi práctica de enviarle flores y regalos más sutiles a mi madre. Ella volvió a enviarme tarjetas de agradecimiento a casa de mi padre. Recurría más a mi esposa, amigos y a mi asesor, Bob, para contarles lo que experimentaba. Me sentía más triste, enojado y vulnerable que nunca pero desde entonces no he vuelto a comerme botes enteros de helado.

CAPÍTULO 9

Los riesgos ocultos de todas las adicciones: tabaquismo

Todos parecen tener muy claros los efectos nocivos que algunas sustancias tienen en la salud. Fumar produce enfisema y cáncer de pulmón, comer comida chatarra en exceso causa obesidad, tomar mucho alcohol causa daños en el hígado, manejar en estado de ebriedad se cobra las vidas de personas inocentes. Sin embargo, los efectos más sutiles e insidiosos del abuso de sustancias son imperceptibles e incomprendidos, por ejemplo, una adicción impide tu madurez emocional y tu habilidad para descubrir nuevos mecanismos para hacerle frente a las dificultades cotidianas. Los efectos negativos son tan sutiles que no nos damos cuenta de lo que ponemos en peligro con el consumo de sustancias.

A veces, al inicio de su tratamiento, mis pacientes revelan que hay algo que quieren en sus vidas que no han conseguido. Después de analizarlo, resulta que la fuerza secreta que los despoja de la felicidad, el éxito, la creatividad y la habilidad de estrechar sus relaciones con sus amigos, hijos, padres y parejas, es el hábito diario que ni siquiera reconocen como un problema.

Hacia finales de 1990, tenía un paciente llamado Arthur que quería dejar de fumar. Era un hombre de 48 años, blanco, conservador, amable, que provenía de una familia ruso-católica. Se describía a sí mismo como un arquitecto que trabajaba en un despacho corporativo enorme que odiaba, un esposo fiel en un matrimonio carente de emoción y un padre responsable de un adolescente que empezaba a exhibir muestras de rebeldía. Se trataba de un hombre triste y reprimido. En el trabajo, estaba prohibido fumar por lo que salía del edificio varias veces al día. En sus escapadas se relacionaba con otros fumadores que trabajaban en el mismo edificio. Describía a este grupo de adictos a la nicotina como excéntricos, artísticos y rebeldes, el tipo de gente con el que había trabajado en su empleo anterior, el cual había disfrutado muchísimo. Su parte favorita del día era convivir con este grupo variopinto. Las personas más intensas e interesantes de las que Arthur —un tipo formal— se había hecho amigo, formaban un grupo al que había conocido gracias a su tabaquismo. El reto en esta terapia consistía en separarlo de su adicción, no de la vitalidad que este hábito le había traído a su existencia tediosa y poco estimulante.

Fumar una cajetilla al día era su acto de rebeldía más grande. Era la única forma de salir de su molde aburrido. Fumar representaba la parte creativa y aventurera de su personalidad. No es que creyera que debía seguir fumando. Además de causar graves problemas de salud, el tabaquismo, y todas las adicciones, también son perniciosas para las emociones. En vez de encarar los sentimientos negativos y desarrollar formas creativas y constructivas de hacerlo, los fumadores se resguardan en el consuelo que ofrece el cigarro pues éste oculta lo que ocurre en su fuero interno. Se desahogan con una fumada rápida al tiempo que entorpecen su desarrollo emocional y éxito a largo plazo. Como todos los adictos, se pierden oportunidades que les permitirían ampliar sus experiencias, perspectiva e intimar con sus allegados.

Por ejemplo, la esposa de Arthur odiaba el olor a cigarro en su casa. Los fines de semana salía de su departamento entre diez y veinte veces al día para fumar a solas. De forma que su hábito interrumpía el flujo de su vida doméstica. No era un participante de tiempo completo en las actividades familiares, sino un extraño. Cuando afloraban emociones difíciles o incómodas, tomaba su cajetilla de cigarros y escapaba. Fumaba para olvidar sus problemas e ignoraba cuáles eran éstos. Sin embargo, al fumar se aseguraba de que se mantuvieran intactos porque no hacía nada para cambiar ni pensaba en métodos creativos para hacerle frente a los dilemas que lo inquietaban.

Curiosamente, empecé a tratar a otro paciente masculino al mismo tiempo que a él, era su opuesto, también quería dejar de fumar. Khaled era un banquero musulmán, nacido en Egipto, de 38 años, era soltero y había estudiado un posgrado en la Universidad de Oxford. Provenía de una familia adinerada con conexiones políticas. Daba la impresión de ser sexista y clasista. Según él, todos los hombres en su cultura y círculo social fumaban, él mismo había empezado en su adolescencia.

Así como Arthur estaba reprimido, Khaled era un hedonista, estaba convencido de que tenía que satisfacer todos sus deseos sexuales. Era superficial, se esmeraba en su vestimenta, a veces se presentaba a terapia en trajes de seda de tres piezas. La razón por la que quería dejar de fumar era que valoraba su energía y odiaba cansarse cuando ejercitaba en el gimnasio. Era orgulloso y arrogante, a diferencia de Arthur, detestaba tener que salir de su oficina para fumar en la calle con quienes consideraba gente ordinaria. Quería asociarse sólo con los directores ejecutivos. Le enfurecía que en los restaurantes le pidieran que fumara afuera, como ciudadano de segunda.

Ninguno de los dos quería recurrir a métodos para remplazar la nicotina (chicles, parches o spray nasal), tampoco querían asistir a reuniones grupales. Ambos eran tercos e individualistas a su manera y querían intentar dejar de fumar en sesiones individuales conmigo. Los dos disminuyeron el número de cigarros que fumaban al día y aumentaron las reuniones de terapia a dos o tres veces por semana. En estas sesiones, intentaba modificar sus actitudes con respecto al dolor para que aceptaran el sufrimiento con el que tendrían que lidiar para dejar de fumar sin reincidir.

Poco a poco, también cambiaron sus actitudes con respecto a la nicotina, se dieron cuenta de que no les estaba ayudando a alcanzar sus metas. Por el contrario, era el obstáculo que les impedía obtener lo que querían. Los dos empezaron a comer más sano y a hacer más ejercicio. A partir de mi propia abstinencia —un proceso lento y doloroso—, tras haber fumado durante veinte años, les recomendé poner en práctica algunos mecanismos para afrontar la vida diaria como ejercicios de respiración y caminar antes de gritarle a alguien, entre otras técnicas.

Al principio, cuando Khaled empezó a fumar menos, se volvió malhumorado e irascible, además de demostrar poca tolerancia a la frustración. Al cabo de un tiempo, se acostumbró a la abstinencia. Cuanto menos fumaba, más dulce, tranquilo y amable se volvía. En breve, se tornaba tridimensional. Por primera vez, llevó a Aimee a un par de sesiones, una mujer con la que llevaba seis meses saliendo. Empezó a llamarme "Freddy". Le intenté explicar que en Estados Unidos era un diminutivo, paternalista, incluso despectivo. Insistió en que en Egipto era un apodo cariñoso y siguió usándolo. Cuando admitió la soledad absoluta que siempre había sentido, empecé a sentir una proximidad entre nosotros por primera vez.

Arthur era lo contrario. Sin el tabaco, aquellos sentimientos incómodos que había ignorado hacia mucho comenzaron a aflorar y se volvió cada vez más irascible. Les gritaba a su esposa y a su hijo. Después lloraba de tristeza, se sentía culpable por su impaciencia e intolerancia y se disculpaba. Pese a que siempre se había considerado "normal", descubrió que alojaba ansiedad, ira, tristeza, un vacío en su interior y que había perdido contacto con estos sentimientos hacía mucho. Ahora, una serie de sentimientos y sensaciones vívidas regresaba a él como si se tratara de una venganza.

Para Khaled, los cigarros habían ocultado su lado amable y adorable. En cambio, el tabaquismo de Arthur había absorbido tanta fuerza y poder a lo largo de dos décadas que se había convertido en una sombra de él mismo. Los dos eran atractivos, trabajadores, exitosos, respetuosos de las leyes. No obstante, sus adicciones los perjudicaban de maneras similares: aniquilaban rasgos de su personalidad. Comparado con la heroína, el crack o la cocaína, el tabaquismo se podría considerar benigno. Fumar es legal y uno compra cigarros en donde sea por poco dinero. Los cigarros no te nublan el juicio ni te tornan violento o peligroso. Es seguro fumar y manejar al mismo tiempo. Por otro lado, los efectos emocionales, tanto nocivos como acumulativos, que el cigarro produce en los pacientes que he tratado, se equiparan a la amenaza del cáncer de pulmón y la muerte.

Se tiene la idea equivocada de que el alcohol, los cigarros y las drogas sirven para soltarse en el ámbito emocional y sexual. Se supone que estas sustancias hacen que pintores, escritores y músicos se enfoquen mejor, logren abstraerse más y con ello produzcan obras más creativas y originales. He descubierto que en la mayoría de los casos, las sustancias hacen lo opuesto. Las adicciones inhiben la intensidad emocional, los impulsos artísticos y el amor. Funcionan como obstáculos que impiden que los consumidores intimen con sus seres queridos o sean lo creativos y exitosos que quisieran ser. Cuando mi paciente Kevin dejó las drogas y los deportes extremos, se volvió más exitoso en su profesión, se enamoró de una mujer y enriqueció la relación con su padre. Susan sabe que no es coincidencia que durante la década que no ha fumado, no se ha drogado, ni tomado, ha publicado ocho libros.

No pretendo sugerir que mi terapia contra las adicciones sea siempre exitosa. En un par de sesiones con Aimee, en las que discutimos por qué Khaled tenía miedo de casarse, hice una referencia casual a su miedo a intimar con alguien. Esto lo ofendió mucho. Se sintió herido y menospreciado, me acusó de revelar sus confidencias de manera inapropiada. Debí haber tenido en cuenta nuestras diferencias culturales así como su reticencia a que lo conociera y comprendiera, era demasiado pedir que nos permitiera intentarlo a su novia y a mí. Dejó la terapia. Me arrepentí de mi error, si hubiéramos seguido trabajando en su adicción, el amor de Aimee habría remplazado su necesidad de prender un cigarro tantas veces al día. Supe por un colega suyo (el cual programó una cita para tratar un problema personal) que había vuelto a fumar y a salir con varias mujeres al mismo tiempo.

Arthur, por otro lado, siguió en terapia y dejó de fumar por completo. Pese a que su hábito parecía acentuar su vena creativa, era claro que la nicotina lo había desgastado y le había impedido obtener otras satisfacciones. No dejó su trabajo aburrido —aunque bien pagado—, en cambio, empezó a navegar y a comprar y restaurar casas antiguas, estas actividades le devolvieron la pasión a su vida. También se esmeró en profundizar su relación con su esposa e hijo.

No importa si durante la rehabilitación, un adicto se vuelve más agradable como Khaled o volátil como Arthur. Estas transformaciones tan significativas son prueba de que la sustancia a la que una persona es adicta, consume y agota su energía. Al desvanecerse la cortina de humo, te vuelves menos artificial y más auténtico.

¿Tus hábitos son obstáculos?

Muchos pacientes que he tenido a lo largo de mi carrera, no creen que sus hábitos sean obstáculos en sus relaciones, personalidad o sueños. Si no estás seguro, considera lo siguiente:

1. ¿Qué deseo más en la vida? ¿Lo estoy consiguiendo?
2. ¿Qué busco en una relación de pareja?
3. ¿Me siento amado por una persona en quien además confío?
4. ¿Amo a alguien? ¿Le he expresado estos sentimientos?
5. ¿Cuáles son mis metas profesionales, artísticas o vitales?
6. ¿Qué me gustaría que sucediera y no he logrado?
7. ¿De qué me arrepiento?
8. ¿Tengo tiempo de remediarlo?
9. Si me quedara un año de vida, ¿cómo lo viviría?
10. Si pudiera escribir mi propio obituario en el que describiera mis logros, ¿qué diría? ¿Cuál sería el encabezado?

CAPÍTULO 10

Aprende a sufrir:
comer en exceso, fumar

El año pasado en una cena, compartí la mesa con un hombre obeso que comía pilas de rosbif, pan, verduras y papas. A lo largo de la cena, cuando me escuchó mencionar que me especializaba en adicciones, dijo: "Soy adicto a la comida. He intentado de todo: Weight Watchers, The South Beach, comida cruda, Atkins, dietas bajas en grasas. Nada me ha funcionado". Le pregunté: "¿Ha intentado sufrir?". Soltó una carcajada, como si bromeara; no lo hacía.

La mayoría de los adictos consumen sustancias porque no quieren sufrir y esperan evadir sentimientos de ira, tristeza, dolor e inquietud. En este sentido, se medican con sustancias. Sin embargo, la vida está plagada de caos y dificultades, es imposible evitar el dolor. Wilfred Bion escribió que la salud mental consistía en "saber sufrir" y que por lo tanto la terapia debía inquietar al paciente. Esto no quiere decir que un psicólogo deba hacerte infeliz. Saber vivir e incluso sufrir, son metas más asequibles que ser feliz, sin importar lo que nos hagan creer el mundo de la publicidad, Hollywood, la compañía de tarjetas Hallmark y la industria farmacéutica.

Los trucos publicitarios a los que estamos expuestos todos los días contribuyen a alimentar nuestras ideas equivocadas sobre cómo renunciar a las adicciones. Los comerciales televisivos que venden pastillas dietéticas le garantizan a los televidentes que es posible bajar nueve kilos en dos semanas. Los fabricantes de máquinas de ejercicios sugieren que si usas su aparato diez minutos todas las noches, lucirás como Brad Pitt y Angelina Jolie. Acupunturistas, hipnoterapeutas y compañías farmacéuticas le prometen a los fumadores que después de tomar un par de pastillas o asistir a una o dos sesiones sencillas, superarán su hábito.

Algunas personas que tienen hábitos suaves, han logrado combatirlos con estos métodos. Tal vez haya adictos excepcionales que se beneficien de cierto tipo de pastillas de dieta, máquinas para hacer ejercicio, acupuntura o hipnoterapia. No obstante, estos componentes funcionan sólo si forman parte de un programa más completo diseñado por un experto en rehabilitación, un doctor o un especialista en adicciones. Por desgracia, estas promesas falsas perpetúan el mito de que dejar una sustancia es un proceso rápido y sencillo y que la abstinencia es una experiencia placentera. De hecho, casi siempre es lo contrario: te sientes formidable cuando consumes una sustancia y cuando la dejas sufres e incluso te sientes enfermo, esta sensación puede durar hasta un año.

Superar una adicción de muchos años nunca va a ser un proceso simple de un solo paso, sobre todo si tu intención es no reincidir y no sustituir una adicción con otra. Según estudios, los fumadores que han vencido su adicción han tenido que intentarlo cinco o seis veces antes de hacerlo de manera definitiva, un alto porcentaje de alcohólicos y drogadictos recaen varias veces durante su tratamiento y rehabilitación. Bion también creía que los secretos y las mentiras son perniciosos, lo que cura es la honestidad. Uno tiene que encontrar la manera de vivir *con* la verdad, no luchar contra ella. Por desgracia, los estadunidenses han aprendido a ser intolerantes frente a la incomodidad. Si de antemano sabes que padecerás malestar físico y emocional, hay distintas maneras de prepararte para tolerar con mayor aplomo tu sufrimiento.

A Susan, la coautora de este libro, le sorprendió lo terrible que se sintió la primera vez que intentó dejar de fumar por su cuenta. Conocía a varios exadictos que habían conseguido hacerlo más rápido y fácil, por lo que pensó que tenía un problema. La confundía que cuando fumaba se sentía tranquila. Cuando dejaba de hacerlo se sentía enferma: temblaba, sudaba, lloraba, comía de más y tenía tos con flemas. Creía que los síntomas de la abstinencia disminuirían y que con el tiempo sería más fácil dejar el tabaco. En cambio, cada intento se volvía más difícil y terminaba reincidiendo.

En su primera sesión de terapia conmigo, le advertí como es mi costumbre que se iba a sentir miserable un año. En nuestras sesiones semanales subsecuentes, le expliqué mi teoría y métodos a detalle. Después me dijo que mi advertencia le había sido útil. Le confirmó que sus reacciones eran normales y aceptables. Como sabía de antemano que viviría doce meses de agonía, tuvo tiempo para prepararse y cambiar sus planes, expectativas y actitud. En concreto, hizo espacio en su vida para la agonía y la incomodidad. En esta ocasión, dejar de fumar no la tomó por sorpresa ni la sacudió. Sabía qué esperar y esbozó un plan de acción para lidiar con la embestida de confusión y malestar que se avecinaba.

En vez de recriminarse por sufrir de forma absurda, Susan decidió actuar como si se estuviera recuperando de una enfermedad grave, lo cual en el fondo era cierto. Canceló reuniones extenuantes, compromisos caritativos y planes sociales, despejó su agenda en la medida de lo posible y le pidió a sus amigos y familiares que fueran tolerantes y comprensivos. Hacía diez años, cuando se recuperaba de una cirugía, había hecho pedidos a domicilio de agua, jugo de naranja y helados bajos en grasa de distintos sabores. Durante semanas, se recostó en el sillón cubierta con una manta y escuchó música relajante de Joni Mitchell, vió repeticiones de programas de televisión simplones y leyó sobre las correrías sexuales de las celebridades en revistas de nota rosa sin recriminárselo. No creía haber hecho nada malo, sólo fue en extremo transigente consigo misma.

Para hacerle frente a su adicción, se permitió ser igual de protectora, egoísta y brindarse todo su apoyo. Dormía siestas cuando las necesitaba, apagaba su contestadora y rechazaba trabajos *freelance* estresantes o cenas familiares con la excusa de que no se encontraba bien. Era cierto, no lo estaba.

La estrategia de Susan para dejar de fumar funcionó. En vez de sentirse aturdida y abrumada por la inquietud que experimentaba, se alegró al descubrir que los síntomas físicos y emocionales de la abstinencia de la nicotina cesaron en nueve y no doce meses. (No obstante, cada vez que renunciaba a otro hábito, como la Coca-Cola de dieta, volvía a tener síntomas de abstinencia aunque por periodos más cortos.)

Parte de su estrategia "egoísta" para dejar de fumar resultó ser un instructivo para ser más exitosa, cuidarse más y curarse de lo que Oprah [Winfrey] denomina: "La enfermedad de complacer". A partir de entonces, Susan ha incorporado esta protección emocional a su agenda diaria. Sigue durmiendo siestas cuando le hace falta, apaga la contestadora y rechaza trabajos *freelance* estresantes o cenas familiares con la excusa de que no tiene ganas o tiene demasiados compromisos. Para no reincidir y llevar una vida sana, sabe que es prioritario tomarse tiempo para ella.

A menudo los adictos se sienten peor en el momento preciso en que se desprenden de su adicción; de hecho es cuando más saludables se encuentran. Por el contrario, se sienten mejor bajo el efecto de su sustancia, cuando están más enfermos y en riesgo de hacerse daño.

Uno de mis pacientes cita con frecuencia al escritor de culto Tom Robbins, para quien "nunca es tarde para tener una infancia feliz". Estoy en desacuerdo. Creo que las personas consumen sustancias para consolarse y compensar la falta de cuidados en sus años formativos. Por desgracia, sí es demasiado tarde para recuperar lo que no recibimos en nuestra infancia. Para los adultos, la ventana de oportunidad para esa crianza maternal se ha cerrado y ninguna madre cariñosa va a regresar del pasado para cuidarte. A largo plazo, consumir sustancias para consolarte, no te hace sentir mejor, todo lo contrario. Te provoca, por ejemplo, despertar enfermo y con kilos de más después de haberte comido un bote de helado en una sentada.

Los adictos que sufren acuden a mí para "sentirse mejor". De hecho, su problema radica en que como quieren sentirse dichosos, recurren a sustancias o actividades nocivas. No obstante, la sensación de bienestar nunca dura mucho tiempo. Si bien las sustancias medican, su efecto es a corto plazo. Se cree que los adictos son hedonistas en busca de placer. No es el caso. Para la mayoría de los adictos a los que trato, sus adicciones no son placenteras. Buscan escapar de un dolor horrible. No consumen para divertirse sino para sentirse normales y soportar el día.

En su libro *La brújula del placer*, el neurocientífico David Linden proporciona una definición científica de una adicción, argumenta que ésta se origina en la inhabilidad del cerebro para experimentar sensaciones placenteras. Según Linden, profesor de la Facultad de Medicina de la Universidad Johns Hopkins y editor de *Journal of Neurophysiology* [Revista de neurofisiología], ciertas alteraciones en los genes desactivan la función que manda señales de dopamina en el circuito del placer. Los sistemas de dopamina mutados de quienes portan estas variaciones, merman la sensación del placer. La mayoría obtiene cierto grado de placer a partir de pequeñas gratificaciones, en cambio, aquellos cuyos sistemas de dopamina son insensibles, se exceden, explica Linden. Para obtener el mismo placer que otros logran con facilidad, por ejemplo, con dos tragos, un adicto necesita tomarse seis.

Linden argumenta que entender la base biológica del placer nos obliga a repensar los aspectos morales y legales de una adicción. También hace hincapié en la importancia de que los adictos no reaccionen a partir de sus sentimientos sino que sigan reglas y pautas cuyos objetivos los acerquen a renunciar a su hábito sin reincidir en él.

Métodos para facilitar la abstinencia

Si quieres combatir una adicción, a continuación enlisto algunos cambios que quizá necesites hacer para protegerte al enfrentar las dificultades de la abstinencia y la rehabilitación.

1. **Evita los detonantes:** hay cosas que provocan a los adictos y desencadenan su consumo. Es esencial que reconozcas y elimines los detonantes emocionales y físicos lo más pronto posible. Si estás intentando dejar de tomar, aléjate de los bares, catas de vinos o reuniones en las que haya un barril de cerveza. Si eres un jugador, cancela tus vacaciones a Las Vegas o Atlantic City, o cualquier viaje en el que figuren las apuestas. Si estás a dieta, no vayas a pizzerías, pastelerías o heladerías. Pídele a los empleados de los hoteles que saquen los dulces o el alcohol del minibar antes de que ocupes la habitación o a los meseros que no te sirvan la canasta de pan. De hecho, procura no comer en restaurantes durante un tiempo, evita los comedores que ofrezcan comida grasosa y bufets, por mucho que te gusten. Nadie tiene suficiente fuerza de voluntad como para resistirse a las tentaciones cuando las tiene enfrente, sobre todo en proceso de abstinencia. No intentes ponerte a prueba porque perderás, le añadirás demasiado estrés a una situación que ya de por sí es estresante y terminarás recayendo.

2. **Aléjate de las personas "tóxicas":** las personas con las que vives, trabajas y socializas determinarán si tienes éxito o fracaso cuando renuncies a una sustancia. Haz una lista de amantes, amigos, colegas y parientes con los que convivas. Junto a sus nombres, escribe si crees que van a ser parte de la solución o del problema. ¿Convivir con alguna de ellas te invita a consumir? Tienes que preguntarte si esa persona te apoyará, será comprensiva y útil en tu camino a la sobriedad y la salud. ¿O acaso tendrán un efecto negativo, incluso sin quererlo?

   Te parecerá que no tienes la respuesta a esta pregunta, pero en el fondo, sí la tienes. Las preguntas más obvias son: ¿fuman, beben, apuestan, comen en exceso o se drogan cuando intentas dejar de hacerlo? ¿O te animarán a que lo hagas a pesar de sus buenas intenciones? Frecuenta menos a quienes consuman la sustancia que quieres dejar o a quienes les interese que sigas consumiendo esa sustancia. Esto será difícil cuando se trate de un pariente o amigo cercano. Si es uno de tus padres, hermanos, adulto, hijo o alguien con quien tengas que estar en contacto, considera hacerlo por correo electrónico, teléfono, fax, teleconferencia o correo convencional para evitar verlos.

Si se trata de tu jefe o colega, considera la posibilidad de cambiar de trabajo o que te transfieran de oficina o piso. O explora otros turnos u horarios, intenta trabajar medio tiempo desde tu casa. La primera respuesta a esta propuesta suele ser: "No es realista". Estoy seguro de que la cantante británica Amy Winehouse le hubiera dicho lo mismo a quien le sugiriera abandonar el medio artístico un tiempo hasta que dejara las drogas y el alcohol.

3. **Tómate un descanso:** la razón por la que los centros de rehabilitación funcionan es porque los adictos dejan los problemas complicados de sus vidas atrás y se enfocan por completo, un mes o más, en recuperarse. Aun si no puedes costearlo o tienes trabajo o hijos de quienes eres responsable o prefieres no irte, hay maneras de relajarte y darte un respiro. Considera tomar tus vacaciones, un sabático o tiempo de incapacidad. Si Amy Winehouse hubiera permanecido en rehabilitación más tiempo, no la habrían encontrado muerta de una sobredosis a los veintisiete años.

4. **El debate sobre tu pareja:** si intentas ponerte a dieta y tu esposa come en exceso frente a ti, podría ser un impedimento serio para conseguir tu meta y ocasionarles problemas maritales. Plantéense acudir a un especialista en adicciones o a una terapia de pareja. Si tu pareja no está lista para ponerse a dieta contigo, considera irte solo de vacaciones o a un retiro de yoga. Cuando regreses, establezcan reglas solidarias como no comer comida chatarra en casa, no comer dulces frente a mí, no sabotear mis esfuerzos, come pizza con tus amigos en mi ausencia y no me cuentes. Si tu pareja te quiere, estará más que dispuesta a cooperar.

En casos extremos en los que una pareja sea alcohólica o drogadicta, he recomendado la separación e incluso el divorcio. Entiendo que suena extremo. Sin embargo, todavía recuerdo a Tiffany, una exadicta a la heroína a la que traté, llevaba diez años sobria y volvió a consumir porque su esposo dejaba drogas en la casa cuando reincidió. Sin importar lo mucho que Tiffany lo amara, sabía que no arriesgaría su salud y su vida si él no estaba dispuesto a cambiar. Ahora está sola, triste pero sobria, tiene un trabajo y un departamento nuevos, su esposo vive en la calle.

También está el asesinato reciente en una farmacia en Medford, Long Island. Melinda Brandy, adicta a la hidrocodona, alentó a su esposo, David Laffer, a asesinar a cuatro personas en un robo para conseguir su dosis de este medicamento.

5. **Limita las visitas a tu familia extendida:** crees que estás obligado a pasar Día de acción de gracias, navidad, año nuevo y cada cumpleaños y aniversario con tu familia, no obstante, es razonable cambiar esta tradición. La naturaleza de las reuniones familiares es regresiva porque todos regresan a sus roles pasados. Los padres se vuelven padres y los hijos, hijos, sin importar las edades. Para un adicto es difícil adaptarse a reglas nuevas y saludables en este contexto. Lo importante es cuidarte. Trata tu adicción como si fuera una enfermedad, date cuenta de que estás enfermo y en riesgo, protégete de los detonadores y personas que le añadirían estrés a tu vida. Si tomas, fumas tabaco o mariguana, o comes en exceso cuando estás en presencia de tus padres o suegros, mejor no asistas o piensa en alternativas. Por ejemplo, quédate en un hotel en vez de en su casa o reduce los días u horas que convivas con ellos.

Lisa, una paciente mía, adivinó por qué siempre comía y bebía de más en reuniones familiares. Las dos horas de traslado a la casa de sus padres en los suburbios y el bufet de su madre, eran los elementos estresantes. Decidió dejar de ir e invitó a su familia a que se reunieran con ella en un restaurante de comida orgánica en su barrio. Pese a que al principio les dolió su ausencia, decidieron aceptar su invitación. En vez de la difícil experiencia de ocho horas, estas reuniones tomaban sólo dos horas. Se despedía de todos con un abrazo afuera del restaurante, no los invitaba a su casa y así evitaba comer y beber de más. Después les llamaba para darles las gracias por haber ido y les expresaba lo feliz que estaba de que la hubieran visitado en sus dominios. Se ha convertido en un ritual anual que ha acercado a todos y los ha vuelto más saludables.

6. **Duerme:** la falta de sueño reduce tu resistencia a todo tipo de sustancias y hace que volverse abstemio sea casi imposible. Dormir bien debería ser un componente esencial para hacerle frente a cualquier adicción. Discute con tu terapeuta los cambios que puedan

implementar, por lo menos a corto plazo, para que descanses mejor. Pídele a tu pareja que te sustituya o considera contratar a una niñera para que atienda a tus hijos en la madrugada o temprano por la mañana. Rediseña tu habitación para que sea más fácil dormir. (Algunos prefieren oscuridad total, otros una luz de noche.) Saca la televisión, el equipo para hacer ejercicio, juguetes, todo menos la cama. Si tu cama no es muy grande ni cómoda, plantéate comprar una *king size* y un *box spring*. Compra sábanas de seda o una cobija nueva, hazte un regalo.

7. **Vigila tus consumos y actividades de cerca:** cuando renuncias a una adicción de años, tu cuerpo cambia. Aun si dejaste de fumar y el alcohol no es tu problema, reducir tu consumo de alcohol contribuirá a que te sientas mejor. Si estás teniendo problemas para dormir (un arma crucial durante tu recuperación), tal vez tengas que tomar menos cafeína o por lo menos evitarla después de las 5:00 p.m. Ten cuidado con el té, el refresco y el chocolate pues son fuentes poco conocidas de cafeína. Procura no comer nada después de cenar. Si bien es un hecho que el ejercicio es bueno, asegúrate de terminar tu rutina varias horas antes de irte a la cama. Cuida no empezar a comer, tomar, apostar o comprar para sustituir la sustancia a la que has renunciado.

8. **Encuentra rituales confortantes:** esto es diferente para todos. Cuando te sientas estresado o ansioso, considera tomar un baño caliente, escuchar tus piezas favoritas de Mozart, darte un masaje, pintar, leer el libro que quieras recostado y con una manta. Tienes que empezar a cuidarte como te gustaría que alguien más lo hiciera.

9. **Aprovéchate del sistema de recuperación:** si te sientes solo, Alcohólicos o Narcóticos Anónimos y sus derivados son organizaciones nacionales que entienden a la perfección lo que sufre un adicto. Organizan reuniones gratuitas con personas que pasan por lo mismo que tú, muchas veces al día, en casi todas las ciudades. No tienes que asistir siempre ni contar tu propia historia para sentirte más seguro en la presencia de aquellos que te entienden.

CAPÍTULO 11

La importancia de una vida social adecuada: analgésicos y adicción a la comida

Si bien en ocasiones socializar fomenta el consumo de las sustancias a las que se quiere renunciar, en algunos casos, los adictos se van al otro extremo. Se apartan de la sociedad, con todo y su belleza y sus peligros. El aislamiento da pie al secretismo y a la vergüenza, los cuales combaten una vida social saludable. Como hemos visto con otros pacientes, es factible aparentar ser popular y estar ocupado y aun así sentirse desesperado y solo. Cuando alguien renuncia a la interacción social normal, los hábitos nocivos se convierten en barreras imposibles, como le sucedió a Marsha.

"Es ridículo que te llame porque ya estoy viendo a un psicólogo. Sin embargo, como me encantan los doctores, supuse que otro más no me haría daño", fue el mensaje que me dejó Marsha en mi contestadora de Manhattan en la primavera de 2000. Su voz sonaba astuta, cómica, se burlaba de ella misma. Pensé: "Debe estar sufriendo tanto que le resulta difícil mencionarlo".

En sus primeros mensajes casi todos los pacientes me dicen: "Tengo un problema" o "Me siento mal y estoy tomando demasiado". El tono animado de Marsha sonaba falso, como si se esforzara por parecer divertida. Para ser justos, tenía otras razones para pensarlo. Me la había recomendado un oncólogo de un instituto oncológico al norte del estado, en donde le habían diagnosticado un tipo de leucemia de progreso lento. "No sabemos cuándo, pero morirá", era el diagnóstico. Lo sorprendió cuando se negó a someterse a quimioterapia (la cual le hubiera prolongado la vida diez años) e ignoró su advertencia de que estaba tomando demasiados medicamentos contra la ansiedad.

Este oncólogo ya me había referido a una paciente a quien le quedaba un año de vida. Con tratamiento médico y terapia, sobrevivió siete años, más cómoda y libre de estrés de lo que el doctor había previsto. En ocasiones los médicos recomiendan psicoterapia para disminuir el estrés, lo cual se considera útil al tratar sistemas inmunes débiles. Cabe destacar que la adicción a los medicamentos y analgésicos va en aumento. Según la Oficina Nacional de Políticas para el Control de Drogas de la Casa Blanca, el número de personas que busca atención médica por abuso de analgésicos que requieren receta médica aumentó 400 por ciento entre 1998 y 2008. Por desgracia, la mayoría de los médicos no tienen planes integrales ni se enfocan en evitar que los pacientes abusen de estas sustancias, aun cuando el consumo de estos medicamentos empeora sus padecimientos.

La semana siguiente, Marsha llegó media hora más temprano a su primera cita. Como en el teléfono había sonado animada y en control, me sorprendió encontrarme con una mujer obesa de 45 años, con pelo castaño despeinado, sin maquillaje y en un atuendo beige holgado. Su ropa le quedaba grande, como si estuviera escondiendo su cuerpo. Daba la impresión de estar muy ansiosa.

Le pedí que me contara de ella. Como resultado, se enfrascó en un monólogo incesante sobre sus distintas enfermedades. Me aseguró que no podía caminar una cuadra sin sentirse mareada. Padecía vértigo y tenía que sostenerse de los parquímetros para evitar caerse o desmayarse. A cada paso, temía caer o tener un ataque al corazón y morirse en la calle, sola. Enlistó sus síntomas físicos sin sospechar que podrían ser psicológicos. Cuando le pregunté por qué no se había sometido a la quimioterapia que su doctor le había sugerido, respondió: "No tiene caso, ningún sentido, ¿para qué pelear?". Era una suicida pasiva.

Vivía sola en Queens, nunca se había casado ni vivido en pareja, tampoco tenía hijos. Había crecido en una familia judía reformista sin hermanos. Aseguraba que sus padres, que nunca le habían demostrado cariño, habían muerto. Estaba sola por completo y siempre lo había estado. Pese a que tenía un título universitario, trabajaba como recepcionista de una compañía en Manhattan desde hacía más de una década. Si bien daba la impresión de ser agorafóbica, para ganarse la vida y sobrevivir había perfeccionado una falsa fachada alegre que usaba de 9 a 5 en su trabajo. Lo único que le gustaba era la comida.

"Me despierto en la mañana para ir a trabajar, regreso a mi departamento y como. No salgo sino hasta el otro día que regreso al trabajo. Es mi vida", afirmó. "No intentes cambiarla."

Me tomé en serio su advertencia. Después de la universidad no había vivido con nadie más y la idea de interactuar con otro ser humano de manera habitual, la aterraba. Su obesidad y el miedo a intimar me hicieron sospechar que en su pasado figuraba un trauma, no obstante, cada que le preguntaba, evitaba el tema. Al mismo tiempo, era infeliz; debía haber querido sincerarse y cambiar, de lo contrario, no habría ido a mi oficina. A pesar de ponerse a la defensiva, en los siguientes meses, me confesó que yo estaba comenzando a agradarle. Llegaba temprano y quería quedarse después de terminada nuestra sesión, una vez admitió que no se quería ir.

—Debe ser difícil irse de un lugar en el que te sientes segura con alguien, sobre todo porque hace mucho que no estabas en un lugar así —le dije.

—Así que me entiendes —respondió—, ni creas que eso te va a llevar a ningún lado.

Continuó reservándose y le costaba trabajo revelar información personal. Parecía aterrada y al mismo tiempo anhelante de tener una relación cercana. Es una paradoja común entre los adictos que ansían intimar y aun así suelen apartarse de la gente y preferir las sustancias, las cuales garantizan no decepcionarlos y son más fáciles de controlar.

Las adicciones implican secretismo y negación. Debbie, otra paciente femenina, me preguntó si sus atracones de dulces eran un problema porque no tenía sobrepeso y sólo lo hacía una vez al mes. Cuando le detallé que si mentía y comía a escondidas, entonces se trataba de una adicción, reconoció que nunca comía comida chatarra en público. Esperaba a que su esposo se durmiera y salía a escondidas a una tienda que abría las 24 horas para comprar 5 dólares de chocolates y regaliz, los cuales devoraba a solas en la oscuridad. Ni siquiera tiraba las envolturas en su propio bote de basura, se deshacía de ellos con cautela en el incinerador de su casa. En las noches de sus atracones, rechazaba las muestras de afecto de su esposo, incluso evitaba que la abrazara en la cama porque se sentía "gorda, asquerosa y culpable", como si le hubiera sido infiel con los dulces. Con el tiempo, Debbie dejó de comer azúcar y descubrió que cuando su esposo pedía pizza y se atiborraban juntos, comía menos que cuando lo hacía sola y después no se sentía culpable ni inflamada.

Esconderse y escabullirse tienen como propósito ocultar la conducta del adicto a los demás, pero también a sí mismo. Por eso es crucial que los adictos tengan pilares en su vida cotidiana que los animen a sincerarse y comprometerse en el ámbito emocional, a pesar de que les resulte incómodo o molesto.

En nuestras primeras sesiones, le pregunté en dónde trabajaba y se negó a contarme. Si insistía, me advirtió, tendría que mentir.

—De cualquier forma no reconocería el nombre —le dije—. Ocultar todo sobre tu vida es pernicioso. ¿Por qué no intentas ser más abierta y vulnerable aunque te duela? Si no encuentras a alguien en quien confiar, no te vas a recuperar. Así que creo que deberías considerar contarme en dónde trabajas.

—De acuerdo, te lo diré —respondió y mencionó el nombre de una compañía que no conocía.

—¿Por qué he de creerte? —le pregunté.

—No deberías, estoy mintiendo —contestó.

Insistí hasta que por fin me dio el nombre de otra compañía.

—Te ves tan incómoda que te creo —le dije—. ¿Ves? Te arriesgaste y no pasó nada malo.

—Todavía no —sonrió.

—Es evidente que tienes miedo a sentirte cercana a mí o a alguien más o a que yo lo haga.

—Ni se te ocurra —me interrumpió.

En vez de tener una vida social, visitaba a un sinnúmero de médicos: oncólogos, internistas y al doctor Zelner, un psicólogo al norte de Manhattan que veía una vez a la semana desde hacía quince años. El seguro médico cubría los doctores y los estudios pero sus otras terapias y medicamentos le estaban causando problemas financieros, si añadía una sesión más conmigo, terminaría en la bancarrota.

—Si vienes una vez a la semana y eres valiente, será dinero bien invertido —le dije—. Ahora que si lo haces y te comportas como una cobarde, será un desperdicio de dinero.

—Te garantizo que soy una cobarde —aseguró—. Así que no te entusiasmes.

Marsha era muy inteligente, ingeniosa y alegre, sin embargo, su vida era un desastre. De cualquier forma me agradaba. Siempre me atrajeron los pacientes caóticos. Me identificaba con aquellos con quienes nadie quería lidiar. Como creía haber evitado convertirme en un desastre, me resultaba fácil ser optimista con respecto a otras almas perdidas. Si bien es cierto que cada naufragio requiere su propio plan de rescate, sabía que en estos casos tan extremos, uno tenía que reconstruir todo de la nada. Eso tuve que hacer al recuperarme de mis propios desastres: de mi madre retirándome la palabra a los diecinueve, de dejar a mi esposa y mi trabajo en Long Island a los cuarenta y de presenciar la destrucción de mi casa el 11 de septiembre a los 48.

Me preguntaba si empezar de nuevo era como la teoría de Freud sobre la compulsión de repetición según la cual dominas tu trauma inicial al revivirlo, cada vez con un final mejor. Quizás empezar de nuevo sea una oportunidad para vivir de otra forma y tomar mejores decisiones. Psicólogos más conservadores han criticado cómo utilizo mi pasado para conectar con mis pacientes, no obstante, aprovecho mi historia como un recurso para empatizar con ellos de manera más profunda. Esperaba que mis experiencias con las adicciones, el maltrato intrafamiliar y la reinvención inspiraran a Marsha a inventar un final menos trágico para su propia historia.

Me contó que tomaba un tranquilizante, Ativan; pastillas para dormir, Ambien; betabloqueadores para la hipertensión y un *goulash* de medicamentos para la ansiedad, para los que tenía receta médica. Tomaba quince o más pastillas al día, ninguna de ellas recetada por su oncólogo, lo cual me confirmó que su consumo se había convertido en una adicción. También comía en exceso. Como nada de lo que hacía tenía consecuencias letales inmediatas y no es recomendable retirarle una sustancia a un adicto sin remplazarla por otra —una forma de sobrellevarlo—, para llenar ese vacío enorme no le pedí que suprimiera o disminuyera su consumo. Intenté intensificar el vínculo entre nosotros. No lo hizo fácil, repetía todos sus problemas médicos cada vez que la veía, a veces lo hacía a lo largo de toda la sesión.

—¿Tienes idea de lo tedioso que resulta tu monólogo sobre tus enfermedades? —le pregunté. No quería ser cruel ni insensible, sólo honesto. No habría sido tan directo con alguien frágil o delicado pero me daba la impresión de que ella lo asumiría. No necesitaba que fuera condescendiente. La verdad era lo que llamaba su atención y resultaba beneficioso.

—¿Crees que por eso el doctor Zelner cierra los ojos en nuestras sesiones? —preguntó.

—Sí —respondí—. A mí me gustaría cerrar los ojos mientras declamas tu letanía de quejas.

Se rio.

—Gracias a Dios que a alguien más le aburren mis enfermedades tanto como a mí.

—Si el doctor Zelner siempre se queda dormido, ¿por qué lo sigues viendo? —le pregunté.

—Es una de mis adicciones —respondió.

Parecía que el doctor Zelner no estaba ayudándole a superar sus conductas autodestructivas. En los últimos quince años la había llevado de la mano, a pesar de que a veces se quedaba dormido en el proceso. Se apegaba a la política de reducción del sufrimiento que respalda la salud pública, no le exigía abstenerse de sus hábitos perniciosos y procuraba alentarla en vez de criticarla. Por otro lado, tener un contacto humano constante era saludable. Por lo menos la obligaba a salir de casa una vez a la semana. Si un paciente acudía a reuniones de AA, a terapia de grupo o veía a otro doctor con el que se sentía contento, rara vez lo disuadía de seguir haciéndolo. Un adicto en rehabilitación necesita una estrategia de apoyo. Cuanto más, mejor.

No obstante, no soy la clase de psicólogo que lleve de la mano a mis pacientes año tras año sin que den señales de mejoría, tampoco soy dócil ni condescendiente. Cuando se trata de adicciones, no estoy de acuerdo con la estrategia de reducción del sufrimiento porque son pocos los adictos que son capaces de consumir con moderación. En mi experiencia, las adicciones no se estabilizan solas. Si no se tratan, empeoran. Necesitaba convencer a Marsha de someterse al tratamiento médico pronto o moriría de cáncer. Comprendí que una terapia profunda y retadora, sería mucho más efectiva.

Al cabo de un año de tratarla, le dije:

—Hay una parte de ti que se ha dado por vencida. Sólo te quedan las medicinas y la comida. Es todo lo que tienes. Sin embargo, aquí me tienes atacando tus defensas, confrontándote, obligándote a exponerte. Y tú sigues regresando, lo cual significa que una parte de ti, por minúscula que sea, no se ha rendido.

—¿Crees que por eso llamo a tu contestadora todos los días para escuchar tu voz y sentir alivio? —preguntó.

Esta confesión me sorprendió. Era una metáfora adecuada: llamaba sin dejar ningún mensaje. No tenía identificador de llamadas y mi contestadora no grababa todas las llamadas entrantes así que no tenía idea.

—Sí, es obvio que quieres recuperarte, sométete a la quimio para ganar más tiempo, siéntete menos sola y conecta más conmigo —le dije.

—Bueno, no te lo tomes tan en serio —respondió.

—No estoy acostumbrado a fracasar y no pretendo hacerlo contigo —le aseguré.

—Pues lo harás —me advirtió.

—Quiero que te comprometas a intentar cuatro cosas por difíciles que sean —continué.

—No creo, no puedo. Si sigues, me voy a ir —insistió—. ¿Qué cuatro cosas?

Le detallé mi plan. Como creía que una buena terapia contra las adicciones debería orientarse a alcanzar metas e incorporar estrategias conductuales, a menudo construía pasos específicos y personalizados. Lo que funcionaba con mis pacientes no era una ciencia exacta. Era cuestión de ensayo y error. En este caso, como los pilares de Marsha éramos el doctor Zelner y yo, la animé a que se inscribiera en Weight Watchers. Era imperante que se sintiera parte de una comunidad fuera del trabajo o distinta a sus doctores. Weight Watchers era un grupo que le brindaría contacto humano y compasión, así como ayudarle a bajar de peso y enseñarle a comer sano.

En segundo lugar, le recomendé que fuera al cine cada semana y me reportara lo que le parecía cada película. Era importante lograr que esta paciente saliera de su departamento. Era una persona inteligente y elocuente, disfrutaría analizar y hablar sobre las películas que veía.

En tercer lugar, le sugerí que se comprara un relicario en el que cupiera una pastilla de Ativan. Quería que se lo pusiera en el cuello y lo considerara un extinguidor de emergencia. Le expliqué que si disolvía el Ativan debajo de la lengua y lo tragaba, sentiría alivio en treinta minutos; la invité a que tomara el tiempo para comprobarlo. Era un método confiable. Como sabía que en cualquier momento podía abrir el relicario, tomarse la pastilla y sentirse aliviada en media hora, esperaba que esto la consolara y evitara que se sintiera obligada a tomar tantos medicamentos preventivos contra la ansiedad cada mañana. Asimismo, confiaba en que el Ativan en el relicario contribuiría a que tolerara más ansiedad de la que se había atrevido a exponerse hasta ahora.

Le advertí que mi cuarta sugerencia le parecería absurda. Le pedí que siempre caminara en el lado norte de la calle cuando se dirigiera al este o al oeste y que escuchara mi voz recordándole que cruzara al norte. Al principio dijo que sería imposible porque se olvidaba de mí tan pronto salía de mi oficina. Insistí porque no se trataba de mí: se trataba de caminar siempre del lado norte de la calle. Sabía que a Marsha, como muchos adictos, le hacía falta el amor parental. Esto significaba que tenía pocas voces internas sanas en las cuales confiar. Entonces, recurría a sustancias externas (ya sea una copa de vino, un cigarro, medicamento, cocaína o un dulce) para soportar el día a día. Quería que pensara en mí (un símbolo de cordura, cuidado y preocupación); yo sería la sustancia externa. Concentrarse en qué lado de la calle caminar me aseguraba que siempre escucharía mi voz, la voz de una persona que se preocupaba por ella, le recordaría que existía.

—¿Lo intentarías... por mí? —le pregunté—. Podría ser beneficioso.

—De acuerdo, ten en cuenta que no lo haría por nadie más —contestó.

—¿Intentaste mi plan? ¿Cómo te fue? —le pregunté en nuestra siguiente sesión.

—Es increíble que esto de caminar del lado norte de la calle esté funcionando — me reportó—. Por alguna razón, pensar en ti todo el tiempo me hace sentir mejor. Ahora bien, odio admitirlo porque voy a alimentar tu ego inmenso.

Quienes incitan a los adictos (traficantes y otros adictos) son como su familia. Por fortuna, también quienes los respaldan para vencer sus adicciones lo son. Doctores, padrinos y compañeros de grupos de recuperación son capaces de intervenir en el ciclo interno de adicción, el cual afecta los neurotransmisores en el cerebro que controlan el placer. Aliento esta compenetración durante el tratamiento, aun si los buenos resultados son motivados por el poder de la sugestión o por la simple devoción de un adicto a su padrino o doctor.

Marsha me aseguró que por raro que fuera mi plan, la tranquilizaba e inspiraba. Veía películas y las comentaba conmigo. Usaba el relicario de Ativan y caminaba del lado norte de la calle. En dos meses logró reducir su consumo de medicamentos de quince pastillas a una, pues meditaba antes de tomársela. Como en el pasado había sufrido ataques de pánico graves, la remití con un psicofarmacólogo que estuvo de acuerdo con que una píldora al día tenía un efecto medicinal y no contribuía a su adicción. Era como si un miembro de AA hubiera tenido un accidente y necesitara morfina en el hospital. A veces una sustancia tiene propiedades medicinales si se administra de forma legítima, sin provocar adicción, pero es difícil que muchos adictos lo consigan.

A veces transcurría una semana entera sin que tomara una sola pastilla, lo consideré un triunfo. Sin tantos medicamentos se sentía menos cansada y deprimida. Decía sentirse más ágil y con más energía. Si bien era difícil convencerla para que viniera a consulta, una vez en mi oficina, se le notaba feliz de estar ahí. Le encantaba contarme chistes, hacerme reír y compartir sus historias en las que se burlaba de sí misma por no ser capaz de aprenderse las rutas de los autobuses y no poder con las escaleras del metro.

Era complicado convencerla de que además del trabajo, la terapia y el cine semanal, fuera a otros lugares. En invierno, temía resbalarse en el pavimento y romperse la cadera. En verano, temía sudar en exceso o morir de un infarto. A pesar de que se sentía incómoda en la calle, logró asistir a tres reuniones semanales de Weight Watchers. En el curso del siguiente año, bajó los 45 kilos que tenía que bajar. Al principio, esta reducción de peso la hizo sentir eufórica y exitosa.

Por desgracia, a medida que bajaba más de peso, la euforia y el éxito la asustaron. Admitió sentirse atractiva y sexual por primera vez en años. Esto la intimidaba porque estaba acostumbrada a esconder su cuerpo por instinto. Aseguraba sentirse demasiado expuesta, como si su sistema nervioso se acercara al mundo que la aterrorizaba. Así que renunció a Weight Watchers y subió nueve kilos. Estudiamos su ansiedad en terapia, como lo había hecho a lo largo de quince años, pero sin tratamiento médico, se le agotaba el tiempo. No quería que tuviera un retroceso, volviera a subir de peso y retomara su adicción a los medicamentos. En cada sesión la animaba a que volviera a Weight Watchers y con su oncólogo.

—No puedo, deja de presionarme —me decía—. Vas muy rápido.

Después de cuatro años de terapia, Marsha se inclinó por fin por la quimioterapia para tratar su leucemia, un gran progreso, pero por desgracia, tardío. Al mismo tiempo, decidió terminar nuestra terapia. Cuando le pregunté por qué, me respondió:

—Me siento demasiado cercana a ti. No quiero empezar a sentirme contenta y luego tener que despedirme cada semana. Es muy doloroso.

Se había vuelto vulnerable con respecto a mí y no tenía otros pilares para equilibrar nuestra relación. Necesitaba más personas en su vida y sustitutos en los cuales apoyarse.

Me siguió llamando, a veces me dejaba mensajes. Siempre le devolvía la llamada y le preguntaba cuándo volvería, se negaba, argumentaba que le aterraba volver a mi oficina porque entonces sentiría la cercanía y tendría que irse de nuevo. Hace un año, me llamó y me pidió que la viera en las escaleras de un edificio de arenisca cerca de mi oficina. Lo hice. Me contó que había vuelto a tomar medicinas contra la ansiedad pero que ya no era adicta a la comida porque la quimioterapia le había quitado el apetito. Sus antiguos amigos y compañeros del trabajo la habían felicitado por su pérdida de peso.

—El cáncer tiene sus beneficios —bromeó.

Era una tragedia que no volviera a terapia porque su progreso había sido excepcional. De haber vuelto a Weight Watchers, aun si hubiera sido sólo por la compañía, creo que se habría vuelto más saludable y se habría conectado más con el mundo. Esas reuniones semanales habrían marcado la diferencia. La comunidad de Weight Watchers se convirtió en lo más cercano a una familia sana que tuvo en la vida.

En retrospectiva, identifico los errores que cometí con ella. Quitarle catorce pastillas para la ansiedad al día y una buena porción de su consumo de alimentos después de un año de terapia, era demasiada privación en poco tiempo. Dos doctores como pilares y salidas al cine en solitario no eran suficientes para competir con el apoyo constante que la comida y las pastillas le habían brindado.

Cuando un paciente que llevaba veinte años consumiendo drogas me dijo: "No estoy listo para dejarlas", le contesté: "Nunca lo estarás. La abstinencia siempre le causará un impacto extremo a tu organismo". Ningún adicto quiere renunciar a un paliativo, pues eso implica someterse a un dolor insoportable. Es por ello que tienen que tocar fondo o ser obligados por alguien más a detenerse. Por otro lado, el error más grande que cometí fue ser impaciente y frustrarme con su falta de progreso, la obligué a hacerle frente a su adicción antes de que fuera capaz de soportar la abstinencia y lidiar con la soledad que le produciría. Éste siempre es el peligro en la terapia contra las adicciones. Estoy convencido de que si mis pacientes dejaran de consumir sustancias, estarían en mejores condiciones. Es difícil no intentar convencer a los adictos para renunciar a sus hábitos, por prematuro que parezca.

Pese a que se sigue negando a verme en persona, todavía llama a mi buzón de voz todos los días. La semana pasada me dejó un mensaje locuaz que concluía con: "No me llames". Cuando le regresé la llamada, como es mi costumbre, se rio, le dio gusto que lo hiciera, me dijo: "Dios mío, ¡es increíble que seas tú! ¿Por qué me llamas?".

En dónde encontrar gente que enriquezca tu vida

Además de doctores, psicólogos y grupos de rehabilitación, hay otros lugares donde conocer colegas que pueden ser partícipes en tu intento por mejorar tu vida y bienestar.

1. **Toma un seminario, clase o inscríbete a programas de educación continua:** ya sea cine, cocina, tejido, comedia de improvisación o escritura creativa, muchas universidades tienen programas de educación continua que contemplan clases con duración desde dos hasta dieciséis semanas. Los programas de licenciatura, posgrado y diplomados tienen una duración más extensa. Es una oportunidad para relacionarte con compañeros de clase y profesores. Si no puedes costearlo, hay becas disponibles; si no te interesa el certificado, también te permiten entrar como oyente a las clases.

2. **Asiste a servicios u organizaciones religiosas:** no importa si son igual de reformistas u ortodoxos que tú. Lo importante es el consuelo y la conexión que te brindan. Plantéate asistir a misas o actividades organizadas por comunidades religiosas diferentes a las tuyas. Susan es judía y se asoció con las organizaciones judías Hadassah y Ort, en donde conoció a varias rabinas y otras mujeres de su religión a las que admiraba. No obstante, construyó una relación más cercana con un reverendo episcopal de la Iglesia de los Santos Apóstoles, en donde Susan prestaba servicios de voluntaria. Se sentía más cómoda ahí que en la sinagoga a la que su familia asistía desde hacía muchos años.

3. **Asóciate con organizaciones laborales o grupos académicos:** formar parte de una red extensa suele ser gratuito o accesible, además, ofrece muchos beneficios como descuentos o invitaciones a eventos, y te da la oportunidad de conocer a personas con ideas afines a las tuyas. Considera incorporarte al club de ajedrez, a la asociación de padres y maestros, al consejo vecinal, a alguna cooperativa o a la asociación de exalumnos de tu universidad. Cuando Susan se afilió a la asociación de exalumnos de la Universidad de Nueva York por una tarifa única de 30 dólares, le pidieron dar dos conferencias en el campus, a partir de entonces se involucró en la planeación de lecturas y paneles en la nueva librería de la universidad, un espacio precioso de 1,858 m^2 a dos cuadras de su casa.

   Contempla la posibilidad de afiliarte a un sindicato o asociación. Soy miembro de la Asociación Estadunidense de Psicología, la Asociación Neoyorquina de Psicología y de Psicólogos del Noroeste de Arkansas, así como miembro de mis asociaciones de exalumnos. Para escritores, Susan recomienda la Asociación Estadunidense de Periodistas y Escritores, el Gremio de Escritores, el Círculo Nacional de Críticos Literarios y Amigos de la Biblioteca Pública.

4. **Actividades artísticas:** muchas escuelas, teatros y bibliotecas organizan una serie de obras de teatro, danza, recitales musicales,
lecturas, reuniones y demás programación cultural gratuita o a buen
precio. Barnes & Noble tiene sucursales en todo Estados Unidos y
organiza eventos con autores, lo mismo las librerías independientes.
En Nueva York, por ejemplo, Housing Works Bookstore Café tiene
docenas de eventos divertidos abiertos al público y las ganancias de
las ventas se destinan a organizaciones de lucha contra el sida.

5. **Equipos y clases deportivas:** participa en un equipo de beisbol,
voleibol o boliche, un club de ciclistas o una clase semanal de
spinning o yoga. Te obligará a salir de casa, ejercitar y conocerás a
personas que de otra forma no tratarías y que podrán ser parte de
tu equipo (literal y figurado).

6. **Voluntariado y organizaciones de beneficencia:** aunque participar
en una gran cantidad de actividades no tendría sentido, dedicarle
tiempo a quienes lo necesitan, una vez a la semana, puede apaciguar
el espíritu. Ofrécete para ser hermano mayor de un niño solitario,
alimenta a los hambrientos en un albergue, visita a ancianos o a
niños enfermos en el hospital. Todas éstas son alternativas maravi-
llosas para conocer a gente generosa y atraer buena vibra.

CAPÍTULO 12

Renunciar a una adicción que todo el mundo disfruta (y alienta): apostar

"Mi nombre es Jim Brody, quiero concertar una cita. Sally, mi prometida, escuchó hablar de ti en Adelphi, su universidad. Cree que tomo demasiado, aunque yo no considero que sea un problema."

Ése fue el mensaje que Jim me dejó en mayo de 2000. Reconocí la voz de la negación, central en todas las adicciones. Muchos me llaman para decirme: "No considero que sea un problema". Nadie le llama a un psicólogo sin tener un motivo. Al dejar un mensaje, el que llama admite de forma implícita aunque inconsciente, que necesita ayuda. Es muy común, sin embargo, que su conciencia lo niegue. Mis pacientes rara vez son conscientes de la contradicción, sobre todo los adictos, quienes odian admitir tener una dependencia a algo o alguien. Son los que suelen llamar sin tener "ningún problema".

El psicoanalista Wilfred Bion creía que "la obligación de un psicoanalista es crear un problema". Es decir, una de las labores principales de un analista es definir y articular los problemas del paciente como los percibe. Según Bion, si uno no sabe cuál es el problema, es imposible encontrar la solución. Por eso es tan importante determinar si alguien tiene una adicción. Si no tienes una imagen precisa del enigma, no podrás resolverlo.

Jim era un exitoso corredor de bolsa de Wall Street, tenía 24 años y venía de una familia judía ortodoxa de clase media. La primera vez que se presentó en mi oficina, llevaba shorts rotos, zapatos deportivos con las agujetas desamarradas, sin calcetines, una gorra de beisbol al revés y una playera vieja con el eslogan inmaduro: "I'm with Stupid" [Estoy con el estúpido]. Su atuendo era el de un niño de doce años. Ningún adulto exitoso había asistido a una de mis terapias vestido de manera tan casual e inapropiada, como si fuera a jugar voleibol en la playa. Me han acusado de ser crítico cuando se trata de la vestimenta. Tal vez. Intento leer señales externas para diagnosticar con precisión los problemas profundos que el paciente ignora. En este caso, me dio la impresión de que el conjunto de Jim revelaba verdades esenciales sobre su psicología. Parecía ser un hedonista que se dejaba llevar por sus impulsos, un rebelde al que le gustaba romper las reglas y que estaba evitando las responsabilidades y el dolor que provocaba la adultez. Su ropa gritaba: "Me pongo lo que quiero y hago lo que quiero. Las reglas no son para mí".

Todos los adictos son impacientes, se les dificulta posponer la gratificación y son incapaces de controlar sus impulsos. Jim padecía de un evidente trastorno impulsivo. Como se sentía más cómodo en shorts y zapatos deportivos, ni siquiera se tomó la molestia de atarse las agujetas, fajarse la playera o ponerse unos pantalones para asistir a una reunión. Decía que en Wall Street siempre se vestía así, a pesar de que lo acababan de nombrar vicepresidente de su compañía y tenía su propia oficina. Me sorprendió descubrir que era tímido, humilde y discreto, sólo se animaba y emocionaba cuando hablaba de su trabajo. Para mi sorpresa, este vago desaliñado resultó ser uno de los corredores de bolsa más exitosos del mundo, valía muchos millones de dólares.

Resultaba paradójico que su problema más grande consistiera en que el dinero que ganaba justificaba y validaba sus hábitos nocivos e infantiles. Estoy convencido de que cuanto más exitoso y adinerado sea un individuo, la gente tolera más su conducta antisocial, perniciosa para su salud mental. Basta poner atención a la fortuna que hizo Charlie Sheen cuando era adicto a las drogas y a las prostitutas y lo violento que era con las mujeres en su vida (en 1990 le disparó "por accidente" a su entonces prometida Kelly Preston). Su conducta no sólo se toleraba, se recompensaba con dinero, estatus, prensa y fama.

Al aceptar sus excentricidades e inmadurez, la sociedad lo perjudicaba. No me importa si un amigo o pariente se viste de manera informal para estar cómodo. En cambio, como psicoterapeuta, cuando un paciente violenta las normas sociales de manera tan abierta, su actitud revela una historia importante a la que le presto toda mi atención. Al vivir tal como quería, estaba arruinando su relación con Sally y él no tenía idea de por qué.

—Una vez a la semana me tomo un par de cervezas con los muchachos después del trabajo para relajarme —me contó Jim—. No soy alcohólico.

—Si a tu prometida le molesta tu forma de beber, sin importar lo que digas, es claro que el alcohol se ha convertido en un problema —le dije.

Le expliqué que uno de los criterios para definir una adicción es observar si ésta interfiere en uno o más aspectos de tu vida: relaciones sentimentales, salud, relaciones sociales y familiares, y desempeño profesional. Jim salía a tomar con sus amigos en vez de convivir con la mujer con la que se iba a casar y esto provocaba diferencias entre ellos. Sally ya había revelado que sus hábitos la molestaban. Como parecía amarla y querer preservar su relación, este aspecto de su vida ya peligraba debido al alcohol.

—No tomo tanto —argumentó—, Sally se equivoca.

—Aun si sólo te tomas un par de cervezas a la semana, si tu relación más cercana está en riesgo por el alcohol, entonces es un problema.

Tal como sospechaba y como sucede con la mayoría de adictos, Jim consumía mucho más alcohol del que había mencionado en nuestra primera cita. Por lo menos tres noches por semana tomaba cinco o seis cervezas junto con un vodka solo y llegaba a casa ebrio. Conforme fue reduciendo su consumo de alcohol de manera gradual, se volvió más hiperactivo y nervioso. Comencé a sospechar que padecía un trastorno de atención y se había estado automedicando. Lo referí con mi colega psicofarmacólogo el doctor Sands, éste le diagnosticó trastorno por déficit de atención con hiperactividad y le recetó una dosis moderada de Concerta, la cual tuvo un efecto tranquilizante inmediato. Estaba más involucrado en la terapia, hacía muchas preguntas y le ilusionaba contar historias extensas sobre su pasado.

Si bien describió a sus padres como cariñosos, apenas parecían haberse dado cuenta de que había bebido y apostado durante toda su estancia en la universidad. Pronto salió a relucir que Jim también era adicto a apostar. Viajaba varias veces al año a Las Vegas y Atlantic City con sus colegas del trabajo. Pasaban el fin de semana ebrios jugando blackjack, ruleta, tirando los dados todo el día, en ocasiones perdía miles de dólares. Por medio del juego se evadía de la misma manera que otros adictos lo hacen al inhalar cocaína, fumar mariguana o tomarse un ácido. Al apostar, la emoción reinaba y el pensamiento racional desaparecía, lo cual lo hacía sentirse omnipotente como si estuviera en trance o pudiera controlar las cartas o los dados. Era adicto a la emoción que generaba la emoción. Por medio de este éxtasis se evadía, ignoraba todo tipo de sentimientos negativos o incómodos que de otra forma tendría que enfrentar.

Tal como lo describía, el hijo de una familia judía que ganaba millones de dólares de manera legal, no podía equivocarse. En esa lógica encontraba una permisividad e incluso una negligencia sutil. Una adicción que se respalda y premia en el ámbito social y cultural es difícil de tratar. Se hizo evidente que el ámbito en el que su adicción a las apuestas florecía de maravilla era en el trabajo. Éste lo había convertido en millonario y gracias a ello gozaba de una tremenda aceptación social. En la compra-venta de acciones apostaba todo el día de forma legal.

Jim era artífice de su propio éxito descomunal y complejo. El presidente de su compañía también era un judío ortodoxo moderno egresado de la misma universidad en Nueva Inglaterra que Jim y le daba mucho margen para trabajar. En su empresa, en Wall Street, ganaba o perdía grandes cifras de dinero al mismo tiempo. Pese a que ganar le producía una emoción pasajera y le concedía el estatus de héroe en la oficina, identificaba el lado oscuro. Las adicciones siempre tienen un lado oscuro. En una ocasión llegó alterado a terapia porque un colega de 25 años de edad, consternado tras haber perdido varios millones de dólares en una transacción fallida, se había suicidado.

Esta muerte alertó al presidente y a todos los empleados de la compañía que llevaban tiempo preocupados por los altos niveles de depresión, ansiedad y abuso de sustancias en su línea de trabajo. Jim le dio mi teléfono al presidente, éste me llamó para pedirme que fuera a la empresa para darle terapia de duelo a su equipo tras el suicidio de este joven empleado. Como esto me llevaría todo el día y no quería cancelar las citas con diez de mis pacientes regulares, envié a dos colegas del Village Institute. Hablaron con los corredores de bolsa de los riesgos de la adicción en su profesión y después atendieron a los empleados de manera individual para brindarles terapia personal y de duelo. Además de sentirse aliviados porque al fin hablaban con alguien, muchos de ellos bajaron el ritmo de sus transacciones más ambiciosas, decidieron que no valía la pena sufrir la agonía que ciertos riesgos les producían. Varios de ellos programaron más sesiones de terapia, les intrigaba mi promesa de que si bebían menos y consumían menos drogas, se concentrarían más y ganarían más dinero en el trabajo.

Cuando lo comprobaron, el presidente estaba tan satisfecho que quería contar con un psicólogo que estuviera disponible para sus empleados las 24 horas del día. Le sugerí que contratara a un psicólogo de tiempo completo para que trabajara en la empresa con un salario de 100,000 dólares al año. Cuando lo dudó, le dije: "Manejan más de 100,000 dólares cada hora, ¿por qué no quiere apostarle a un buen programa de psicoterapia que estabilizará a sus empleados, disminuirá el abuso de sustancias en su empresa y aumentará sus ganancias diarias?".

Estuvo de acuerdo y contrató a una psicóloga de tiempo completo que elegimos en el Instituto y que trabajaba bajo mi supervisión. Parte de su trabajo consistía en elaborar reglas para alejar a los corredores de las tendencias adictivas y orientarlos a trabajar de forma más racional. Por ejemplo, si un corredor perdía más de 10 por ciento de unas acciones, no tenía permitido pensar: "Sé que subirán en cualquier momento" y meterse en más problemas por depender de la suerte. Tendría que disminuir sus pérdidas. La esencia del plan era: no confíes en tus sentimientos y no dependas de la suerte por completo. Por el contrario, guíate por un sistema planificado. Con nuestra estrategia, las ganancias de la empresa se elevaron de forma considerable y el equipo parecía más saludable, menos propenso a sufrir daño emocional extremo o a manifestar altibajos emocionales constantes.

Tan pronto el presidente de su compañía contrató a una psicóloga permanente, Jim se sintió validado y contento. Le fascinaba combinar sus dos familias adoptivas (la empresa y el Village Institute). Se comportaba como si me hubieran otorgado un sello dorado de aprobación. Ya era *kosher*. Se comprometió a verme una vez por semana y se abrió más. Verme ya no significaba que era un paciente neurótico que necesitaba a un loquero. Ahora era un miembro más de una empresa que buscaba consejo de un mentor que se había convertido en parte confiable del equipo

Jim se negaba a asistir a reuniones de AA pero comenzó a acudir a terapia dos veces por semana. Le preocupaba su hermano mayor, Ben, quien tenía un problema serio con el alcohol. Me preguntó si también lo recibiría. Lo vi tres veces. Tenía cuarenta años, era divorciado y propietario de un teatro. Se trataba de un alcohólico con una adicción aguda: se tomaba una botella de vodka o más al día. Aunque el alcoholismo puede ser genético, me daba la impresión de que como Jim admiraba a su hermano, había emulado su hábito de forma inconsciente. A nuestras primeras dos sesiones, Ben llegó tarde y ebrio, apenas recordaba en dónde se encontraba mi oficina. Le pedí que procurara no tomar antes de nuestra siguiente sesión y a propósito la programé a las 9:00 a.m., por desgracia, Ben no podía. Me mostró un botellín de vodka abierto que se había tomado hasta la mitad, lo había comprado de camino a nuestra sesión matutina. Faltó a nuestra siguiente cita; Jim me llamó para avisarme que Ben había muerto de una congestión alcohólica. Era una lástima que no hubiera pedido auxilio antes porque me quedaba claro que para cuando nos conocimos, ya era demasiado tarde.

La muerte de Ben impresionó y cambió a Jim, tenía miedo de que sus propias correrías con el alcohol y el juego se salieran de control. Me preguntó si podía llevar a Sally —su prometida, ahora una trabajadora social— a terapia. Era bonita y normal, vestía una falda y blusa impecables, no había ningún descuido ni excentricidad en ella. Era una mujer religiosa, me mencionó que en casa respetaba el Sabbath y sólo consumía productos *kosher*. Noté que cuando Jim hablaba conmigo, no dejaba de mirarla, buscaba su aprobación; era evidente que la amaba y estaba ahí para abordar los miedos de Sally de que sus colegas eran una influencia negativa para él. Pensamos en formas de socializar sin tomar ni apostar. Se reuniría con sus colegas para desayunar o almorzar, pero se comprometió a cenar temprano con Sally seis veces por mes y verla los fines de semana.

Al cabo de un año, Jim dejó de tomar por completo, y dos años después también renunció a sus escapadas a Atlantic City y a Las Vegas. Se casó con Sally y ahora tienen dos hijos. Empezaron a participar en las actividades de su sinagoga local. Le sugerí que considerara otra profesión por las mismas razones por las que le recomiendo a un alcohólico que renuncie a su trabajo como barman. Se negó siquiera a considerar retirarse o cambiar de profesión. Pero sí dejó de trabajar tiempo completo y se limitó a comprar y vender acciones por su cuenta dos horas al día. Incluso con este horario abreviado, continuó ganando más de un millón de dólares al año.

Jim empezó a jugar basquetbol en una cancha local. Mucho. A veces durante horas porque cuando jugaba, no le daba tiempo de pensar, parecía relajarlo y despejar su mente. Para una personalidad adictiva es típico renunciar a una adicción y remplazarla por otra. No obstante, jugar basquetbol era mejor que tomar y apostar. No era un deporte extremo que le pudiera ocasionar lesiones así que no lo censuré.

Sustituyó el alcohol y el juego con cuatro cosas: familia, religión, basquetbol y terapia. Todavía le cuesta trabajo controlar sus impulsos y se distrae con facilidad. Es un paciente inconsistente, falta a citas o llega tarde. A lo largo de estos años, he aprendido que con los adictos hay que esperar lo inesperado. Muchos pacientes faltan a sus sesiones pero después me buscan sin tener una cita, a veces llegan a las sesiones ebrios o drogados. Cuando programa varias citas con su responsable esposa, siempre llegan a tiempo. Cuando tiene que verme a solas, la probabilidad de que se presente es de 75 por ciento.

Identifica los detonantes ocultos

Aunque el caso de Jim parezca extremo, ilustra los distintos riesgos y paradojas a las que se enfrenta un adicto durante la abstinencia.

1. **La sociedad suele recompensar los malos hábitos:** A una modelo que mide 1.78 metros y pesa 49 kilos le llueven ofertas lucrativas para trabajar en la televisión, el cine y las pasarelas. No obstante, no es suficiente peso para su altura y es probable que se esté matando de hambre o haciendo demasiado ejercicio para mantenerse tan baja de peso. De igual forma, un atleta en un equipo olímpico recurre a los esteroides para aumentar su velocidad y mejorar su desempeño. Entrenadores, agentes, directores técnicos, propietarios de los equipos e incluso amigos se pueden hacer de la vista gorda ante prácticas nocivas que "benefician" a estos profesionales. El dinero y los premios no deberían determinar tus decisiones o perspectiva. Las adicciones resultan peligrosas para el consumidor, se les recompense de forma equivocada o no.

2. **No sigas tu instinto:** por más que nos enseñen a confiar en nuestros instintos, a veces los de un adicto son erróneos y lo conducen a su dependencia, al exceso y la negación. En el caso de Jim, sus instintos le dijeron que no tenía un problema con el alcohol o el juego. Para cualquier observador neutro, tenía serios problemas. Llamó a un psicólogo gracias a la insistencia de su prometida, una estudiante de trabajo social que supo reconocer antes que él lo apremiante de su situación.

3. **No asumas que el éxito equivale a la redención:** en este país, se cree que contar con un título, premios o una cuenta de banco jugosa indica una bondad inherente o una productividad bendita. Cuando se trata de adicciones, no es el caso. A menudo, los sacrificios que se tienen que hacer para conseguir tanto son nocivos y por completo peligrosos. A veces el éxito engendra codicia y patrones de conducta que te llevan a creer que estás por encima de la ley. Piensa en Michael Jackson, Tiger Woods, John Edwards, Ivan Boesky, Kenneth Lay, Richard Nixon, Martha Stewart y Joel Steinberg. La lista es infinita. Un psicólogo especialista en adicciones puede trazar estrategias para una vida honesta y humilde. Es posible conseguir y mantener el éxito sin renunciar a una vida saludable.

4. **Los padres no siempre tienen la razón:** los padres de Jim creían que su hijo era maravilloso y exitoso, para ellos, era incapaz de equivocarse. Ignoraban lo mucho que tomaba y apostaba. Resultó que el hermano mayor de Jim, Ben —también un empresario adinerado—, era un alcohólico y cocainómano fuera de control. El abuso de sustancias nunca se debe a una sola razón. Muchos profesionales de la salud creen que en las adicciones subyace un componente genético. Quizá, pero no creo que la genética sea el único factor causante del abuso de sustancias. Conocer a Ben confirmó mi idea de que un mal sistémico afectaba a esa familia. A los dos hijos se les quería y aceptaba de forma automática porque eran hombres y tenían carreras lucrativas y en apariencia impresionantes. Supuse que no los entendían por quienes eran como individuos. A pesar de que sus padres no eran violentos, identifiqué una negligencia sustancial en su casa y una incapacidad para profundizar en cualquier tema oscuro o que no estuviera bien visto abordar.

5. **Dile *no* a tus admiradores:** es probable que tus seguidores, subordinados y séquito no quieran molestarte. Los aduladores y vividores no son favorables para tu salud mental. Procura no convivir demasiado tiempo con alumnos, acólitos, protegidos y gente que quiere o necesita algo de ti. No están en la posición de decirte la verdad ni brindarte amor u orientación auténticos.

6. **Necesitas asesores éticos a quienes respetes:** ya sea tu abuelo u otro pariente mayor, un líder de tu iglesia, templo o mezquita; un profesor querido o un jefe actual o pasado, necesitas encontrar a personas que admires y que sean un ejemplo moral. Lo ideal es que sea alguien con quien te reúnas de manera individual para que resuelva tus preguntas y hablen sobre los dilemas personales a los que te enfrentes.

7. **Encuentra mentores para tus adicciones:** todos los adictos que intentan librarse de su dependencia a cierta sustancia, requieren de la mezcla adecuada de apoyo, crítica honesta y dosis de realidad. Un psicólogo, especialista en adicciones o padrino es la persona indicada para esta labor porque serán los únicos que argumentarán, desafiarán, disentirán y señalarán distorsiones en tu lógica. En parte esto se debe a que somos personas externas e imparciales que no estamos implicados de forma emocional en tu vida cotidiana. No necesitamos tu amor o aprobación y tenemos poco interés en tus

decisiones. De hecho, cuando consigas estar más sano, tu psicólogo se sentirá más exitoso. Nos interesa identificar tus problemas de forma directa y trabajar en ellos con eficacia.

En un episodio de la serie de televisión acreedora de varios Emmy, *The West Wing*, Adam Arkin interpreta a un psiquiatra provocador y directo que atiende al presidente Bartlet. Los guionistas enfatizaron la razón por la que un psiquiatra competente es esencial para alguien temido y admirado. Es importante para los pacientes que están acostumbrados a recibir un trato servil y condescendiente lidiar con alguien que no se intimide por el dinero, la fama o el poder. Es preciso que encuentres a alguien en quien confíes que no tema decirte la verdad. Necesitas escucharlo. Tu vida depende de ello.

CAPÍTULO 13

Cuidado con la mezcla de sustancias: perforaciones, tatuajes y oxicodona

Cierto día, Jordan me mostró la cita de Camus impresa en su brazo, y me dijo "Lo siento, tuve que hacerme este tatuaje. Estaba muy emocionada. Me fascina. Necesitaba que me lo terminaran."

Su emoción e incapacidad de posponer la gratificación revelaban su adicción al arte corporal. Le había pedido que esperara cinco días antes de hacerse otro tatuaje, no pudo. Le apasionaba agregar el vigésimo tatuaje a su colección, como si se tratara de la única fuente de placer en su vida. Demostraba más emoción por las decoraciones de su piel que por su prometido con quien vivía.

Jordan era una aspirante a pintora de veintitrés años, inteligente y talentosa, tenía el pelo castaño y largo. Trabajaba medio tiempo en una tienda de mascotas; le encantaban los animales. La primera vez que llegó a mi oficina en Arkansas, en marzo de 2008, vestía unos jeans y una blusa tejida, lucía pulcra, peinada con esmero y encantadora. Cuando en cada sesión le preguntaba cómo se encontraba, sonreía y respondía: "Bien. Es un gusto estar aquí. Todo va viento en popa". Era evidente que no todo era maravilloso. Se le notaba ansiosa, le temblaban los pies (tenía el síndrome de las piernas inquietas) y se quejaba de migrañas devastadoras que ningún doctor ni medicamento habían conseguido aliviar.

Las primeras adicciones que confesó fueron a la oxicodona, al Vicodin y a la codeína. Cuando su madre le había descubierto pastillas, la había internado en rehabilitación y dejó de consumirlas. Tan pronto lo hizo, comenzó a tomar (vino, cerveza, whisky y vodka) y a fumar. Se trataba de una adicta a varias sustancias que además reveló una atracción por la modificación corporal.

—¿A qué te refieres? —le pregunté.

—Tengo el torso cubierto de tatuajes.

Se alcanzaban a ver un cráneo pequeño y varios huesos en la palma de su mano, también un cuervo en su brazo, pero como era invierno, su ropa cubría los otros.

—Define *cubierto* —le pedí.

—Tengo tatuado del hombro a la cadera —aclaró que le quedaba piel limpia sólo porque algunos tatuajes no estaban terminados.

No me había dado cuenta de que se había tatuado las piernas, los pies, las manos, los brazos, el cuello y el pecho. Me contó que tenía un símbolo de fertilidad de la mitología griega en el muslo, un emblema amerindio en la espalda y un mural del jardín del Edén cubría el lado derecho de su cuerpo. Por fortuna, estuvo de acuerdo con reducir su consumo de alcohol, en un mes lo había dejado. Por otro lado, los tatuajes seguían multiplicándose.

Reconozco que en lo referente al arte corporal, soy algo puritano. Pese a que no tengo ningún problema con ser franco con mis pacientes, en este caso me reservé mi opinión. No quería que me viera como otra figura parental tonta y crítica que no la entendía. La ayudaría más si lograba que confiara en mí y considerara que la entendía.

En los próximos meses, le pedí que dejara de llenar cada centímetro de su cuerpo con *arte* hasta que indagáramos qué la motivaba. Fue un alivio que aceptara. Por desgracia, después se obsesionó con las perforaciones en la lengua, las orejas, el ombligo y los labios.

La siguiente semana me confesó que se había cortado el brazo y las piernas con una navaja. Había atendido a un par de pacientes que se cortaban. Era un acto tan doloroso y que requería tanta concentración que les permitía olvidarse de sus sentimientos perniciosos. Exhorté a Jordan para que asistiera a terapia dos veces por semana, estaba decidido a develar qué clase de emociones albergaba que le provocaban acciones y reacciones tan extremas.

Con el tiempo, cuando llegaba a terapia y me decía: "Me alegra verte. Todo marcha estupendo", le respondía: "No tienes que comportarte tan alegre y educada. No finjamos: nada está bien". Así que empezó a hablarme de su tristeza y sensación de aislamiento. Más adelante, cuando le preguntaba cómo se encontraba, me respondía: "Miserable. Todo está mal y no sé por qué". Decía que sus padres eran insensibles, confesó que era infeliz con su prometido y que no tenía amigos auténticos. Se culpaba por ser "una farsante" que nunca le revelaba su verdadera personalidad a nadie.

En los siguientes cuatro meses, remplazó sus hábitos perniciosos por terapia dos veces a la semana, medicamento para la ansiedad y para conciliar el sueño que le recetó un médico, y masajes y acupuntura semanales, esperaba que éstos la aliviaran de forma natural. Al paso del tiempo, me aseguró que gracias a estos sustitutos saludables, había dejado la oxicodona, el Vicodin, la codeína y el alcohol, ya no se cortaba y se estaba tomando un descanso de los tatuajes y las perforaciones. Me complacía el progreso hasta que un día llegó fascinada con un nuevo plan: perforaciones en "sus partes privadas", de acuerdo con sus propias palabras.

Según mis investigaciones en internet, las perforaciones genitales que se realizaban en locales dudosos, implican una gran variedad de riesgos como infecciones, VIH, hepatitis, alergias y daño en los nervios. Para ser honesto, las imágenes me repugnaron pero intenté ocultar mi repulsión.

—¿Puedes esperar un par de semanas hasta que hablemos más al respecto? —le supliqué.

La semana siguiente ya se había sometido a una intervención.

—Lo siento, no pude esperar. Es como si le pidieras a un niño que posponga la navidad —fue su respuesta.

Éste era un caso inusual y desafiante que me inquietaba. El hecho de que Jordan brincara de una sustancia y actividad adictiva tan variada a otra, era una señal desfavorable. Era una representación gráfica de qué tan fuera de control estaba, no había un respiro. El páramo doloroso de su interior se exteriorizaba. No soportaba vivir en su propia piel, el caos interno se filtraba por todos lados. La excesiva modificación corporal cruzaba el límite porque a diferencia de la mayoría de las adicciones, era permanente, la desfiguraba y era imposible corregirla. Sentenciaba a su cuerpo a vivir para siempre en sus 23 años, una época devastadora.

Accedió a tener una sesión con su madre, quien quería llegar al fondo de por qué su hija había desarrollado hábitos tan extremos. Era abogada y su esposo, constructor. Jordan creció en un hogar de clase media, era la mayor de tres hermanos. Sus padres todavía la apoyaban económicamente. En la familia no había historial de depresión o ansiedad, tampoco predisposición genética a ninguna adicción. Nunca había sufrido maltrato, violencia ni había experimentado ningún incidente traumático. Sus padres seguían casados y afirmaban quererla. Los dos trabajaban mucho así que me preguntaba si la falta de atención había provocado la soledad de su hija.

—¿Qué le pasa? —su madre preguntaba—. ¿De dónde proviene?

Habría sido más fácil tratarla si hubiera revelado que a los cuatro años la habían encerrado en un clóset una semana entera y que ese trauma en específico la había impresionado de forma tal que se valía de sus adicciones para olvidarlo. Por desgracia no encontré ningún detonante. No había sufrido violencia ni negligencia. Tenía que indagar más profundo. Como sus padres, sus hermanos tenían trabajos convencionales, su hermano era contador y su hermana maestra. Supuse que la predisposición artística de Jordan la hacía sentirse extraña, que no pertenecía a ningún lado. No se sentía apreciada por quien era. Los múltiples tatuajes y perforaciones eran un acto de rebeldía oculto, gritaban en secreto que era diferente, que quería que la tomaran en cuenta.

Si dejaba de hacerse perforaciones, cortarse, tomar, fumar y consumir medicamentos, temía que encontrara otra cosa que la emocionara y distrajera, que la distanciara de sus sentimientos. A estos saltos frecuentes de una adicción a otra los denomino "mezcla de sustancias".

Aunque todos los adictos a los que había atendido en todo el país consumían varias sustancias, los hábitos variaban según la región. Desde que me había mudado a Arkansas, en 2005, mis pacientes eran en su mayoría cristianos blancos (baptistas, católicos o metodistas) cuya mezcla de sustancias consistía en alcohol, metanfetaminas, oxicodona y otros medicamentos que requieren receta médica. Muchos tenían varios tatuajes, parecía ser una práctica más extendida en el sur. En Nueva York, traté a muchos judíos, musulmanes y afroamericanos. Era más probable que mis pacientes de la costa este fueran adictos al alcohol, la cocaína, el éxtasis, la mariguana, la pornografía y a veces al sexo.

La diferencia principal era que en Arkansas la mayoría de mis pacientes se avergonzaban de estar en terapia, incluso de entrar a mi oficina. En un recital en la escuela de mi hija, una mujer se me acercó para susurrarme:

—Tengo un secreto vergonzoso que quiero contarte pero prométeme que no le dirás a nadie.

—Te lo prometo —le aseguré.

—Estoy en terapia... —me dijo.

—¿Y?

Esperé a que me contara un secreto espantoso que estaba tratando en terapia. Le pregunté tres veces más hasta que me di cuenta de que su secreto *era* estar en terapia. Le dije a esta mujer que en Manhattan, a mis pacientes les avergonzaba más no estar en terapia y que me decían cosas como: "Sé que es ridículo que no vea a un psicólogo de forma regular".

En treinta años de carrera profesional, rara vez vi a un paciente con sólo un mal hábito. A veces parece que a los alcohólicos sólo les gusta tomar, pero si escarbas la superficie, se descubre que también fuman, necesitan cafeína todos los días o adquieren compulsiones sexuales o trastornos alimenticios cuando su resistencia se atenúa gracias al alcohol.

Todos los adictos a sustancias sufren de un trastorno impulsivo en el cual el interruptor no se apaga cuando debería. Los adictos suelen ser impacientes, se les dificulta tolerar los sentimientos y no pueden controlar la necesidad de apartarse del doloroso escenario emocional interior. Cuando se ha superado una adicción, si no se confrontan de manera directa los problemas que la originaron, el paciente termina cambiando de adicción. Por eso se ve a muchos fumadores afuera de las reuniones de AA. Las investigaciones en torno a los trastornos relacionados con el consumo de sustancias adictivas apuntan a que la frecuencia del tabaquismo entre alcohólicos en rehabilitación asciende a 80 por ciento. Los pacientes que dejan de fumar cigarros se vuelven adictos a los puros, las pipas, la mariguana y el hachís. Muchos exadictos suben un promedio de 10 kilos cuando dejan de fumar, tabaco o mariguana, tomar alcohol o medicamentos, porque cambian su hábito por la comida (de ahí la expresión, "peso de la sobriedad").

Pese a que estudios neurocientíficos han demostrado que la práctica o el consumo compulsivo del sexo, las drogas, el alcohol y la nicotina comparten las mismas secuencias neurobiológicas, a veces el vínculo entre una adicción y otra no es claro a primera vista.

Cuando mi paciente Courtney dejó de consumir cocaína y tener sexo riesgoso, se volvió adicta a comprar ropa costosa. Como tenía dinero para pagarla, no lo consideraba problemático. No obstante, las compras perpetuaban la misma disposición y conducta que sus adicciones a la cocaína y al sexo. Era incapaz de negárselo al extraño que se le insinuaba o decirle que no a la dependienta que le vendía artículos que no necesitaba. Consumir cocaína y comprar bolsos de 350 dólares eran distracciones de su dolor. Las dos actividades la emocionaban, la transportaban a otro lugar, representaban un escape. Si bien no quería que Courtney sólo cambiara de hábitos e hiciera de cuenta que se recuperaba, comprar ropa era mejor que la cocaína y el sexo con extraños. De manera que no le pedí a Courtney que se deshiciera de sus tarjetas de crédito. Es imposible renunciar a varias adicciones al mismo tiempo. A pesar de que me concentraba en la abstinencia y no en la reducción del sufrimiento, en ciertos casos cambiar hábitos peligrosos por inofensivos era un progreso enorme.

De todas formas, durante la rehabilitación es preciso monitorear los hábitos. Les advierto a mis pacientes que tengan cuidado con toda forma de emoción (compras, apuestas, relaciones sexuales) porque cuando te emocionas, te sientes fuera de ti y en algún momento tienes que regresar a ser lo que eres y vivir contigo mismo. Aunque Jordan había dejado de tomar medicamentos y alcohol y ya no se cortaba, siguió fumando y conservó su gusto por la modificación corporal. Parecía considerar las imágenes y perforaciones que adornaban su cuerpo no obras de arte, como en un inicio sospeché dado que era una artista, sino amigos en quienes se apoyaba para no sentirse tan sola, como si siempre estuvieran presentes para hacerle compañía y ahuyentar su soledad. Me recordó la seguridad que me daba tener una cajetilla de cigarros en el bolsillo. Comprobar que mis cigarros seguían en su lugar, me permitía tolerar con mayor entereza las emociones difíciles. Del mismo modo, ella sólo tenía que ver cualquier imagen en su mano, pie, hombro o estómago para sentirse aliviada.

Jordan era más visual que verbal, por lo que no le interesaba llevar un diario, sin importar mi insistencia. Fue un gran avance cuando se ofreció a compartir su trabajo conmigo.

—Hago naturalezas muertas y flores bonitas. ¿Quieres verlas? —me preguntó.

—No, no quiero ver las obras bonitas. Prefiero ver tu trabajo más sombrío —le dije.

—¿Estás seguro? Es muy intenso —me advirtió.

—Es lo único que quiero ver —le aseguré.

Comenzó a enviarme por correo electrónico fotografías de sus pinturas, eran sombrías, mórbidas, tormentosas, llenas de espirales negras y cráneos grises, personas pálidas y agonizantes en las esquinas.

—¿Qué te parece? —me preguntó. Estaba nerviosa de que, como a su familia, sus imágenes macabras me hubieran inquietado.

—Es asombroso cuánto comunican —le dije—. Son complejas, sombrías y significativas.

—¿Qué crees que comunican? —quería saber.

—Que te sientes torturada, destrozada y no sabes cómo recuperarte —me aventuré a decir.

Comenzó a llorar, estaba triste y aliviada al mismo tiempo.

Lo más cerca que estuve de entender la raíz de su dolor fue en una sesión con madre e hija. Esta última, alterada y desaliñada, mencionó lo difícil que había resultado llegar a mi oficina porque el Dalai Lama estaba en la ciudad y varias calles estaban cerradas.

—Jordan está teniendo un día difícil —dije.

Su madre volteó a verla y minimizó su experiencia al decirle:

—Pero no empezó nada mal.

A lo cual Jordan respondió:

—Tienes razón, empezó bien.

En ese momento, lo comprendí. Una madre con intenciones nobles, que sólo quería escuchar cosas positivas, convencía a su hija de que no expresara sentimientos negativos. Entendí que, a lo largo de su vida, había reprimido y negado sus dificultades para complacer a sus padres. Después de decirle a su mamá: "Tienes razón, mamá, todo está en orden", se drogaba, se hacía un tatuaje o se cortaba. Le dije:

—Deja de pretender que estás contenta para complacer a tu madre. Dile la verdad.

—Nunca tengo un día grato —admitió—. Todos los días me despierto para vivir una pesadilla.

Su madre empezó a llorar y le preguntó por qué.

Me vino a la mente el famoso experimento del psicólogo Harry Harlow, de 1959, con monos Rhesus que demostró que las crías se aferraban más a una madre sustituta que fuera suave a pesar de que no los alimentara, a una de metal que los amamantaba. Eligieron el calor maternal y no la comida, así de esencial es el cariño de una madre. Me preguntaba si los padres de Jordan le habían dado todo salvo cariño.

Cada semana que hablaba sobre su tristeza e ira, noté que se presentaba a terapia menos arreglada. Ya no se peinaba, su ropa era más apagada, su postura empeoró hasta que estaba encorvada por completo. En ocasiones lucir desaliñado es una señal preocupante. Con ella lo consideré una señal de progreso. Para mí, se estaba despojando de su fachada falsa y estaba dispuesta a ser más auténtica en mi presencia.

Cuando le pregunté si alguna vez había confiado en alguien además de en ella misma, me contó que de niña le tenía mucho cariño a un muñeco de peluche, un delfín gris que su madre había tirado a la basura. Luego de perder a su adorado delfín, tuvo una almohada azul de 15 centímetros que abrazaba en tiempos de tensión. Era tan vieja que la había recuperado seis veces. Le pedí que la trajera la próxima semana. En esa sesión, cuando

149

me contaba que para su padre sus tatuajes eran repugnantes, empezó a tener migraña. Le pedí que sujetara la almohada y llorara. Lo hizo. Al permitirse llorar y que fluyeran sus sentimientos, la migraña cesó. Estaba impresionada. Su inhabilidad para procesar su infelicidad había estancado sus emociones tóxicas. Le recordé un dicho que le gustaba: "lo opuesto a la DEpresión es la EXpresión". Al permitirse llorar y ser miserable, encontrar a alguien con quien compartir estos sentimientos, sus migrañas y temblores en las piernas cesaron.

Al cabo de seis meses de reunirnos, el progreso en otras áreas era precario. Accedió de mala gana a posponer futuros tatuajes y perforaciones pero no estaba seguro de que cumpliría. Terminó con su prometido, empezó a buscar un trabajo de tiempo completo para añadirle estructura a su vida y continuó en terapia dos veces a la semana.

El cambio más sustancial ocurrió cuando regresó a vivir a casa de sus padres, una idea que secundé. Sus padres dejaron de darle mesada para que no la gastara en tatuajes, perforaciones o drogas. Siguieron mi consejo de permitirle convertir su habitación en un refugio y santuario. Jordan la decoró con placer: pintó las paredes, cambió las fotografías y consiguió lámparas y una alfombra que sus padres pagaron. Remplazó los colores blancos, rosas y pasteles que su madre había elegido por azules oscuros y grises que iban más con su personalidad y la consolaban. Su padre pensaba que la renovación exhaustiva era absurda, su madre en cambio comprendió su importancia.

He tenido varias sesiones con Jordan y su madre. Quiero asegurarme de que las cosas hayan cambiado, que su casa sea un espacio seguro y placentero, que se sienta libre de ser como es, sin tener que fingir todo el tiempo. La alenté a que siguiera pintando. En ocasiones, aquellos con personalidades adictivas buscan distintas formas de emoción y se sienten atraídos por una variedad de hábitos compulsivos. Espero que Jordan se obsesione con pintar en lienzos y no en su piel.

Cómo evitar mezclar sustancias

1. **Toma conciencia:** monitorea de cerca los cambios en tu rutina o actividades diferentes. Pide la opinión de un doctor, padrino, pariente, pareja o amigo sobre el momento y frecuencia de cada transición o hábito nuevo. Cualquier sustituto, por saludable que

parezca, como la vida social o el ejercicio, necesitan controlarse con moderación, reglas y límites.

2. **Consume con precaución:** vigila todo lo que te metas a la boca. Lleva un diario y pésate cada semana o todos los días si eres propenso a los trastornos alimenticios. Aun si nunca has padecido un trastorno alimenticio, al renunciar a una adicción, el estado de ánimo y el metabolismo cambian. Cuando dejas de tomar, es fácil engancharse a la cafeína, el azúcar o a los químicos en el refresco, té, café o jugos de frutas (pese a que son nutritivos también son calóricos). Incluso el agua, como cualquier otra sustancia, puede ser un veneno si su consumo es excesivo (intoxicación por agua o hiperhidratación).

3. **El dinero importa:** cuida tu presupuesto. Identifica cambios abruptos y delinea un plan para contrarrestar gastos inusuales. Por ejemplo, si Susan planea gastar más de 500 dólares en algo que no esté considerado en sus gastos mensuales, nos lo comenta a mí y a su esposo antes de hacerlo. Esto no significa que nos pida permiso sino que contrarresta su impulso a satisfacer caprichos al preguntarnos si nos parece razonable.

4. **Generosidad moderada:** identifica cualquier incremento en los regalos que hagas, en tus labores como voluntario y modera lo que dones a beneficencias y buenas causas. Aunque no lo creas, es fácil dejarse llevar por la satisfacción que supone dar un regalo especial, cuidar a alguien o donar para una causa noble. Lo llamo "el síndrome de Oprah [Winfrey]". Es una adicción engañosa en la que puedes caer sin darte cuenta. Si no tienes los ingresos de Oprah, es probable que te lleve a la bancarrota. Aun si tienes el tiempo y el dinero, tu bienestar no debería depender de hacer obras generosas, tampoco es saludable que te valgas de la "bondad" para llenar un vacío.

5. **No apuestes:** sin importar que nunca hayas tenido un problema con el juego, limita la cantidad que gastas en billetes de lotería, bingo, tragamonedas en los casinos y vacaciones. Cuando voy a Las Vegas, me permito perder 1,000 dólares y no llevo tarjetas de crédito, débito ni chequera. Cuando llego a mi límite, me retiro.

6. **Los peligros de los apoyos:** cuando le hagas frente a una adicción, no te permitas recurrir a otro hábito para consolarte durante mucho tiempo. Sí, al dejar de tomar hay quienes comen más azúcar. Cada que le des una mordida a esa dona, recuerda que al recurrir a la

151

comida es fácil recaer en el ciclo de adicción viciosa. Subir de peso 9 kilos, se convertirá en una excusa para volver a tomar. Es cierto que el parche de nicotina, el chicle y el inhalador son efectivos sustitutos temporales del cigarro; después de seis meses, es posible que se conviertan en una adicción interminable.

7. **Sé humilde y honesto:** le advierto a los adictos en rehabilitación que procuren mantenerse centrados y honestos. Cualquier tipo de falsificación o exageración proviene del mismo impulso para escapar a la realidad y las dificultades.

8. **Sé emotivo:** tómate tiempo para descargar esos sentimientos acumulados de tristeza, ira, confusión y dolor. Llora, grita, pinta o garabatea en un cuaderno o computadora. De lo contrario, esos sentimientos reprimidos resurgirán en cualquier otro momento y de peor manera.

9. **Súdalo:** a veces deportes como el boxeo o el futbol en los que golpeas un saco o pateas un balón son un recurso efectivo. Encuentra un lugar en el que, si es necesario, llores o maldigas mientras lo haces.

10. **Necesitas apoyo:** no faltes a las reuniones de rehabilitación, sesiones de terapia, citas con doctores, padrinos, coaching de vida o clases (meditación, yoga, nutrición). Necesitarás rutinas saludables y estables que impliquen a personas dispuestas a brindarte consejos y a mantenerte con los pies en la tierra. Existen opiniones encontradas sobre si es posible recuperarse por completo de una adicción. Creo que un adicto puede permanecer muchos años sobrio pero nunca curarse ni deshacerse de este trastorno impulsivo. Por eso, al hacerle frente a un hábito adictivo, hay que tener cuidado de no cambiar de adicción.

CAPÍTULO 14

Por qué un adicto necesita reglas: ejercitar en exceso

"Mi matrimonio es una pesadilla", Nadine me reveló en nuestra primera sesión, en el invierno de 2002. "Mi esposo Harold es frío, crítico e infiel. Me siento perdida."

Mi paciente Nadine era una exabogada de 44 años de edad, 1.62 metros de estatura, hermosa, originaria de Arabia Saudita; un colega la había recomendado. Tenía el pelo corto, no usaba maquillaje y daba la impresión de ser bastante sensata. Era circunspecta, elocuente y tenía una postura perfecta, parecía provenir de la realeza, lo cual resultó ser cierto. Hablaba varios idiomas, tenía un doctorado en historia del arte, trabajaba medio tiempo en un museo al norte de la ciudad y tenía dos hijos pequeños. Ese día vestía una blusa sin mangas y una falda a la altura de las rodillas, las cuales exhibían unos brazos y piernas visiblemente musculosos. No era muy delgada, pesaba unos 54 kilos. Su físico esculpido me parecía inusual para una madre trabajadora de mediana edad; todavía no tenía idea de los secretos que ocultaban sus músculos.

Cuando le pregunté acerca de su pasado, Nadine relató su infancia en una familia musulmana, numerosa y adinerada en Arabia Saudita. A sus hermanos los trataban como dioses mientras que su hermana y ella habían sufrido golpes, pasado hambre, se les había ignorado y castigado por crímenes como comer comida del refrigerador o ser imprudentes. Describió a su madre como una mujer agresiva, condescendiente, egoísta y obsesionada con sus joyas, casas y estatus social. Durante una rebelión popular, perdieron su estatus y se mudaron, con su fortuna, a Estados Unidos, cuando Nadine era una adolescente. Su desempeño en la escuela fue sobresaliente, a los veinte se casó con Harold, su primer novio en la universidad, para escapar de sus padres.

Por supuesto que había diferencias sustanciales entre Manhattan y Oriente Medio. El dolor procedente del maltrato infantil en ocasiones resulta en conductas adictivas. Cuando le pregunté si esa crianza nociva la había traumado, mostró poca compasión.

—No fue una tragedia —me dijo—. Hay niños en la India que se mueren de hambre y la pasan peor que yo.

Nadine estaba obsesionada con su matrimonio fallido con Harold, un banquero de una familia blanca luterana del sur del país. A sus padres no les gustó su extracción por lo que la desheredaron cuando se casó. Cuando Harold estaba estudiando un posgrado en negocios en una universidad Ivy League, Nadine fantaseaba con una vida sofisticada en Manhattan. No obstante, su carrera no empezó como esperaban y terminaron viviendo en un departamento sin elevador en Brooklyn Heights. Cuando su carrera floreció, se mudaron a París, en donde Harold le confesó su sueño de ser padre. Distanciada de su propia madre, nunca había querido hijos. Para complacer a Harold, lo intentó. No fue fácil embarazarse. Renunció a su trabajo en la abogacía y se sometió durante una década y media a tratamientos de fertilidad, probó con distintos doctores, medicamentos y cirugías correctivas. Después de varios intentos de fertilización *in vitro*, por fin dio a luz a un hijo y después a una hija a los que aseguraba adorar, los dos menores de cinco años.

Después del esfuerzo para darle una familia a Harold, se indignó cuando éste comenzó a serle infiel. Cuando descubrió que su amante era una mujer sin hijos a la que le doblaba la edad, Nadine se mudó con los niños a Brooklyn Heights. "Su frialdad me hiere, me hace sentir lo brutal y desmoralizadora que puede ser la vida", me dijo con la precisión e intensidad que la caracterizaban.

En esa primera sesión, mencionó:

—Cuando fui a correr en la mañana…

—¿Eres corredora? —le pregunté.

—Sí, todos los días —respondió—. Tres o cuatro horas diarias. Además soy ciclista, nado y levanto pesas. Si me pierdo un entrenamiento, me siento terrible.

¡Ajá! Esa última frase fue delatora. Nadine no tomaba, fumaba, apostaba ni se drogaba. Afirmaba nunca haber tenido sobrepeso y haberse mantenido siempre activa, aunque no tanto como en ese entonces. Mi sospecha de que el ejercicio se había convertido en una adicción se confirmó cuando le pedí que describiera qué sucedía cuando faltaba a un entrenamiento: se deprimía, enfurecía, enloquecía y sentía que explotaría en cualquier momento. Se parecía al síndrome de abstinencia que experimentan los fumadores cuando dejan de fumar. Era una adicción difícil de tratar porque a diferencia del tabaquismo, el ejercicio tiene un lado positivo. En oposición a los deportes extremos (como saltar desde un avión o hacer descenso de río), no había peligros evidentes en el ciclismo, correr o nadar.

De todas formas, si las adicciones se ignoran o no se atienden, siempre empeoran. Las alteraciones que ocultan necesitan ventilarse, exponerse y tratarse de forma directa. Llevados a un extremo, los hábitos en apariencia benignos como correr, comer helado o asistir a las actividades de la iglesia se pueden apoderar de tu vida en detrimento de todo lo demás. Ése era el caso de Nadine, corría para escapar de un mundo que amenazaba con derrumbarse.

No obstante, el ejercicio, una actividad saludable en la que se apoyaba, se había convertido en un ciclo excesivo de automedicación. Se transportaba en bicicleta a todos lados y levantaba pesas todos los días. Cerca de su casa había un gimnasio, correr en la caminadora se convirtió en su pasatiempo preferido. Se refería al ejercicio como si fuera una droga capaz de remediar todos sus problemas, no se daba cuenta que le ocasionaba aún más. Nadine no tenía amor en su vida, no tenía una relación cercana con sus hijos, no triunfaba en su trabajo a pesar de su inteligencia apabullante y energía extraordinaria. Las horas que corría interferían en el desarrollo de otros aspectos de su vida. Después de todo, no era una atleta que entrenara para las olimpiadas ni una bailarina profesional para quien el entrenamiento fuera parte de su trabajo. No estaba seguro de si le atraían las endorfinas, el ritual, el escape o una combinación de éstos.

Cuando le sugerí por primera vez que estaba corriendo demasiado, argumentó: "Así me mantengo sana, delgada y fuerte. ¿Cómo es posible que algo tan saludable sea pernicioso?", me preguntó. Le expliqué que cualquier sustancia o actividad en exceso era propensa a resultar nociva. Cualquier cosa es una droga peligrosa si su propósito principal es evitar hacerle frente a tus sentimientos. En el caso de Nadine, el balance indicaba que no estaba funcionando. Todavía la atormentaban los problemas no resueltos de su infancia.

Su hábito me recordó al protagonista de la novela de David Shields, *Dead Languages*, que jugaba softball. Cada que se sentía mal, salía, tomaba

155

un bate y empezaba a pegarle a una pelota porque "todos recurrimos a algo para sentirnos fuertes". Nadine quería sentirse más fuerte y en forma para combatir sus debilidades y caos. Correr la despejaba, decía que sólo después de correr, se sentía limpia y relajada. La descripción de su infancia y su matrimonio eran una prueba de que necesitaba demasiado consuelo.

El ejercicio compulsivo había iniciado dos años atrás, como reacción a la infidelidad de su esposo. Quería lucir más joven y detener el envejecimiento. Tenía una imagen retorcida de su cuerpo y estaba desesperada por detener el tiempo, fantaseaba con la idea de que con un cuerpo más en forma recuperaría el amor de su esposo. No era el caso. Estaba tan decepcionada con la traición de Harold que después de mandar a sus hijos a la escuela, volvía a la cama. Conseguía salir a rastras de la cama para hacer ejercicio e ir al museo una vez por semana. En la primera terapia, reconoció que dada su frustración, le pegaba a sus hijos.

No parecía que los golpeara de forma violenta o que utilizara otros instrumentos además de su mano, sin embargo, al haber sido víctima de maltrato en mi infancia, cualquier tipo de abuso infantil, me alarma. Antes de discutir otros temas, le di el nombre de una línea de asistencia para padres que funcionaba las 24 horas y era anónima. Le pedí que implementara una nueva regla: cuando se enojara, tendría que tomar el teléfono y llamar al número de asistencia antes de ponerle una mano encima a sus hijos. Cuando programamos otra sesión, prometió hacerlo si estallaba. Parecía aliviada con esta regla.

En nuestra segunda reunión, Nadine me reportó que se había enfurecido porque su hija no había limpiado su cuarto, en vez de seguir su primer impulso y levantarle la mano, llamó a la línea de asistencia y habló con una mujer que la tranquilizó: "Estás enojada y agobiada, tienes derecho a sentirte así", la voz la calmó. "Estos sentimientos pasarán." Esta línea de asistencia era operada sólo por mujeres. Quizá le funcionaba porque le proporcionaba la voz de la madre preocupada que nunca tuvo.

Las exigencias de sus hijos la agobiaban y la ponían nerviosa. Estaba confundida y desgastada por el abandono de su esposo, así como por la intromisión constante de su madre, la cual había exacerbado sentimientos de rechazo que nunca había superado. Estaba agotada, sin nadie que se preocupara por ella, sentía que no le quedaba nada para darle a sus hijos.

Le recomendé que leyera *Sanar la vergüenza que nos domina*, del consejero en recuperación John Bradshaw. "¡Dios mío! ¡Está escribiendo sobre mí!", fue su reacción, sintió una conexión profunda con las teorías de Bradshaw sobre los efectos perniciosos de la "violencia tóxica" que se origina en las familias disfuncionales y violentas. Empezaba a entender que su pasado doloroso la seguía controlando. "Mis logros deberían ser motivo suficiente para superar mi baja autoestima, pero nada puede remediarlo. Soy incapaz de dejar de dudar sobre mí misma. Siempre me siento así. Es lo que me hizo mi madre." Nadine empezaba a sentir alivio porque no estaba sola.

Cuando Harold y ella se divorciaron, su depresión empeoró. La envié con el doctor Sands, el psicofarmacólogo con el que trabajo, éste le recetó Prozac. El medicamento le permitió adquirir más equilibrio. No la hizo feliz. Le advierto a mis pacientes que la función de los antidepresivos no es lograr que la gente se sienta contenta. Se inventaron para detener la agonía de la depresión y aliviarte para que permitas la influencia positiva de una relación humana apropiada.

Nadine llegó a considerar a las mujeres de la línea de asistencia, al doctor Sands, a mí e incluso a Bradshaw personas que le brindaban comprensión y buenos consejos. "Me temo que me estoy volviendo fría y cruel, tal como mis padres fueron conmigo", me confesó. Después de darse cuenta de ello, me tranquilizó que le dejara de pegar a sus hijos. Le enorgullecía haber aprendido a superar su odio y a expresarlo; a mí también me enorgullecía. Sin embargo, se sentía culpable por haber sido violenta con sus hijos: "Necesito enmendar el daño que les he causado, algo que mis padres nunca hicieron", afirmó. Después de asegurarme de que había dejado de pegarle a los niños (una prioridad para mí), lidiamos con otros temas.

Empezó a llevar a sus hijos a la escuela, a arreglar la casa porque quería que los niños vivieran en un lugar más agradable y a cocinar. La invité a que les hiciera preguntas como: "¿Quién es tu maestro favorito? ¿Cuál es tu clase favorita?" y a que escuchara sus respuestas sin juzgar. Cuando su hijo le confesó que se le dificultaba leer, empezó a leer libros divertidos con los dos todas las noches antes de la hora de dormir. El desempeño académico de ambos mejoró de inmediato. Le pedí que llevara a terapia fotografías de su infancia y trabajamos para desarrollar su empatía, la invité a que recordara cómo se sentía a la edad de sus hijos. Nadine se identificó con su necesidad de sentirse amados, la cual sus padres nunca satisficieron. Al ser más cariñosa con sus hijos, se estaba curando.

A los dos años de terapia, todavía se ejercitaba en exceso. Además de correr, levantar pesas y nadar, se trasladaba en bici a nuestras sesiones (16 kilómetros de ida y vuelta desde Brooklyn) y estacionaba su bici en el pasillo, con lo cual bloqueaba la puerta del baño. Era un gesto invasivo, exhibía su falta de sentido de comunidad o espacio familiar. Como nunca obtuvo lo que quiso de sus padres, creo que todavía tenía una personalidad infantil narcisista. Nunca la habían cuidado como era debido por lo que era difícil que antepusiera las necesidades de los demás a las suyas.

No me pronuncié en contra del ejercicio porque había conocido a un grupo de corredores con los que congeniaba, le urgían amistades y una vida social más activa. Si las opciones eran dormir todo el día o correr tres horas, correr era la mejor. Seguí la estructura de los programas de doce pasos que incitan a un paciente a adoptar un código de conducta distinto; creamos algunas reglas. Estuvo de acuerdo con ejercitar menos y poner por encima de todo jugar con los niños y trabajar más tiempo en el museo. Como era de esperarse, los cambios la hicieron sentirse temerosa y nerviosa.

No soportaba la idea de envejecer, le preocupaban la flacidez y perder la musculatura. Por otro lado, le gustaba seguir un horario todos los días. Cambió las carreras por este plan de trabajo y terapia. Le sucedió algo interesante. Durante sus horas extra en el museo, conoció a un colega, un divorciado estadunidense con dos hijos. Salieron y se le notaba contenta, sin dejar de ser prudente. "Me gusta mucho y yo a él, pero en una relación uno nunca sabe. Sabes que mis hijos son primero", me contó. Aunque describía a su novio como un hombre delgado y atractivo, le molestaba que no hiciera ejercicio.

Nadine había resuelto lo que para mí eran sus problemas más graves: dejó de pegarle a sus hijos, lidiaba de forma directa con su depresión (con terapia, lecturas e identificando lo que le afectaba) y hacía menos ejercicio. Como éste tenía una serie de aspectos positivos, no le pedí que lo dejara. Pero después surgió una nueva dificultad. Su exesposo pagaba 80 por ciento de sus gastos y de los niños, cuando se enteró de que tenía novio, le empezó a retener el dinero y a pedirle cuentas por cada centavo que le daba. Sus finanzas corrían peligro. Consideró acudir a sus padres para pedirles ayuda, no obstante, temía que intentaran controlar su vida como lo había hecho su marido. La animé a que se independizara.

Como disfrutaba mucho al involucrarse en la educación de sus hijos, decidió lanzar su propia empresa educativa, la cual brindaba tutorías a niños con problemas de aprendizaje. Resultó una empresa rentable y una aventura emocionante. Mientras que otros miembros de su familia tenían que recurrir a su padre, un magnate para conseguir dinero, ella mantenía a su familia con sus propios medios. Su éxito resultó liberador y satisfactorio.

A medida que remplazaba el ejercicio con intereses más productivos, se volvía más emotiva y cálida. Se reía, se relajaba, maldecía y lloraba frente a mí. Terminó por limitar los entrenamientos a una hora diaria cinco días a la semana. Cambió su forma de correr de obsesiva a "rítmica", según sus propias palabras. Cuando no hizo ejercicio tres días a la semana y no se sintió triste ni ansiosa, eso significó un progreso. Seguía estando en forma, aunque no tan musculosa ni tosca como cuando nos conocimos. Lucía mejor, más delicada y natural.

Al apoyarse en personas de confianza y moderar su hábito, Nadine tuvo la oportunidad de estrechar la relación con sus hijos. Un día llegó a terapia emocionada porque su hijo había obtenido buenas calificaciones. "Estoy tan contenta, como nunca lo estuve en mi infancia", aseguró, se le notaba orgullosa. "Quiero que tengan una infancia opuesta a la mía para que no crezcan con el terror, la tristeza y la ansiedad que sufro de forma constante."

Normas para un adicto

Si bien las reglas y estrategias pueden concebirse de forma individual, según la persona y adicción, a continuación esbozo una serie de normas generales para cualquier adicto:

1. **No perjudiques a nadie:** todo tipo de intimidación o abuso en contra de tus hijos, pareja o padres transgrede los límites. Recomendaría llamar de inmediato a la policía, al director de la escuela, servicios sociales, a un psicólogo o doctor para que intervengan pronto. Recuerda: no tienes por qué enfrentarlo solo.
2. **Apégate a la ley:** todas las actividades ilegales son sospechosas. Si compras mariguana en el parque o intentas comprar alcohol si eres menor de edad, te arriesgas a que te arresten. Robar, tener sexo con menores de edad o con extraños, descargar pornografía infantil o vender drogas deberían ser señales de alarma. Si no quieres acudir a la policía, llamar a la pareja, padres, tutor, doctor o director de escuela de la persona en problemas es igual de útil, sobre todo si se trata de una figura de autoridad adecuada que brinde sabiduría y protección.
3. **Sólo maneja sobrio:** evita a toda costa operar un vehículo (auto, motocicleta, bote o avión) después de tomarte dos tragos, fumar

mariguana o consumir cualquier droga que altere tu estado de ánimo, sobre todo si estás en compañía de otros pasajeros. Recuerda: en caso de un accidente, el conductor puede ser encarcelado y acusado de un crimen.

4. **Ten cuidado con lo que cargas:** si transportas sustancias en un aeropuerto, te meterás en serios problemas. Si tienes acompañantes, los arriesgas a ser arrestados junto contigo. Si es imposible que viajes sin drogas, es más seguro hacerlo en tren o autobús ya que no se revisan las maletas de todos los pasajeros. También evita manejar. Pones en riesgo tu vida si compras drogas ilegales a desconocidos en el extranjero.

5. **Seguridad en casa:** es inaceptable invitar a tu traficante, prostitutas o corredores de apuestas a tu casa en presencia de tus familiares, los expones a un peligro considerable.

6. **Libre de armas:** las drogas y las armas deben esconderse en un lugar donde nadie las encuentre. Un paciente que vivía solo, dejó unas pastillas a la mano, su perro se las comió y casi muere. Imagina si hubiera sido tu hijo o nieto.

7. **La comida y la vivienda son primero:** es inaceptable gastarte el dinero destinado a pagar la renta, comida, la escuela o guardería de tus hijos en tu adicción. Si es posible, guarda esos fondos en otra cuenta a la que tengas acceso limitado y activa el pago domiciliado de servicios para que te cobren las facturas de forma automática: es un sistema que no se cambia con facilidad y requiere de la aprobación de terceros. Ponle todos los obstáculos posibles a tu adicción.

8. **Las palabras importan:** las obscenidades y las agresiones verbales en contra de tus familiares o subalternos, no son aceptables. Debes abstenerte de hacerlo porque sus efectos son perniciosos y duraderos.

9. **Morirse por llamar la atención:** todo sentimiento o amenaza suicida deberá tomarse en serio. Requiere tratamiento inmediato con un doctor, consejero o profesional.

10. **Discreción:** exigirle a tus hijos o parientes que mantengan tu adicción en secreto es nocivo para todos los involucrados. Si le estás pidiendo a la gente que mienta o si alguien te está obligando a no hablar, las reuniones de AA, Grupos de Familia Al-Anon [para familiares de adultos alcohólicos] y Alteen [para familiares de alcohólicos adolescentes] buscan orientar a las familias para enfrentarse a los peligros que implica la adicción de su ser querido.

CAPÍTULO 15

Cómo cortar de tajo con el narcisismo: pornografía

El caricaturista de *The New Yorker*, Roz Chast, lanzó hace poco una colección de tarjetas de felicitación narcisistas con mensajes como: "¡Increíble! Tu cumpleaños está pegado al mío. ¿No es asombroso?" y "Hablando de ¡Buen viaje! ¿A dónde crees que me voy? ¡A Francia!"

Aunque sea motivo de innumerables chistes, no es gracioso ni fácil relacionarse con un narcisista. Este término se refiere a un individuo egoísta que tiene una obsesión inconsciente consigo mismo y que ignora los sentimientos de los demás. La palabra se deriva del personaje de la mitología griega, Narciso, el cual se enamora de su propio reflejo en el agua, sin darse cuenta de que se trata de una mera imagen. Murió porque no pudo superar su obsesión con su reflejo. Se ahogó en éste, tal como un narcisista moderno se "ahoga" en su amor propio.

En mi experiencia, 99 por ciento de los adictos con los que he trabajado tienen tendencias narcisistas notorias. Como hemos discutido, se debe a que se han sentido tan decepcionados por sus familias y parejas que han desistido de tener relaciones significativas y satisfactorias y han recurrido a las sustancias para encontrar consuelo y protección. Todo tiene que servirles porque tienen la idea de que en su infancia, las personas indicadas no lo hicieron. Debido a esta decepción tan temprana, los demás no existen en sus radares emocionales así que se convierten en narcisistas por defecto. Los adictos se consideran solos en el mundo y sólo se sienten bien cuando fuman, toman, comen, apuestan o se refugian en cualquier otro hábito. Comprendí lo narcisistas que pueden ser los adictos cuando uno de mis pacientes reveló una adicción fascinante.

"Tengo un problema del que no quiero hablar por teléfono", fue el primer mensaje que me dejó Phillip, un actor que recomendó otro de mis pacientes en 2001. Su voz denotaba culpa, vergüenza y remordimiento: eran señales alentadoras. El hecho de que hubiera reconocido que tenía un problema que le molestaba me parecía un mejor punto de partida que negarlo, como hacían otros pacientes cuando llamaban para programar su primera cita.

—¿Es posible ser adicto a la pornografía? —me preguntó cuando nos reunimos.

—Sin duda —y le expliqué que era posible enviciarse con cualquier sustancia o actividad.

Phillip era un hombre soltero y atractivo de 47 años de edad. Vivía en Williamsburg [Brooklyn]. Medía 1.88 metros, tenía hombros anchos y pelo negro rizado que le caía a la altura de los ojos. Vestía jeans, una camisa sin fajar y zapatos deportivos, lucía un poco desaliñado, lo normal para un actor de Brooklyn. Era encantador y tranquilo, de cualquier modo se le notaba ansioso por naturaleza.

El año anterior había tenido que investigar para un papel sobre un actor porno, por lo que empezó a frecuentar una página web. En ella diseñabas a tu propio amante y tenías la posibilidad de añadirle rasgos específicos (como pelo rubio o senos grandes), al final, creabas una pareja perfecta, de forma bastante realista, que se parecía a una modelo de Playboy. Phillip lo hizo y se masturbaba varias veces al día frente a la imagen que había creado. Sus eyaculaciones se volvieron escasas y dolorosas y terminaba exhausto.

Mientras me lo contaba, me dio la impresión de que estaba desarrollando conexiones emocionales serias con estas cibermujeres perfectas y que estas relaciones tenían una cualidad maniaca, real y sanadora de todos sus males. No podía evitarlo, y tampoco era capaz de identificar las necesidades que satisfacía. Sabía que había cruzado la frontera entre el entretenimiento y la obsesión, su fetiche había adquirido una atracción irresistible, casi alucinante. Era como si se encontrara en medio de un romance eufórico con la mujer de sus sueños. Era incapaz de detenerse. Visitaba a sus novias de fantasía con frecuencia, tal como los demás revisan su correo electrónico o Facebook. Aunque Phillip recibía pagos secundarios por anuncios nacionales en los que había aparecido, trabajaba como maestro de actuación. Su afición por la pornografía lo desviaba de otras metas como obtener un protagónico en una película o un papel en una obra de teatro, rentar un departamento en Manhattan y encontrar una pareja sexual, novia o esposa real.

A veces lo que caracteriza una adicción no son los fracasos o los horrores que trae a tu vida sino las oportunidades que te pierdes por dedicarle tanto tiempo y atención a satisfacerla. Casarte, tener hijos, estrechar las relaciones con tu pareja o hijos, escalar en tu carrera profesional, todos ocupan un lugar secundario para que la adicción se satisfaga. Una compulsión como ésta consume demasiado tiempo y resulta costosa, además, suele ser prioritaria en la vida de un adicto.

Identifiqué un patrón distinto en los romances de Phillip con mujeres reales. Tenía varias relaciones hasta que conocía a alguien y se enamoraba rápido, en un par de semanas. Se mantenía enamorado y monógamo unos dos meses. Consentía a sus novias y en materia emocional era muy generoso, esto atraía a las mujeres. Las seducía y ellas creían estar enamoradas de él. Entonces identificaba un defecto en su pareja: su pelo castaño era demasiado oscuro, su barbilla muy corta, tenía un lunar en la mejilla. De pronto ya no veía más allá de esa imperfección. Ésta contaba una historia que ocupaba su actividad mental: no es la mujer perfecta. Dejaba de interesarse en el ser humano imperfecto y lo abandonaba. Luego, conocía a otra mujer a la que idealizaría. No obstante, ella también lo decepcionaría y el patrón continuaba así para siempre.

En términos de adicciones, ésta tenía un parecido con el tabaquismo. Phillip tenía la posibilidad de ingresar a sitios porno las veinticuatro horas del día del mismo modo que un fumador lleva consigo cigarros en el bolsillo o la bolsa. Estas imágenes lo desconectaban de la realidad por lo menos veinte veces al día, lo estimulaban durante poco tiempo, satisfacían su deseo de tener una pareja y sentirse tranquilo y al final, lo dejaban solo, agotado e insatisfecho. Nada en su vida lo aliviaba de su soledad salvo prender la computadora para recaer en el ciclo vicioso de sentir un amor falso y terminar en una soledad absoluta.

Había estudiado en la Facultad de Teatro de Yale, un hecho que no me sorprendió porque era inteligente y elocuente. Era el segundo de tres hijos en una familia de clase media adinerada, presbiteriana no practicante, de Oregón. Su hermano mayor y su hermana menor, casados y con hijos, vivían en la costa oeste. Se denominaba la oveja negra de la familia. Sus padres se divorciaron cuando tenía quince años. Describió a su madre como amorosa, aunque pasiva. Como el típico hijo de en medio, se había perdido en la familia. Si bien su padre, un empresario, lo mantenía, Phillip le guardaba rencor y lo consideraba egoísta. Desde que sus padres se habían divorciado,

163

su padre también había tenido un sinnúmero de novias, buscaba a la pareja ideal que cumpliera con todos los requisitos de sus fantasías idealistas.

"Me temo que me estoy convirtiendo en mi papá", dijo. "Y odio a mi papá."

En efecto, sus patrones inmaduros con las mujeres reflejaban los de su padre por varias razones. Sus problemas exhibían características típicas de otros pacientes masculinos narcisistas a los que había atendido. Buscaba a alguien que nunca encontraría. Su búsqueda de amantes ideales que satisficieran sus necesidades no tenía nada que ver con la esencia de estas mujeres. Había visto esta dinámica un sinfín de veces y le dije a Phillip que sólo había una estrategia radical que rompería y cambiaría este patrón contraproducente. Cuando se tratara de relaciones sentimentales, su felicidad y necesidades ya no eran importantes. Si se enfocaba en sus propios intereses, cualquier esfuerzo que hiciera con otro ser humano estaría dominado por él mismo. Cualquier oportunidad de encontrar el amor verdadero siempre sería saboteada por su psicología egocéntrica. Lo único importante tendría que ser su capacidad para hacer feliz a la mujer de su vida, algo que no había hecho nunca antes.

Le sugerí esta medida porque según mi experiencia, un hombre narcisista nunca será capaz de encontrar a una mujer que cumpla todos sus requisitos, por lo tanto, una pareja nunca lo hará feliz. Tenía que intentar algo nuevo para dejar de enfocarse en sus deseos insaciables y en cambio, ocuparse de alguien más.

—¿Qué hay de mis necesidades? —preguntó.

—Llevas años intentando satisfacerlas y nunca ha funcionado, así que ya no importas —le dije—. Te cuento un secreto: al final, brindarle amor y satisfacción a alguien y que como resultado de tu generosidad emocional esa persona te ame por completo, te hará feliz. Ahora, no lo repitas porque entonces lo harás por las razones equivocadas. El punto es colocar a la otra persona en el centro de tu atención y hacerte a un lado, preocuparte más por los deseos de alguien más y olvidarte de los propios.

Le sugerí que leyera los textos de Freud acerca del narcisismo, así como *El drama del niño dotado*, de Alice Miller y que asistiera a terapia una vez por semana. Dadas sus finanzas, constituía un esfuerzo para él, de cualquier forma estuvo de acuerdo. Le pregunté cuánto sobreviviría sin ver pornografía, me aseguró que una semana. La realidad es que sólo se contuvo dos días. Sin ella, se aburría, deprimía e inquietaba, como si no supiera qué hacer consigo. Se sentía profundamente solo. Con adicciones externas como el juego y la pornografía, que no se internan en el flujo sanguíneo como el tabaco, la cocaína y el alcohol, los pacientes no manifiestan síntomas de abstinencia. No tiemblan ni sudan como los demás adictos cuando se están desintoxicando. Se enfrentan a la melancolía, el vacío y la depresión: las emociones que se supone sus adicciones les permiten eludir.

En el caso de Phillip, creía que su tristeza provenía de la desilusión de su infancia. Dada mi fascinación con la ansiedad que causa el abandono maternal, equiparaba la búsqueda de la "pareja" perfecta con la búsqueda de la madre ideal que nunca se tuvo. Le expliqué mi teoría —basada en Freud, Melanie Klein, Bion, y otros psicoanalistas a los que admiraba—: los niños y sus madres están unidos en el útero. Después del nacimiento, una madre es una extensión del niño. Si no recibes la atención y el cariño de tu madre antes de los cinco años de edad, la ventana para recibir ese amor temprano se cierra para siempre. Pensar lo contrario sería inútil porque ninguna otra mujer podría competir con la imagen idealizada de una madre que un individuo nunca había tenido en su infancia. Tenía que dejar de buscar a la mujer que adoraría y cuidaría de un Phillip de tres años porque esa mujer no existía más que en sus fantasías.

En el curso del mes siguiente, redujo sus visitas a la página de pornografía. Le resultó difícil. Además de verme, asistía a reuniones de doce pasos para adictos sexuales dos veces a la semana. Pese a que el grupo no estaba dirigido a los adictos a la pornografía, la interacción con otros que tenían problemas similares era beneficiosa. A los cinco meses de vernos, en agosto empezó a salir con una mujer llamada Fiona. Era una profesora universitaria guapa e inteligente. Se enamoró rápido, siguiendo su patrón habitual.

Luego de dos meses, encontró el defecto. Se enteró de que había superado un trastorno bipolar y tenía que tomar medicamentos. Lo inquietaba y lo hablamos en detalle. Se dio cuenta de que exageraba. Se trataba de una mujer bipolar que también era profesora universitaria, por lo que había vencido todos los obstáculos posibles para triunfar en su campo. De cualquier forma, en su mente distorsionada, Doña Perfecta se había convertido en Doña Imperfecta y quería abandonarla.

—Te estás convirtiendo en tu padre —le advertí—. Esto es lo que haría tu padre. Huiría.

—No soy mi papá —sostuvo para convencernos a ambos.

Su prioridad consistía en enriquecer su relación con Fiona. Se concentró en complacerla con detalles: le permitía elegir la película o la obra que verían, el restaurante al que irían o accedía a salir con los amigos de Fiona en vez de con los suyos. Cada semana hablábamos de sus sentimientos confusos, le expliqué por qué "los sentimientos engañan" y cómo éstos nos orillan a recaer en hábitos perniciosos. Tenía que dejar de confiar en sus sentimientos y empezar a vivir a partir de un conjunto de reglas y principios racionales que no se relacionaban con cómo se sentía.

Después de dos años, su relación más larga, llevó a Fiona a una sesión. Era humilde, modesta y tranquila, una persona estable que me dio una buena impresión. Aunque dejó de visitar la página pornográfica, seguía teniendo un apetito potente. Si bien nunca recayó en su hábito, terminó su relación con Fiona, convencido de que encontraría a la mujer perfecta. Tengo entendido que sigue buscándola.

***

De cierta forma, considero que tengo características de un narcisista en recuperación. Soy consciente de que no es posible recuperarse del todo por lo que hay que mantenerse alerta para no perder de vista las necesidades y deseos de nuestros seres queridos. He conseguido atenuar mis tendencias narcisistas al dedicarme a una profesión por medio de la cual ayudo a la gente. También he tomado la decisión de reducir mis tarifas en el instituto, me ofrecí como voluntario para asistir en la recuperación de las víctimas del 9/11 que estuvieron en la Zona Cero, trabajo con una fundación para niños con cáncer y con una organización de beneficencia que trabaja con personas que han sufrido distintos traumas y que no pueden pagar un tratamiento médico ni psiquiátrico.

Cuando Susan, una adicta al trabajo que no tiene hijos, superó sus adicciones al reenfocarse en su pasión por su carrera, le preocupaba que empleaba demasiado tiempo y energía persiguiendo ganancias. Si bien el juego de la fama era divertido, también exacerba sus tendencias egoístas y miopes.

En ese entonces, ella impartía una clase de periodismo a la semana, con lo cual sentía que daba algo a cambio. Trabajamos en una estrategia para que redujera su trabajo como *freelance* e incrementara su carga de clases a tres noches a la semana. También comenzó a dar clases en un programa de voluntariado en un comedor de beneficencia local. Es interesante que percibiera que el karma positivo que acumulaba ayudando a la gente, se revertía y la ayudaba a vender más libros, incluyendo uno sobre ese comedor.

La rehabilitación te obliga a ser egoísta y a velar por tus intereses, lo cual es sano. Sin embargo, si temes que tu narcisismo esté afectando tus relaciones o tu carrera y no quieres llevar una vida egocéntrica, a continuación encontrarás algunas estrategias que te garantizarán un mejor equilibrio.

1. **Salda tu deuda:** cuando recibas un pago o un obsequio monetario que no necesites para cubrir tus gastos, dona por lo menos una parte —así sea 5 por ciento— a una causa noble. Cada que Susan gana más de 1,000 dólares, prepara un cheque para la beneficencia y luego se compra un regalo por la misma cantidad. El resto lo mete al banco y lo destina a pagar sus cuentas.

2. **Juega en equipo:** cuando Susan organiza una lectura o un panel, invita a otros escritores y compra los libros de todos los asistentes, algunas veces se va hasta con siete u ocho libros firmados. Como quiere que asista mucha gente a sus lecturas y eventos, como regla, va a los eventos literarios de los que la invitan, por lo menos una vez a la semana y compra el libro del autor que lo presenta (aun si se trata de un rival que no compró el de ella).

3. **Comparte tu tiempo:** ya sea como mentor, hermano o hermana mayor, entregando comida a domicilio a los ancianos o sirviendo comida en algún comedor de beneficencia. Aun dos horas a la semana pueden ser de gran ayuda, es un esfuerzo que sólo requiere tiempo y generosidad. Elige una organización de beneficencia que sea significativa para ti. Si algún ser querido padeció cáncer de mama, entonces involúcrate en algo relacionado con esto, por ejemplo, una caminata o carrera cuyos fondos se destinen a la investigación y lucha contra el cáncer de mama. Si te gustan los animales, ofrécete como voluntario en un albergue.

4. **Reconsidera tu carrera:** considera empleos sin fines de lucro con los que desarrolles más compasión por los demás. Una de mis pacientes renunció a un trabajo estresante en la industria de la tecnología para trabajar en una agencia de asistencia para mujeres con la que ha viajado por todo el mundo, así ella encontró su camino.

5. **Trabajo de medio tiempo:** dar clases por la tarde, ser *coach* de medio tiempo, recaudar fondos o dar tutorías significarán menores ingresos aunque mayor satisfacción.

6. **Bríndale cariño a amigos o parientes que lo necesiten:** comprométe a hacer una llamada a la semana a un pariente mayor que esté solo. Ofrécele a una madre trabajadora que nunca tiene tiempo para ella cuidar a sus hijos o que éstos jueguen con los tuyos.

7. **Haz preguntas:** en vez de lanzar una serie de anécdotas sobre tu vida, relación o carrera, esfuérzate por preguntarle a la gente por su vida. Ya sea una cita romántica, una reunión de negocios, una reunión social o una comida con algún pariente o amigo, reprime tu necesidad de compartir tu monólogo habitual hasta que la otra persona haya hablado o dado su opinión.

8. **Tiempo presente:** si alguien te ha apoyado o ha sido amable contigo, retribúyele su generosidad con un obsequio pequeño, una tarjeta de agradecimiento o invítale una comida. Susan me contó que una vez invitó a almorzar a una editora que le había dado un trabajo bien remunerado. Cuando llegó la cuenta y Susan insistió en pagar, la editora le dijo: "En veinte años como editora nadie me había invitado a almorzar". Sin importar que en ese entonces 100 dólares excedían su presupuesto, le pareció justo. Esta editora terminó por ofrecerle una columna mensual sobre libros, con lo cual sumó 12,000 dólares más a sus ingresos el año entrante. Las obras desinteresadas y la generosidad siempre retribuyen, ése es el significado del buen karma.

9. **Incrementa tu lista de invitados:** si estás organizando una fiesta, cena, evento o tienes una habitación adicional en tu casa que quieras compartir, no sólo incluyas a aquellos personajes populares que te hacen ver bien y a los que siempre invitan a todos lados. Asegúrate de invitar a tus amigos o conocidos solteros, mayores, viudos, divorciados o solitarios que quizá no tengan a dónde ir y apreciarían que los tuvieras en cuenta.

10. **Empieza con un cumplido:** en vez de empezar una conversación contando cómo estás, identifica lo que te gusta de la persona con la que estás y comienza con eso, aun si es insignificante. Cuando tu pareja o pariente llegue a casa por la noche, dile: "Qué bonita chamarra" o "Me gusta tu corte de pelo" o "Qué sonrisa". Procura hacerlo en reuniones de trabajo, fiestas y reuniones familiares.

11. **Deja que alguien más elija:** aunque tengas antojo de comida china, cede si tu amigo quiere italiana. Cuando prefieras ver *Mad Men*, deja que tu hijo vea *Barney*. Sí, preferirías ver una película de acción,

pero si tu pareja quiere ver un melodrama, sé generoso y accede. A veces anteponer las necesidades de alguien más a las tuyas es un ejercicio útil, la cantidad de amor que generarás te beneficiará en mayor medida.

12. **Presta tu atención completa:** cuando llegues a casa con tus padres, pareja, hijos, compañeros de departamento o amigos, apaga la televisión, computadora, iPhone, iPad, iPod y cualquier otro aparato electrónico para estar presente. Recuerdo que una vez, cuando mi hija tenía siete años, puso su mano sobre mi Blackberry y me dijo: "Shhh. Quiero que estés conmigo y me veas jugar". Lo apagué y la vi jugar, me di cuenta de que el hecho de estar con otra persona en su espacio y hacer a un lado mis intereses posibilitaba la cercanía con ella; nunca antes lo había experimentado.

CAPÍTULO 16

Elige sustitutos saludables: cómo sobrevivir a la bulimia y al alcoholismo

"Me gustaría programar una cita", Lilly dejó este mensaje en mi contestadora en noviembre de 1999. Sólo dejó su nombre y teléfono. Su mensaje era críptico y mínimo, como si dispensara palabras a cuenta gotas. Parecía ser alguien que quería expresar y admitir lo menos posible. Guardaba todo bien envuelto. Cuando la llamé, me contó que su madre había oído hablar de mi reputación y mencionó que tenía desórdenes alimenticios que prefería no discutir por teléfono. La envié con Harriet, una psicóloga de mi instituto que se especializaba en desórdenes alimenticios.

—¿Por qué no contigo? —quería saber.

—Harriet puede trabajar contigo y cobrarte una tarifa más accesible —le dije.

—¿No tratas a pacientes con desórdenes alimenticios? —preguntó.

Sí tenía pacientes que comían en exceso, hacían dietas, padecían anorexia, bulimia, atracones y ejercitaban en exceso. En apariencia, aquellos con desórdenes alimenticios eran distintos a los drogadictos o alcohólicos, sin embargo, he descubierto que encajan en el patrón general de una adicción. De hecho, como la comida es tan barata y fácil de obtener, brinda muchas alternativas y es necesaria para vivir, es una de las adicciones más recurrentes. Conocía a pocas personas a las que no les molestaba su peso y su ingesta diaria. Por lo tanto, los desórdenes alimenticios eran los más difíciles de tratar. Los alcohólicos en recuperación dejaban de tomar, los cocainómanos renunciaban a la cocaína para siempre y los fumadores dejaban de fumar. Era más fácil renunciar a algo al 100 por ciento que hacerlo de forma moderada. No obstante, ningún paciente podía dejar de comer.

—¿Por qué pagar tus honorarios sería problemático? —Lilly preguntó en un tono de voz retador y arrogante.

Por error, había asumido que como sonaba joven y vacilante al teléfono, era mujer y tenía desórdenes alimenticios, sería una estudiante universitaria con restricciones financieras. En ese entonces cobraba 200 dólares por sesión a los pacientes nuevos, mientras que le permitía a los psicólogos con menos experiencia, entrenados en el Village Institute, que cobraran entre 50 y 175 dólares, dependiendo de la situación económica del paciente. Le di mi tarifa.

—Estoy de acuerdo —respondió—. Sólo te veré a ti, a nadie más.

Su voz sonaba exigente, mandona y rígida, como si me quisiera decir: "Vamos a hacer las cosas a mi modo". Ése sería el muro que tendría que derribar. Antes de conocerla o entender su problema, presentaba una paradoja. En el fondo, me decía: "Sólo te veré a ti, a nadie más", pero al mismo tiempo no me iba a dejar acercarme salvo bajo sus propias reglas.

Estaba convencido de que es imposible ayudarle a un adicto que insiste en mantener el control completo de la situación. Un paso esencial para cualquier paciente es ceder el control y permitir que otra persona se convierta en una influencia significativa. (Esta idea ilustra el concepto de AA del "poder superior" y las reglas estrictas de la mayoría de los centros de rehabilitación.) He llegado a la conclusión de que los adictos, como grupo, han tenido experiencias tan lamentables con sus padres y seres queridos que remplazan a las personas por sustancias, con lo cual renuncian a la dependencia humana. Es posible ser adicto a una sustancia y, a la vez, creer que tienes el control absoluto. Debes abandonar esta ilusión para superar la adicción. Se tiene que hacer consciente la necesidad de otras personas.

Lilly dijo que tenía un horario flexible, se presentó en mi oficina dos días después. Tenía diecinueve años, cabello castaño y largo, era alta, medía cerca de 1.75 metros. Estaba muy delgada, pesaba unos 50 kilos o menos. Parecían faltarle por lo menos 11 kilos. Al principio me dio la impresión de que tenía una apariencia esquelética y rígida, como de superviviente del Holocausto, no obstante, desde otro ángulo se veía muy bella. Vestía unos jeans y una playera de manga larga sin fajar, casual pero pulcra. Me pareció serena y fuerte para ser tan delgada; no daba ningún indicio de debilidad o fragilidad.

Por casualidad miré de reojo al piso y me di cuenta de que llevaba sandalias sin calcetines, a pesar de que era noviembre y estábamos a 2 grados. No ir vestida acorde a la temporada sugería que no sentía el impacto del clima en su cuerpo. Supuse que no sentía frío, calor ni dolor como los demás. Vivía tan ensimismada que ignoraba el clima y el efecto de estímulos externos.

Lilly provenía de una familia adinerada, presbiteriana no practicante, de banqueros de alta sociedad que vivía en el Upper East Side de Manhattan; el mismo entorno en el que yo había crecido. No trabajaba y vivía sola en un departamento lujoso que su familia pagaba sin cuestionarla ni supervisarla. Tampoco era estudiante de tiempo completo, lo cual explicaba su horario flexible. Estaba cursando una clase de filosofía pero le interesaba más practicar descenso de río y paravelismo. Era una de tres hijos; tenía una hermana y un hermano. Me contó que su hermano, cinco años mayor, había abusado de ella varias veces en su infancia. Reveló que el trastorno que había referido por teléfono era bulimia, también conocido como hiperfagia. Desde los catorce años, se inducía el vómito hasta diez veces al día. Era tan hábil que ya no tenía que meterse el dedo a la garganta. Era capaz de contraer los músculos del estómago siguiendo cierto patrón y regurgitar a su antojo.

Había una relación evidente entre el abuso de su hermano y su bulimia. Al negarse a digerir la comida y mantenerse delgada, su cuerpo se asimilaba al de una niña. Sus senos y caderas eran pequeños. Supuse que quería reprimir los rasgos más obvios de la sexualidad femenina. Pese a que reveló a sus padres la traición de su hermano, éstos se negaron a escuchar que esas cosas ocurrían en su familia. No le creyeron ni hicieron nada al respecto. La reacción de Lilly fue callarse, ensimismarse y vomitar. A los catorce se fue a estudiar a un internado y evitó volver a casa a partir de entonces. Estaba convencida de que nada bueno resultaba de sus relaciones con los hombres. Adoptó una estrategia de aislamiento y antidependiente para protegerse ("No necesito nada de nadie").

En nuestra primera sesión me advirtió: "Ya he estado en terapia antes y es fácil adivinar las intenciones de todos los psicólogos. Si tu mejor estrategia es intentar curar mi bulimia, no va a funcionar porque los psicólogos son estúpidos. No pretendo gastar mucho dinero ni tiempo como lo he hecho en el pasado para que al final te sientas satisfecho contigo mismo".

Fue una declaración de gran alcance. Me sentí en medio de un juego de ajedrez con un oponente digno. Ésta sería una lucha de poder y sospechaba que Lilly necesitaba que yo ganara. Si no demostraba ser fuerte, terminaría siendo uno de tantos loqueros que le habían fallado. No le sería útil y no obtendría la ayuda que pedía a gritos.

—No tienes derecho a hablarme en ese tono de voz arrogante ni a decirme lo estúpidos que son lo psicólogos —le dije, sin importar que estuviera en lo correcto. En esa misma sesión, cuando empleó una palabra de forma incorrecta, se lo señalé de inmediato:

—Nadie te respetará si no te expresas con corrección. Deberías considerar volver a la escuela y a terapia. Respondí a su sarcasmo, arrogancia y condescendencia del mismo modo. Si a nivel verbal me iba a cortar con una navaja tan afilada, haría lo mismo para jugar al mismo nivel, no le permitiría llevar la ventaja.

—De acuerdo —asintió con la cabeza—. Es claro que eres distinto de los psicólogos que he conocido. Sonrió, se le notaba aliviada de que no me haya dejado intimidar.

Al principio, traté a Lilly como un padre severo, como era mi costumbre, sabía de primera mano que quienes no crecen con figuras autoritarias efectivas ansían esa orientación paternal. Me tomó desprevenido cuando en nuestra siguiente sesión, de la nada me dijo:

—¿Me quieres hablar de tu madre ausente?

"¿Y esto de dónde proviene?" Me pregunté.

—Por lo visto sabes lo que significa —le dije, devolviéndole la pelota.

—¿Quieres decir que no quieres hablar de la violencia? —preguntó, contenciosa y hostil, pero lo suficientemente perceptiva como para ponerme nervioso.

—No quiero hablar de mi madre aún —respondí, procurando establecer nuestras prioridades y límites—. Además es irrespetuoso utilizar tu visión de rayos x cuando hay cosas que no estoy listo para compartir contigo. Necesitas mejorar tus modales.

—¿Por qué?

—Si no eres respetuosa en una conversación con alguien mayor que tiene toda la intención de estar de tu lado, entonces vas a perder al mejor aliado que hayas tenido. Sería una estupidez de tu parte.

—Entre tú y tu madre sólo existía la oportunidad de que uno de los dos sobreviviera. Por eso aprendiste a luchar y a ser fuerte —me dijo—. Ahora, en tu fuero interno sabes que tu problema más grande es permitirle a alguien que te cuide.

—Entonces ya somos dos —le respondí.

Su mente y su primitiva capacidad intuitiva eran tan agudas que casi me incomodaron. A veces pensaba que su objetivo en terapia era analizarme. Después deduje que se tuvo que haber dado cuenta de que la única forma en la que comprendería su dolor era si yo había sobrevivido al mismo tipo de negligencia familiar y abuso degradante. Como le temía a la cercanía, concluí que era una señal alentadora que se sintiera segura como para demostrarme que sabía, aunque fuera de forma indirecta.

De todos los pacientes a los que he atendido, era raro que me identificara tanto con una paciente femenina de diecinueve años bulímica. Desde el principio de su tratamiento, me vi reflejado, como adolescente, en ella. Tal vez nos entendíamos porque teníamos mucho en común. Ambos habíamos crecido en el mismo barrio rico del Upper East Side, perdidos y abandonados. Los dos nos pusimos en contra de la comida, cada uno a su manera.

De adolescente yo también era muy delgado porque me negaba a comer. Mi madre era una cocinera gourmet que preparaba comida condimentada y de sabor fuerte. Yo quería comida casera. Durante mi infancia, la comida fue una fuente de angustia. Nunca vomité, en cambio, en mi adolescencia el cigarro que me fumaba después de cenar era la mejor parte de cualquier comida. A veces jugaba con mi comida mientras, ansioso, pensaba en fumar después. La comida no me procuraba ninguna satisfacción. El cigarro, en cambio, siempre me satisfacía y tranquilizaba. Ahuyentaba la sensación desagradable de la comida de mi madre y con el tiempo, de todas las comidas. Esto me recordaba la bulimia de Lilly. Alguna vez la describió como un proceso adormecedor, de la misma forma que un alcohólico se siente sedado después de un par de martinis. Mi tabaquismo y su bulimia servían para cambiar un estado interno y mantener el equilibrio emocional, de manera que ambos se definían como una adicción.

En los siguientes meses, ahondamos en su enfermedad. Se había convertido en un problema constante desde hacía cinco años, era tan extremo que la habían internado en hospitales varias veces. Cada vez, escapaba. Sus padres, hermanos, doctores y profesores de preparatoria sabían de su trastorno. Había estado en tratamiento con antidepresivos y otros medicamentos, ninguno de los cuales había resultado efectivo.

Le pregunté sobre su pasado. Ninguno de sus hermanos tenía trastornos alimenticios ni adicciones. Su hermana era lesbiana y su hermano, el que había abusado de ella, recién se había comprometido. Ella era la única que vivía en Manhattan. También era la única a la que su hermano había acosado. La animé a que hablara con él al respecto. "¿Por qué no le escribes una carta y le preguntas si recuerda lo que pasó?", le sugerí, para que no fuera la única que tuviera que vivir con ese recuerdo. Se negó. Sus padres sabían que algo había sucedido pero no querían saber más, se negaban a hablarlo con ella. Se habían mudado a Colorado y la única ocasión en la que la familia se reunía era en navidad. Después de escuchar su relato, le recomendé que evitara a su familia en la medida de lo posible porque con ellos se sentía insegura y desprotegida.

Al poco tiempo, Lilly mencionó que estaba bebiendo mucho vino, lo cual la llevaba a tener experiencias desafortunadas con los hombres. No se comportaba como una alcohólica o una adicta al sexo, más bien como una niña perdida vulnerable a cualquier tipo que le prestara atención. En una ocasión conoció en la calle a un fotógrafo maduro que le prometió hacerla famosa. Se dejó llevar por la fantasía de que este hombre tenía el poder de convertirla en una modelo famosa. Planeó viajar con él a California un día después de haberlo conocido. Por fortuna intervine, le sugerí que llamaría a sus padres si salía del estado con él. Después de ese incidente, decidió verme dos veces a la semana; su familia pagaba las sesiones. Era claro que su capacidad para tomar decisiones era deficiente, por suerte, comenzaba a confiar en mí. El problema más grande en su tratamiento consistía en que era su único pilar. Fuera de la terapia no tenía ninguna estructura en su vida ni orientación de sus padres. Una vez más, me tocaba asumir ese papel.

"Me preocupa que salgas perjudicada de una situación peligrosa y que el alcohol te haga cometer una imprudencia", le dije.

Luego de meses de discutir su alcoholismo, logró dejarlo. No estaba seguro de qué era más difícil: que dejara de tomar como forma de escape y apoyo o convencerla de que cooperara conmigo, o con cualquiera, para tomar decisiones importantes en su vida.

Lilly se inscribió a un par de clases más y consiguió un trabajo de medio tiempo en una librería, de este modo remplazó sus obsesiones peligrosas por algo sano, significativo y estable. Por fin dejó de vomitar, subió algunos kilos y le planteé la posibilidad de que asistiera a la universidad tiempo completo.

Parte de su terapia consistía en que me relatara cómo ocupaba las horas de su día. Quería saber lo que hacía todos los días, desde que se despertaba hasta que se dormía. Demasiada libertad supone una serie de opciones que un adicto no puede controlar. Le pedí que escribiera su agenda diaria y que la imprimiera para mostrármela. Quería que fuera responsable, que

176

me reportara, explicara y justificara sus actividades. Le pedí que me dejara un mensaje en la contestadora tres veces al día en el que me contara cómo le iba con la comida y si vomitaba o no. A veces aliento a los adictos a programar una agenda que detalle sus actividades y ubicación hora por hora. Después los conmino a cumplir el plan que han diseñado, el cual incluye actividades escolares, laborales, una cantidad razonable de ejercicio, ver a familia y amigos o reuniones de doce pasos. Todo esto es útil para disminuir el abuso de sustancias.

Tras discutir y renegar, estuvo de acuerdo. Cumplió con su agenda y conmigo. No le gustaba ceder porque odiaba depender de alguien más.

Cuando llegó la fecha de la boda de su hermano, sus padres la obligaron a asistir. Decidió presentarse, pues temía que de no hacerlo, le retirarían el apoyo económico. Como había tomado la decisión de ir, no me opuse. En cambio le ayudé a prepararse. Primero, llegamos a la conclusión de que conseguiría distanciarse de ellos si se quedaba sola en un hotel. Prometió no tomar, drogarse, tener sexo ni vomitar. En la fiesta, se esforzaría por relacionarse con desconocidos y convivir el menor tiempo posible con sus parientes. Le pedí que me llamara en caso de alguna emergencia o que dejara los mensajes que quisiera en mi contestadora. No lo hizo. Me contó que la experiencia fue indolora y "rara", por suerte terminó pronto y no fue insoportable.

Poco tiempo después, cuando su padre viajó a Nueva York, me llamó para programar una cita. Era músico y alcohólico. No parecía malo, sólo débil. Estaba molesto con él, me sentía frustrado, tenía ganas de decirle que se esmerara más en cuidar a su hija. Pero era imposible enmendar el pasado y no quería ahuyentarlo para no afectar a Lilly. Entonces, con toda calma le señalé lo importante que era que continuara pagando la renta, gastos médicos, carrera universitaria y terapia de su hija.

Después me llamó su madre y la recibí en mi oficina. Era maestra (a pesar de que vivían de la fortuna familiar, no eran ostentosos). Era atractiva, delgada y había tenido un trastorno alimenticio alguna vez. Parecía sentirse culpable e indefensa. Tuvimos diez sesiones en total. Si bien Lilly y su padre estaban distanciados, la relación con su madre era más complicada, antagónica. Su relación no era de amor-odio sino de necesidad-odio. Así que por desgracia tampoco sería un pilar. Aunque tenía ganas de hablar de forma directa sobre el abuso que había sufrido Lilly, no quería empeorar una situación de por sí disfuncional y tensa, y dejar a Lilly en peor posición. Le sugerí a su madre con sutileza que se reuniera con su hija para hablar cara a cara sobre las cosas negativas a las que se había enfrentado en el pasado, que escuchara lo que tenía que decirle sin responder ni adoptar una actitud defensiva. Le pedí que me llamara si tenía preguntas o necesitaba discutir, negarlo o defenderse.

Esperaba que la confianza que Lilly depositara en mí sirviera como base para que encontrara otros pilares. Pese a que se negaba a asistir a grupos de rehabilitación, mandó su solicitud a un programa de licenciatura con duración de cuatro años.

Recayó varias veces en la bulimia pero por suerte, se mantuvo constante en la terapia y continuó en su trabajo de medio tiempo. A los 24, la aceptaron en una universidad prestigiosa. Se dedicó a la licenciatura tiempo completo y ésta pronto se convirtió en su nueva vida, ocupación y familia adoptiva sanas. Se licenció en filosofía, igual que yo, por lo que tuvimos conversaciones interesantes. Le encantaba identificar cuando mis frases eran ilógicas.

En dónde buscar sustitutos sanos

Soy consciente de que repito las mismas recomendaciones pero éstos son los ámbitos que presentan las mejores alternativas para las personas que buscan la sobriedad sin reincidencias y volver a inspirarse.

1. Programas académicos.
2. Trabajo que disfrutes.
3. Beneficencia o voluntariado.
4. Organizaciones sociales.
5. Juntas de rehabilitación.
6. Terapia individual.
7. Ejercicio moderado (solo, con entrenadores, o en equipos).
8. Misas o actividades religiosas semanales.
9. Actividades artísticas (ir al teatro, cine, recitales de danza, lecturas o involucrarte en la organización de estas actividades).
10. Convivir con amigos, sobre todo con los que se solidaricen con tus problemas.

CAPÍTULO 17

Las realidades de recaer:
el crack y el crimen

"Mi hijo de 18 años, Lance, está en problemas. Está metido en las drogas. Necesita tu intervención", fue el mensaje que recibí el verano de 1989, en voz de la señora T., la madre de Lance, que quería que viera a su hijo adolescente y rebelde. Le pedí que fuera él quien me llamara. Si los padres de un paciente lo obligan a ir a terapia, éste me asocia con el enemigo. Quería convertirme en su aliado, incluso si eso suponía distanciarme del padre que me había buscado. Al día siguiente, me llamó: "Hola, doc, mi mamá me pidió que te hablara para sacar una cita. ¿Cuándo te veo?". Su lenguaje era informal, su tono de voz decía: "No me importa lo que pienses de mí".

—Tu mamá quiere venir contigo la primera vez. ¿Por qué no averiguas qué le preocupa? —le dije. No quería reunirme sólo con su madre, ya que le inquietaría lo que ésta revelara. Tampoco era mi intención ignorar a la persona que pagaría su tratamiento y con ello me permitía ayudarle.

—De acuerdo. Lo que quieras hermano —me respondió—. Me da igual.

Supuse que Lance tomaba, fumaba mariguana, inhalaba cocaína o se metía ácido, como otros pacientes jóvenes que trataba en aquel entonces en mi consultorio en Long Island. Me sorprendió descubrir que era más serio: lo habían arrestado dos veces por posesión de cocaína y mariguana. Aún peor, reaccionó de forma violenta y atacó al policía que lo arrestó.

La señora T. estaba en sus cuarenta, era atractiva, iba bien vestida en un traje sastre, arreglada y pulcra. Venía de una familia de clase alta con riqueza heredada, de origen escandinavo, pertenecían a la iglesia episcopal. Lance medía 1.73 metros, tenía pelo rubio que le llegaba al hombro. Vestía unos pantalones caqui sucios, una playera y zapatos deportivos. En el fondo era atractivo aunque no se esforzara por serlo. En algún punto de su vida debió haber tenido un cuerpo atlético, en ese momento su expresión era cansada, como si hubiera vivido demasiado. Parecía un adolescente de mediana edad.

"Deja que tu madre hable primero", le pedí. "Si quieres interrumpirla, muérdete la lengua. Cuando se vaya, tendrás oportunidad de hablar."

Es normal que los adolescentes no quieran hablar con los psicólogos. Me preocuparía un paciente que quisiera explayarse de inmediato, me indicaría que está desesperado, se enfrenta a abusos graves en casa y que no tiene a nadie en su vida. Sin embargo, cuando callaba a estos pacientes, se rebelaban y querían hablar. Lance intentó interrumpir varias veces pero no lo dejaba, le recordaba que tendría su oportunidad de hablar. Sabía que lo estaba desesperando y que cuando su madre se fuera, querría contarme su versión de los hechos.

La señora T. dijo que su hijo era un estudiante de diez, sus maestros lo habían calificado de brillante, aunque disperso. Se había vuelto un inadaptado social enfurecido que faltaba a la escuela y llegaba a casa a altas horas de la madrugada. "Ya no podemos controlarlo", se lamentó. Su esposo, un empresario exitoso, no entendía la música alternativa ni la política anarquista de su hijo y se había distanciado de él.

Cuando los padres de un joven adicto se sienten impotentes, les sugiero que se involucren más, no menos. Que llamen a los profesores y directores de la escuela de su hijo todos los días para asegurarse de que éste haya ido a clases. Que no les den mesadas que puedan usar para comprar drogas. En vez de darles las llaves del carro, que los lleven a la escuela. Carajo, si tu hijo se está drogando en casa, quítale la puerta a su habitación. Si te grita que merece privacidad, dile que le regresarás su puerta hasta que acate las leyes del país y de tu casa. Cuando me enteré de que mi hijo estaba experimentando con el alcohol y las drogas en la universidad, fui a la escuela ese mismo día. No me importaba que para algunos, que un chico de su edad experimentara, fuera normal. Corté el problema desde el principio antes de que se volviera serio. Sé que las estrategias severas no siempre funcionan o tienen resultados rápidos, sin embargo, quizá hubieran sido efectivas cuando Lance empezó a drogarse a los trece años.

La señora T. me contó que habían pagado dos fianzas para evitar que fuera a la cárcel y quedara libre de cargos, con la intervención de un abogado costoso y contactos en la oficina del fiscal de distrito.

—¿Por qué lo hicieron? —le pregunté.

—No íbamos a permitir que fuera a la cárcel, ¿verdad?— me preguntó.

—¿Por qué no?

Si bien es cierto que expresaba su preocupación, parecía inútil y en negación. A veces sospechaba que a los familiares de los adictos les inquietaba más su estatus social, la vergüenza y lo que pensaran los vecinos, que proteger a su hijo trastornado.

—En la cárcel lo lastimarían o matarían —respondió.

—Sé que quieren ser buenos padres pero no estoy de acuerdo con la forma en que tratan a su hijo —le dije.

Le expliqué que al pagarles a los abogados y al psicólogo demostraban su preocupación pero que el dinero nunca era suficiente para resolver los problemas de un adicto. Los padres creen que con estas medidas esquivan una bala cuando en realidad posponen las explosiones inevitables que se avecinan o le hacen mucho más daño a su hijo que si lo dejaran pasar un tiempo en la cárcel.

Cuando dije: "Creo que se sale con la suya", Lance resopló por la nariz y miró hacia arriba. Este vago no sólo era desordenado, iracundo y burlón, además no acataba ninguna ley, ni siquiera pretendía respetarme, a su madre o a los policías que lo habían arrestado. Este paciente estaba resultando mucho más desafiante de lo que había creído.

Cuando le pedí a su madre que nos dejara solos, estaba listo para hablar.

—Dime la verdad —le pedí—. Nunca creo lo que los padres me cuentan porque rara vez saben qué pasa por la mente de sus hijos.

—¿Por dónde quieres que empiece, hermano? —me preguntó.

—Por lo peor.

—¿De verdad quieres que empiece por lo peor? —ahora se le notaba tenso, ansioso y paranoico.

—Los secretos son un martirio —le respondí—. Es un alivio confesarlos.

—Dos traficantes de crack me están buscando porque les compré material para vender. Me asaltaron cuando estaba drogado —relató—. Y no me creen, me van a encontrar, hermano. Estoy muerto.

A ese punto de mi carrera, nunca había conocido a un chico de clase media de los suburbios con esos problemas. ¿Era en efecto un *traficante* de crack que temía por su vida? No sabía si estaba mintiendo o exagerando.

—¿Estos tipos quieren matarte? —le pregunté.

—Es en serio. Si me encuentran, a lo mejor no me matan pero me estarás visitando en el hospital, hermano. Eso es seguro.

Estoy convencido de que las sensaciones que mis pacientes me provocan reflejan la verdad. Sabía que Lance no estaba mintiendo porque temí por él. Cuando me dijo que las amenazas de muerte se debían a una deuda de 500 dólares y que, de hecho, tenía el dinero, le recomendé que fuera práctico, les pagara a los traficantes y se olvidara del problema.

Cuando le pregunté sobre su historial con las drogas, me contó que no sólo había estado consumiendo mariguana y cocaína desde los trece años sino que además vendía. Más aún, vendía crack, el cual inhalaba desde los dieciséis. Enfrentarme a un adolescente que inhalaba crack tres veces a la semana me impactó.

Según el Instituto Nacional sobre el Abuso de las Drogas, los efectos del crack incluyen daño intestinal, daño neurológico, ataques, obstrucción de los vasos sanguíneos, insomnio, ataques cardiacos, paranoia, psicosis, alucinaciones y conducta violenta tan extrema como para ocasionar el suicidio o asesinato. Un antiguo paciente me contó que hervir cocaína y fumarla, como hacía Lance, provocaba un efecto adictivo peligroso e incomparable que duraba cinco o seis horas. Le brindaba una euforia tan potente que después inhalaba heroína para atenuar el efecto y tranquilizarse. El efecto de esta droga era tan bueno que cualquier otra sensación era aburrida e insulsa.

Recordé a un restaurantero prominente que me confesó que había probado todas las drogas posibles: mariguana, LSD, cocaína, hongos, *cristal*, heroína y pastillas. "La única que nunca volvería a probar es el crack porque si lo hago, nunca me detendría. Es así de bueno. Es como estar sentado en la mano derecha de Dios." No era fácil dejarlo.

Lance ya estaba muy enganchado. Se había graduado de la preparatoria sin ninguna motivación o planes para la universidad. Nunca mencionaba el sexo, una señal negativa para alguien de su edad. No tenía amigos y no era cercano a ningún miembro de su familia. Tal parecía que las drogas eran su único interés. Obtenía todo lo que necesitaba de ellas: escapar del dolor y una intoxicación que parecía romántica. Sobrio se deprimía y se sentía solo, era un solitario y un bicho raro con un cerebro brillante que desperdiciaba. Sus días consistían en consumir y vender drogas en las secciones marginales de Long Island, infestadas de drogas, cerca de las estaciones de tren. Me contó que cuando se drogaba, se dejaba llevar por ataques de ira en los que gritaba: "¡El mundo es una mierda!".

En nuestra segunda sesión, me confirmó que le había pagado a los traficantes y ya no temía que lo mataran. ¿Por qué no pensó en esta solución por su cuenta? Sospechaba que a los dieciocho, su drogadicción había alterado su química cerebral. De ninguna forma creí que era un caso perdido. Me gustaba mucho un libro de neurología, *El cerebro se cambia a sí mismo*, del psiquiatra Norman Doidge, el cual argumentaba que el cerebro puede renovarse a sí mismo, aun tras experimentar un trauma catastrófico.

Lance no faltaba a terapia, lo cual me dio esperanzas. Compartió conmigo su interés por la filosofía, era entusiasta de la obra del antropólogo Robert Murphy, *The Dialectics of Social Life*, coincidía con su argumento según el cual somos demasiado subjetivos para entender nada y por lo tanto todo conocimiento es mito. Le apasionaban los novelistas marginales John Fowles y William Gass. Su libro favorito era el poco conocido *Nog*, de Rudolph Wurlitzer. Teníamos conversaciones sofisticadas, me interesaba apelar a su intelecto.

Para descifrar el origen de sus adicciones, le pregunté sobre su pasado. Era el mayor de tres hermanos, se llevaban un par de años, cuando nacieron, su madre era joven e ingenua, su padre, un hombre poco afectivo. Ninguno de los dos era adicto ni depresivo. Lance no encajaba en su familia, escuela ni vecindario por su actitud intelectual y poco convencional. ¿Siempre se había sentido perdido? Recordé la escena de un *western* sobre un vaquero frío, despiadado y malvado. "¿Por qué está tan resentido?", se preguntaban unos rancheros: "Por haber nacido".

Como con otros pacientes, concluí que sus padres lo habían alimentado, le habían proporcionado un techo y amor, por superficial que éste haya sido, pero no lo habían escuchado, aceptado ni entendido de verdad. Nunca había estado en paz. Fumaba, tomaba y se drogaba desde los trece años para automedicarse, sólo estas salidas le ofrecían calma. Criticaba la vacuidad y el materialismo de la vida en los suburbios y todo lo que representaban, sólo era feliz bajo los efectos del crack. Le expliqué que no tenía que ser feliz para llevar una existencia significativa, se trataba de un principio en el que basaba *mi* propia existencia.

—Si no es posible ser feliz, ¿entonces qué sentido tiene la vida, hermano? —preguntó. Como buen adicto, sólo consideraba la euforia o la miseria.

—Te olvidas de los aspectos significativos de la vida —le respondí.

Para las personas que han sufrido traumas severos y adicciones familiares como yo, la felicidad, como suele definirse, no es posible. Es inútil aspirar a un bienestar convencional. La felicidad estable sólo se consigue al consumir una sustancia. Así que tienes que olvidarte de ser dichoso, estructurar tu vida en torno a reglas racionales y aprender a sufrir y vivir de forma significativa.

Lance creía que el crack lo ponía en contacto con una experiencia hermosa y trascendental que le brindaba una felicidad ilusoria. Era como si contara con un portal a través del cual se pusiera en manos de Dios, y yo le pedía que no utilizara ese portal. Creía que lo privaba de la única alegría que tenía. Éste era mi dilema con Lance.

Le expliqué que, en contra de toda lógica, cuando renuncias a re-crear una dicha ilusoria a través de la búsqueda de la felicidad, se te presentan nuevas posibilidades. Puedes hacerle frente a tu adicción, ya no esperas sentir un placer irreal y continuo, el equilibrio sustituye a los altibajos extremos, redefines el éxito y te vuelves más exitoso. En vez de anhelar las sensaciones egoístas que un hábito nocivo satisface, fundamentas tu existencia en lo que consideras importante. Esto te procurará mayor satisfacción y te hará sentir mejor desde un punto de vista adulto y realista.

—Esto es nuevo para mí, ¿entonces no debería aspirar a ser feliz? —preguntó, revelando una curiosidad escéptica, le interesaba todo lo que fuera inusual y heterodoxo—. ¿Estás diciendo que la única forma de ser feliz es eludiendo la propia felicidad? ¿Me estás viendo la cara o en serio lo crees?

—¿Crees que te mentiría sobre una importante teoría de las adic-ciones? —le pregunté

—Pues aún no me has tomado el pelo —respondió con una car-cajada.

Le dije que para mí era importante ser un psicólogo útil que co-nectara con sus pacientes a fondo, donar a obras benéficas y cuidar de mis hijos. Me satisfacía anteponer sus intereses a los míos. En vez de perseguir la felicidad convencional, en cuanto a estados emocionales placenteros, mis expectativas eran bajas. En vez de esperar ser dichoso siempre, había aprendido a apreciar los momentos de placer fugaces. Sobre todo cuando tomaba la decisión consciente de estructurar mi mundo en torno a lo que consideraba significativo, sin importar la felicidad.

—Ah, pero ¿y si la vida carece de significado? —preguntó con una sonrisa de superioridad y se embarcó en un argumento nihilista.

La pregunta del millón era: ¿qué era significativo para él? Se trataba de un cínico antirromántico, distante, no expresaba ambiciones profesio-nales ni amorosas, no tenía amigos ni vida social y se negaba a asistir a reuniones de AA o de Narcóticos Anónimos. Ya que conmigo había salido del cascarón, esperaba que nuestra relación le resultara beneficiosa. Le expresé que lo apreciaba, que lo que hacía me importaba y que no quería que resultara herido o terminara muerto. Con el tiempo, me volví importante para él, tal vez porque me interesaban su cinismo y sus teorías, las cuales no había compartido con nadie más. Como regalo, me compró una primera edición de *Nog*, la "aventura mental" descrita como la combinación "entre un Superman psicodélico y Samuel Beckett". Como sabía que *Nog* era importante para él, el hecho de que haya querido compartirla conmigo fue significativo. La coloqué en un lugar visible en mi librero para que la viera cada vez que fuera a mi oficina.

—Presenta una perspectiva distinta de la realidad —me dijo.

—Muy a tu estilo —le respondí; estuvo de acuerdo.

Le sugerí que escribiera un diario en el que diera cuenta de cuándo se drogaba y cómo se sentía antes, durante y después de hacerlo. Era inteligente y elocuente por lo que le gustó la idea, el resultado era una prosa inconexa y desordenada al estilo de Jack Kerouac. Escribió sobre el lado sombrío de Long Island, detallaba que cuando compraba crack, se colocaba las llaves de su casa entre los dedos de las manos para que le salieran por los nudillos. Como era pequeño de estatura, si alguien quería lastimarlo o robarle, le cortaría la cara con los extremos afilados de las llaves.

Al cabo de seis meses le pedí que intentara dejar de consumir crack un tiempo. Primero consiguió hacerlo un par de días, después una semana entera pero la depresión en la que se sumió era tan profunda que lo invadieron sentimientos suicidas: "¿Por qué, hermano", me decía. "Todo lo demás en la vida es demasiado completo y puro".

En su primer intento para mantenerse sobrio, dejó de leer, perdió su capacidad de concentración. Estaba menos resentido, aunque menos vivo. Se sentía cansado y letárgico todo el día. Le aseguré que recuperaría la energía cuando los síntomas de la abstinencia desaparecieran. En sus peores momentos nos reuníamos dos veces a la semana.

Un año después, me dio gusto que se mantuviera sobrio cinco meses, fue un gran logro. En este periodo, se inscribió a clases de literatura inglesa, filosofía y escritura en una universidad local. Consiguió un trabajo de medio tiempo en una librería exclusiva y volvió a leer con voracidad.

Si bien su vida mejoraba, la mía se trastornaba. En 1993, luego de cuatro años de terapia, todo cambió para mí. Ese año mi esposa y yo nos divorciamos, mi mentor me expulsó de su círculo cercano, dejé mi casa en

Long Island y cambié mi consultorio a la ciudad. Quería que Lance continuara con la terapia, por lo que le pedí que me visitara en mi oficina en Greenwich Village, nunca lo hizo.

Después me di cuenta de que era irreal e injusto esperar que se adaptara a un contexto así de nuevo. Para alguien en rehabilitación en los suburbios, Manhattan suponía demasiados obstáculos y tentaciones. Los adictos en recuperación no suelen ser flexibles y dependen de una rutina (como las sesiones de terapia o las reuniones grupales a la misma hora todas las semanas). Algunos no pueden dejarse llevar porque eso implica recaer. El tratamiento efectivo de una adicción es similar al de un centro de rehabilitación, cada movimiento y comida siguen una estructura perfecta. Cambiar la rutina de nuestra terapia (su capullo), le resultó imposible. Como para muchos adictos, la cercanía representaba un gran problema para él. Me sentó mal que considerara estos cambios un abandono. Viajar a la ciudad hubiera expuesto su necesidad y confirmado la intimidad que estábamos consiguiendo. Por desgracia, en esa etapa era demasiado para él.

Para un adicto, es ideal que su psicólogo permanezca en el mismo lugar toda la vida. Le recomendé a un colega: no le interesó. Lo llamé varias veces, teníamos conversaciones largas y tortuosas, no obstante, las sesiones telefónicas intermitentes no eran iguales a nuestras sesiones frente a frente. Era una lástima que no quisiera ir a mi consultorio y que yo no pudiera viajar a los suburbios para verlo. Después de un tiempo, perdimos el contacto. Temía que sin tratamiento, recaería.

Por desgracia, recaer es parte integral del tratamiento de cualquier adicción. Si un adicto me cuenta que ha recaído, no lo reprendo, no me enojo ni le expreso mi decepción (aunque por supuesto la tenga). Le aseguro que es normal, pues sentirse comprendido y protegido es la mejor forma de combatir una adicción.

Según la conocida teoría de la personalidad de Freud, el *ello* representa un impulso primitivo por satisfacer los deseos más elementales: si me hace sentir bien, lo hago. El *superyó* es la conciencia moral, el que dicta las reglas. El *yo* es un intermediario. He resuelto que el *yo* de los adictos es débil y por tanto es incapaz de conciliar sus deseos poderosos, a veces infantiles, con la voz en su mente que los reprende.

De manera que un alcohólico beberá toda la noche sin ser capaz de detenerse. Cuando despierte, se reprimirá por lo estúpido e indulgente que fue la noche anterior. Sin embargo, no se rige por un proceso adulto de toma de decisiones a partir del cual logre reprimir el deseo de tomar más para sentirse mejor durante una borrachera. La misma dinámica entra en juego cuando uno se come un bote de helado Häagen-Dazs y se siente terrible la mañana siguiente. No existe una madre metafórica que sirva una sola cucharada y guarde el resto para otro día. Parece que las únicas alternativas son todo o nada. No hay tal cosa como demasiado consuelo para alguien desprovisto de cariño durante su infancia.

En una reunión de Alcohólicos Anónimos, cuando un hombre se pone de pie frente a todos y declara: "Llevo diez años sobrio", todos le aplauden. Si al día siguiente el mismo hombre se pone de pie ante el grupo y dice: "Llevo ocho horas sobrio", todos le aplaudirán con el mismo entusiasmo. El revés no es lo que importa. Es evidente que después de diez años, el hombre que sólo lleva ocho horas sobrio tuvo una recaída la noche anterior. La intención del grupo no es encarnar a un padre enojado ni juzgador. Los brillantes inventores de los programas de doce pasos entendieron que pese a que la voz juzgadora del *superyó* provoca que un adicto se sienta culpable por lo que ha hecho, no le ayudará a regular o renunciar a la sustancia a la que es adicto. De hecho, la culpa y el desprecio a sí mismo provocan que una persona tome más, no menos. En cambio, debe aplicarse un conjunto de reglas que no sean críticas (lo que AA denomina "pasos") para sustituir la influencia moderadora del *yo* y con ello recobrar el juicio.

A mitad de nuestro tratamiento, Lance empezó a faltar a terapia. Le dejé varios mensajes en su contestadora. En el último le dije: "Mira, sé lo que está pasando. Volviste a las drogas y estás en un estado deplorable, te sientes tan tonto y culpable que no soportarías llamarme. Hazlo de todas formas. Crees que te odio, no es así. Crees que me tienes harto, te equivocas. Nada de lo que hagas me hará condenarte. Te perdono por todos tus pecados. Sólo quiero saber que estás bien." Fue un alivio que volviera después de eso.

***

Al investigar para este libro, me pregunté qué había sido de Lance. Consulté *Nog*, la cual había permanecido años en mi librero. No había hablado con Lance en más de una década. Me temía lo peor. ¿Había muerto de una sobredosis? ¿Estaba preso? ¿Había desaparecido sin dejar rastro? Busqué el teléfono de su madre en mis archivos y la llamé. Contestó el teléfono y me recordó. Me contó que Lance vivía en un suburbio cercano. Le comenté que estaba escribiendo un libro sobre adicciones y que había recordado la terapia con su hijo, le pedí que me diera más detalles de su paradero.

Se había mantenido sobrio a lo largo de dos años después de nuestra terapia. Por desgracia, desde entonces había vuelto a consumir crack, tomar y fumar de forma intermitente. Trabajaba en la empresa de su padre. A pesar de que tenía problemas digestivos, para ser adicto al crack, su salud era impresionante. Hacía cuatro años se había casado con una mujer que la familia apreciaba. Su esposa no comprendía el grado de su drogadicción, no obstante, ella no era adicta y lo amaba.

"Ahora entiendo que Lance es mi hijo discapacitado", afirmó la señora T.

Me pareció una perspectiva inteligente de la situación, similar a la forma en la que los programas de doce pasos instruyen a los parientes a lidiar con sus seres queridos que se enfrentan a la agonía de una adicción. Primero reconoces el problema, después te distancias de él y defines reglas, principios y lineamientos para que cuando el adicto recaiga (como suele suceder), no destruya a la familia.

Agradecí la franqueza de la señora T., aunque desde luego hubiera preferido escuchar que Lance se había mantenido sobrio. Sin embargo, me dio gusto que lo haya conseguido durante dos años después de nuestra terapia, era el periodo de sobriedad más prolongado desde su adolescencia. También me alegró saber que estaba casado, pues con ello había admitido la intimidad en su vida. Me pareció encomiable que se alejara de las drogas de manera intermitente, pues suponía que era capaz de ejercer cierto control sobre su adicción para funcionar en la sociedad. Con el crack esto era bastante inusual.

Su madre se refirió a su adicción de forma inteligente, lo cual era un avance significativo para ella. Demostró que ya no negaba la adicción de su hijo y que éste tenía un aliado que comprendía la gravedad de su problema. Si bien seguía atormentado y era incapaz de mantenerse sobrio, ya no estaría tan solo. "Dile que encontré su libro, *Nog*, y que lo recuerdo con cariño", le pedí. "Por favor dile que me llame o que venga a mi oficina, no le cobraré."

Después de colgar, tomé el libro del librero y busqué información acerca del autor. Lo único que decía era: "vivía en ningún lugar en particular". La sinopsis lo describía como "un viaje sin fin al pasado y al presente, un viaje de un hombre sin historia, sin tradición". Me di cuenta de que era la historia de Lance, con razón era su libro favorito.

En caso de recaer

1. No pensar que lo has arruinado todo y que ya no importa para luego entregarte a un atracón o una borrachera extrema, drogarte, tomar alcohol, fumar o comer más que nunca.
2. Por la noche, antes de dormir, deshazte del alcohol, cigarros, mariguana o comida chatarra para evitar consumirlos la mañana siguiente.
3. Llama a tus pilares y haz una cita. Habla sobre tu digresión de inmediato. Mantenerla en secreto la tornará más venenosa y problemática. Hacer lo contrario la normalizará y te permitirá superarla más rápido.
4. En tu diario, intenta descifrar qué detonó la recaída.
5. Procura entender qué puedes hacer para que no se repita. Si estuviste en una fiesta en la que consumiste, deja de ir a fiestas un tiempo. Si una persona te dio drogas, evita a esa persona. Si no es posible, reduce el contacto con ella o procura hablar por teléfono o escribirle por correo electrónico en vez de verla.
6. Empieza de nuevo la mañana siguiente. Comienza un ritual de purificación tan pronto te levantes: reza, colócate el parche de nicotina, asiste a una reunión de rehabilitación o concerta una cita con tu doctor o pilar.
7. Hazte un regalo saludable por empezar de nuevo: un masaje, manicure, pedicure, una visita a tu librería favorita o un almuerzo con un buen amigo.
8. Perdónate.

CAPÍTULO 18

Los peligros en la terapia de adicciones: alcohol y violencia

"No puedo trabajar con Bob, es muy peligroso. Es un alcohólico violento", Stan, un colega psicólogo de Nueva York, dejó este mensaje en mi contestadora. De todos los mensajes que había escuchado en la oficina esa mañana, éste me llamó la atención. Era un lunes a principios de enero de 2002. "No es apropiado para mi consulta privada", continuaba. "Quizás alguien en el Village Institute quiera atenderlo."

Sabía por el mensaje que no iba a enviar a este paciente con uno de los psicólogos que había entrenado. Bob era mío. Un adicto peligroso y fuera de control era mi tipo. Era territorio conocido en el que me había criado. Era lo que conocía mejor, como si al verlo a los ojos, confrontara y controlara mi propio lado oscuro.

Toda mi vida me han atraído las emociones oscuras. Me encanta la teoría del caos y los deportes extremos. Con una madre que había sido una alcohólica furiosa, me imaginaba que el caos y mi afición por el descenso de río en kayak por aguas peligrosas eran metáforas de mi relación turbulenta con ella. A lo largo de estos años mi madre se negó a responder mis cartas y llamadas, tenía la esperanza de convencerla para que nos viéramos. Sabía que era posible si era justo y paciente. Si continuaba peleando contra ella, temía que viviría y moriría miserable, recreando el terror que me hizo sufrir de niño.

Recordé la valoración de Melanie Klein sobre cuán atormentado solía vivir un adulto que no hubiera sentido amor maternal en su infancia. Era claro que siempre tenía que asegurarme de no proyectar mis problemas personales en mis pacientes. No obstante, percibir lo mucho que éstos habían sufrido a partir de una ruptura del lazo entre madre e hijo, me permitió entender por qué le temían tanto a depender de un individuo. Por eso decidí utilizar mi antiguo dolor para empatizar con ellos.

Dos días después del mensaje sobre el adicto peligroso, el propio Bob me dejó otro mensaje: "No necesito terapia, sólo llamo porque mi amigo Pete me lo pidió". Su tono era agresivo, brusco y arrogante. A pesar de que afirmó estar casado y ser un exitoso productor *freelance* de noticieros, que trabajaba en Manhattan, parecía haberle copiado el lenguaje y el alarde a uno de los gansteres que ha interpretado Robert De Niro. Le regresé la llamada y planeamos una cita para el siguiente lunes por la tarde.

Cuando entró a mi oficina, no pude evitar verlo. Era un hombre de 33 años, rudo, apuesto, de piel morena, intenso, fuerte, musculoso y barbón. Medía cerca de 1.76 metros, era una versión más baja y fornida de George Clooney. Daba la impresión de que atraía a las mujeres que quería y de ser consciente de ello. Cuando se sentó en el sillón, pensé que tenía la capacidad de matarme. Este individuo era de la calle. Podía conmigo y lo dejaba claro. Había experimentado de cerca la furia en estado puro porque la llevaba consigo. En una disputa física, yo no sería un rival digno.

No suelo describirme a partir de mi tamaño, peso o músculos (más bien, por la falta de ellos). Soy un individuo blanco, anglosajón y protestante de cincuenta años, intelectual, con títulos en filosofía y psicología. Tampoco soy competitivo con mis pacientes masculinos. La mayoría puede derribarme en un dos por tres si se lo propone. Crecí en Park Avenue y fui a escuelas privadas en el Upper East Side de Manhattan, fui un niño solitario, flacucho, nada atlético. Me ocultaba en casa, mis únicos pasatiempos eran pintar y escuchar discos de ópera de 78 RPM que había tomado de la colección de mi madre. Crecí escuchando *Madame Butterfly* de Puccini una y otra vez, me tranquilizaba en las tormentas domésticas de mi niñez.

En la naturaleza sería un venado: escaparía para sobrevivir, no lucharía por mi territorio ni me arriesgaría a salir lastimado. Consumido por conflictos emocionales, siempre evité las peleas. No recuerdo haberle dado un puñetazo a nadie ni pelearme nunca. En la preparatoria sobresalía en las carreras de larga distancia, un deporte seguro y solitario. Cuando cursé la licenciatura en Amherst College, probé otros deportes bastante gentiles: squash y tenis, también era un buen lanzador en el softball. Pese a que después practiqué esquí y descenso de río, nunca me acerqué a los deportes de contacto como futbol, hockey, boxeo y lucha.

A los veinticuatro, quería poner a prueba mi temple, así que me embarqué en una caminata de 1,600 kilómetros por Francia y España a través

de una ruta de peregrinaje. Alcancé una zona peligrosa en donde me cerca-
ron tres perros salvajes. Mi amigo Conrad, que ya había hecho este mismo
recorrido, me advirtió de esta zona y de los perros que deambulaban por
ahí. Me aconsejó que llevara un cuchillo. "Si los perros huelen tu miedo,
te van a atacar. Si perciben que los puedes matar, te dejarán tranquilo",
me había advertido Conrad. En el camino, tal como había previsto, los
perros me acecharon, listos para atacar. Tenía listo el cuchillo. Nunca había
estado tan preparado para ser violento como en ese momento. Estaba seguro de que si se me acercaban, los degollaría sin pensarlo. Me sorprendí al
darme cuenta de que, de hecho, esperaba que las bestias se me acercaran:
estaba listo. Retrocedieron.

Me percaté de que no era puramente intelectual. Aunque era un
pacifista urbano, intelectual y de complexión delgada, podía matar de ser
necesario. Mis instintos de supervivencia eran fuertes. Intenté reunirlos
para mi terapia con Bob.

—Si no necesitas terapia, ¿a qué has venido? —le pregunté de
forma directa.

—Tengo ataques de furia.

—¿Qué te está molestando? —le pregunté.

—Me preocupa algo que sucedió con mi hermana menor, Sally
—reconoció.

—No parece que meterte en problemas te sea ajeno —le dije.

Procuraba ser agresivo para mostrarle que no era un psicólogo promedio, pasivo, que le permitiría controlar el estado de ánimo y el tono de
la terapia. Quería que le quedara claro que entendía quién era y que sería
un adversario digno. Pese a que el consultorio elegante de un doctor en la
5a Avenida decorado con alfombra roja y cojines afelpados no parecía el
lugar adecuado para una disputa entre machos, como con esos perros salvajes en España, quería que se enterara de que no me andaba con rodeos,
quería que se tranquilizara. Tal vez incluso lograría llevarlo por el camino
que necesitaba seguir.

Se rio con un tono burlón, sarcástico y sabelotodo que parecía decir:
"No es ni la mitad de lo que crees, amigo".

—Te lo voy a poner así —me dijo—. Si estoy en un bar y un tipo
le lanza una mirada rara a mi esposa, le diría: "¿Te la quieres coger? Pues
primero vas a tener que lidiar conmigo". No importa que el tipo sea más
grande o más fuerte, tengo una fuerza interna. Mis emociones son como
una planta nuclear. Cuando las enciendo, acabo con el más grande y fuerte,

a mano limpia. Cuando mis puños lo hayan destrozado, sacaría mi pistola y le daría un tiro.

Era claro que no alardeaba, decía la verdad. No era un tipo educado ni sofisticado. Se guiaba por su instinto y tono. Aún no me decía cuál era su adicción. La sola mención de "estar en un bar" me sugirió que era alcohólico. Sin embargo, su problema más apremiante era su inclinación por la violencia.

—¿Tienes un arma? —le pregunté, preocupado—. ¿Dónde está?

—¿Por qué quieres saber? —seguía sonriendo con superioridad.

—Si tienes un arma, me asusta. No voy a hablar con alguien al que le tenga miedo —le respondí—. Cuidaría mis palabras y controlaría todo lo que dijera. Necesitas a alguien que sea franco y te diga las verdades que no quieres escuchar, por brutal que éstas sean.

Bob estaba asustado, daba miedo y ahuyentaba a cualquiera que se le acercara. Repelía lo que necesitaba con desesperación: intimidad con personas en las que pudiera confiar. He concluido que muchos adictos exhiben esta distancia emocional, se trata de una terquedad que se origina en el miedo, adoptan una personalidad pública fuerte, intimidante y molesta que evita que la gente se acerque demasiado. Si se encuentran con un caso así de extremo, les aconsejo que busquen a un doctor, experto en adicciones o líder de AA entrenado para romper las barreras de este tipo de persona en un ambiente saludable y seguro.

Incluso como experto en este campo con treinta años de experiencia, admito que le tenía miedo a Bob. No obstante, mi tono era tranquilo y objetivo. No evité decirle la verdad.

—Si quieres que te ayude, tu primera tarea será no asustarme —le dije—. Si eres incapaz de hacerlo, entonces tengo las manos atadas —ya sabía que tenía la capacidad de intervenir, él también, me entendió a la primera.

—La pistola está en mi casa —respondió.

Supuse que no estaba registrada.

—La próxima vez que nos veamos, quiero que me la traigas sin balas. Tráelas en un contenedor separado —le pedí.

—¿Qué vas a hacer con ella.

—Tengo un amigo cercano, Donny, que es detective en el Departamento de Policía de Nueva York —le conté—. No me preguntará de dónde la saqué, sólo se deshará de ella. Sin hacer preguntas ni pedir nombres.

Tras años dedicado a la terapia contra las adicciones, mi conducta profesional se había vuelto más agresiva y menos tradicional. En 1983, cuando Courtney, mi primera paciente en Manhattan acudió a mí porque tenía un problema con la cocaína, ni siquiera se me ocurrió pedirle que pospusiera el inoportuno viaje al extranjero que planeaba hacer. Me apegaba a las fronteras y a los límites típicos de mi profesión. En ese entonces, casi veinte años después, no dudé en ordenarle a Bob, un paciente alcohólico y neurótico al que apenas había conocido, que me trajera su arma. Sé que parecía que estaba actuando en una película de John Wayne, sin embargo, había aprendido que para ser efectivo tenía que ser más agresivo con los pacientes difíciles, pues eso se requería para combatir las adicciones. No se trataba de un proceso fácil. Prefería arriesgarme y transgredir la ley con la ayuda de mi amigo Donny que permitir que cuando este hombre estuviera ebrio se volara la cabeza, o a alguien más, a mí, por ejemplo.

Estados de ansiedad insoportables ocasionados por madres ausentes, caóticos altibajos emocionales y mundos oscuros y peligrosos. ¿Era sorprendente que me atrajera la población adicta? Era mi gente.

—De acuerdo —aceptó. Su lado racional no quería utilizar esa arma en contra de algún ser querido o de él mismo. Se le notaba aliviado, como si por fin pudiera deshacerse de la evidencia de una escena del crimen. Me pregunté cuántas veces había utilizado el arma. ¿Ya le había disparado a alguien?

Le he asegurado a mis colegas que un tratamiento exitoso para las adicciones con frecuencia tiene que ser descarado, novedoso y poco convencional. Los pacientes tienen que poner manos a la obra e implantar cambios mucho más rápido que si estuvieran en una terapia más amigable, de lo contrario, van a drogarse y a conducir con sus hijos en el asiento trasero del auto. O harán cosas peores.

Además de cambios externos, es esencial llegar a las raíces de un problema de dependencia a las sustancias. Para detenerte, es preciso identificar qué es tan doloroso que te obliga a automedicarte tantas veces al día, en ocasiones a lo largo de décadas. Como psicoanalista, siempre me interesa la familia de un paciente, por lo que le hice a Bob un par de preguntas rápidas. Para un tipo que aparentaba ser un rufián, me sorprendió descubrir que hubo muy poco abuso, adicción o violencia en su pasado. Sólo encontré una negligencia sustancial, lo cual era un ambiente propicio para desarrollar adicciones.

Era el único hijo varón en una familia católica irlandesa de clase media baja de Staten Island, tenía tres hermanas. Su madre era un ama de casa que parecía dulce, generosa y en total estado de negación. Su padre era un obrero con una política permisiva en casa, era pasivo y no establecía límites. Yo también había sido el mayor de cuatro hijos. A diferencia de mis padres que se divorciaron cuando tenía once años, los padres de Bob seguían casados.

A pesar de eso, había crecido en una casa sin reglas, como yo. Como alguien que había experimentado una ausencia de amor y protección parentales, una vez más supuse que lo que este paciente anhelaba era una figura paterna.

Aseguraba "echarse unos 90 mil a la bolsa cada año" por diferentes proyectos, a pesar de su problema con el alcohol. Me sorprende lo mucho que la gente bebe sin que ello les impida ser funcionales. Los alcohólicos desarrollan una tolerancia al alcohol que les permite no emborracharse.

—¿Qué pasó con tu hermana Sally —le pregunté.

Relató que tres meses antes, su hermana menor, Sally, de 23 años, se había suicidado. Se había colgado con un cinturón de piel en casa de sus padres. Ocurrió después de los ataques al World Trade Center, los cuales la habían afectado. Años atrás, le diagnosticaron trastorno bipolar. La historia completa, la cual nos tomó varias sesiones desentrañar, era que Sally había ido a casa de Bob la noche anterior a su suicidio. Durante años sus emociones habían sido inestables, una vez más amenazaba con suicidarse. En esa ocasión, perdió la paciencia y sacó su pistola.

—De acuerdo, te voy a matar en este instante —la amenazó. La arrastró al baño y la obligó a verse en el espejo. En un esfuerzo desesperado por hacerla reaccionar, la tomó por el cuello y le apuntó el arma a la cabeza—. Ya deja de anunciar que te vas a suicidar —le gritó—. Pronuncia tus últimas palabras porque te voy a volar la cabeza.

—Adelante, hazlo por favor —respondió.

No era la respuesta que esperaba.

Cuando al día siguiente se quitó la vida, se culpó. Después culpó a la psicóloga de Sally. Después tomó whisky hasta perder el conocimiento. A pesar de que ninguno de sus padres tomaba o se drogaba, Bob admitió que había empezado a beber a los doce años.

A veces percibo que en el ámbito emocional, los adictos se quedan atrapados en la edad en la que empezaron a consumir. Recurren a las sustancias para lidiar con una pesadumbre y unos conflictos intensos que ni siquiera comenzaron a resolver.

Intentan borrar la confusión emocional tomando, fumando, apostando o comiendo hasta que desaparezca el dolor. Esto nunca resuelve sus problemas. De hecho, los empeora.

El final violento de su hermana lo motivó a llamarme. En la terminología de AA, "tocó fondo". La fachada de tomar por diversión había desaparecido y las consecuencias de su hábito se habían vuelto intolerables. Es entonces que los adictos piden ayuda, cuando los horrores de consumir superan a los de no hacerlo.

Le compartí mi mantra según el cual en todas las adicciones subyace una depresión profunda que parece insoportable. Le aseguré que no era insoportable, sólo se sentía así. Los adictos que consumen sustancias desde su adolescencia nunca desarrollan habilidades para hacerle frente a la vida. Su adicción es su única forma de hacerlo. El punto de una terapia contra las adicciones o de AA es proporcionarles el lenguaje y las habilidades para desenmarañar la rabia y la confusión que se acumula detrás de sus malos hábitos.

—¿Cuánto tomas? —le pregunté. Si bien procuraba nunca juzgar la conducta adictiva de mis pacientes ni hacer que la terapia pareciera una inquisición, era esencial que el paciente verbalizara los pequeños detalles del consumo de drogas o alcohol, pues con ello contrarrestaba la negación y hacía que su hábito pareciera más real. Además, confesar era bueno para el alma y la cordura de un adicto. Lo hacía sentir menos solo.

—Una botella de Jack Daniel's un día sí y otro no —respondió.

—Te apuesto a que es más —le dije.

Quería que conociera mi opinión. No quería que hubiera mentiras, juegos ni engaños. Tenía que contarme todo, ser un libro abierto; la honestidad suponía fortaleza. Yo haría lo mismo. Le repetí mi regla: para ser feliz y saludable sin reincidir, tenía que llevar una vida sin secretos.

No creía en ser un pizarrón en blanco del otro lado del sillón, como muchos psicólogos. Estaba convencido de que era bueno que me mostrara como una persona complicada a la que el adicto tenía que enfrentarse. En un tratamiento para las adicciones efectivo, el paciente tendría que transferir su dependencia, en este caso del alcohol, a un ser humano en el que pudiera confiar. Mi objetivo era desempeñar ese papel. En mi infancia al lado de una madre alcohólica y abusiva, nadie me había rescatado. Como adulto, quería ser la persona que me hubiera rescatado en ese entonces.

Si bien en ocasiones un adicto deja de consumir una sustancia en una sola sesión, conseguir la sobriedad y no reincidir, nunca es un proceso rápido ni sencillo. El efecto de los cigarros, el alcohol y las drogas hace que las dificultades parezcan más llevaderas, por lo menos a corto plazo. Fungen como antidepresivos, supresores del apetito, estabilizadores del estado de ánimo y protectores emocionales. Siempre puedes llevar una cajetilla de cigarros en tu bolsillo, tener un frasco de medicinas en el botiquín o una botella costosa en tu bar. Como los seres humanos son menos confiables y controlables, las sustancias son más consistentes que los amigos, la familia y los amantes. Siempre están disponibles, si se acaban, es fácil comprar más.

Si crees en mi filosofía, entonces nada sustituirá el cariño y protección de una madre. Para aquellos que no tuvieron la suerte de experimentar ese amor en sus primeros años de vida, no es posible compensarlo después. En cierto momento, la ventana que nos permite asimilar el amor incondicional, se cierra. Aun si no crees que la falta de amor proveniente de la infancia tiene que ver con el abuso de sustancias, buena parte de la recuperación de todos los adictos supone sentir una tristeza profunda. Tienen que pasar por un proceso de luto, en parte por el tiempo que perdieron tomando o drogándose. No es diferente a lamentar la muerte de un ser querido. Tienen que afrontar un vacío enorme.

Bob había llenado ese vacío con whisky.

—¿Duplico, como suelo hacer, esa cantidad de alcohol para llegar a la verdad?

—Te la voy a poner así —de nuevo sonrió con superioridad—. Duplícala, la frecuencia es la misma, y ten en cuenta que te estoy diciendo la verdad a medias.

Era listo, su tono era astuto aunque falso, como si estuviera tan acostumbrado a mentir que sólo era capaz de decir la verdad a medias.

—No me sorprende —le dije. No quería que pensara que me había impresionado o perturbado. Tras décadas de trabajar con adictos, había escuchado cosas peores, ahora bien, si una persona promedio se terminaba una botella de Jack Daniel's de golpe, era probable que terminara en el hospital o muerto—. Estás bebiendo una cantidad de alcohol descomunal. Y entiendo que la razón por la que bebes tanto —le dije esto muy despacio—, es porque no eres capaz de hacerlo a menos de que tomes. No especifiqué a qué me refería con "hacerlo", si a tener sexo, sobrevivir, trabajar o ser un tipo rudo. Me refería a todo.

Estuvo de acuerdo con entregarme la pistola y verme una vez a la semana. Antes de irse, se puso de pie y me dijo: "No eres como los demás", en su tono de De Niro. No sabía si volvería a ver a este tipo.

La siguiente semana sí se presentó, aunque con una excusa por no haber llevado su arma. Accedí a llevar a cabo la sesión, no sin darle un ultimátum. Si a la próxima no me la entregaba, sería mejor que no regresara. Le dije que no estaba dispuesto a tratar a una persona que era como una bala perdida, que bebía de esa forma y guardaba un arma con la que podía encañonarme. Estaba en su poder matar a alguien y ese alguien podía ser yo.

Llevó su arma en una caja de metal a la tercera sesión. Estaba envuelta en paños. Las balas iban en otro contenedor. Me la entregó avergonzado. Entregarme el arma constituía un paso importante y al mismo tiempo, una expresión de dependencia íntima que le resultaba humillante. Por lo tanto, no le di más vueltas al asunto ni le pregunté cómo se sentía. Sólo le dije: "Fue lo correcto", lo puse en términos de pistolero (blanco y negro, los buenos y los malos) y en pasado, para darle a entender que lo peor había pasado y que sólo había un camino a partir de ese momento.

Coloqué el arma y las balas con cuidado en mi vitrina, en donde en otras ocasiones había guardado un cuchillo, heroína, pastillas para dormir y ansiolíticos que le había confiscado a otros pacientes. Cuando guardaba drogas y armas en mi oficina, se lo confiaba por lo menos a un colega y a Donny, mi amigo detective. Éste me había prometido responder por mí en caso de que hallaran el contrabando y necesitara una coartada, por fortuna nunca fue necesario.

—Ahora sí empecemos a trabajar —le dije, haciéndole sentir que éramos un equipo.

El resto de la sesión habló de su hermana, Sally. Era la persona más cercana a ella y se sentía responsable por su muerte. Cuando se fue, le llamé a Donny, envió a un colega vestido de civil y le entregué el arma, nunca la volví a ver.

La última noche de su hermana lo perseguía. Era normal, la había amenazado de muerte. Sus intentos por salvarla empeoraron la situación, lo cual no era raro cuando de adicciones se trata.

"La escena fue una locura", le dije. "Sally estaba fuera de control, la dominaban sentimientos intensos, confusos y caóticos. Entiendo que intentaste emplear una técnica radical y extrema, no obstante, si alguien está convencido de suicidarse, nada de lo que hagas lo hará cambiar de opinión."

Estaba convencido de que en parte había provocado la muerte de su hermana. Si bien no estaba de acuerdo, tampoco lo exoneré. Si esta culpa lo motivaba a conseguir la sobriedad, entonces su propósito era positivo. En nuestra siguiente cita, Bob se desplomó y lloró. Se trataba de una persona con acceso inmediato a una reserva de violencia e ira que se habían convertido en parte de su personalidad. Los adictos suelen tener varias compulsiones. Otra de sus adicciones era el sexo. Para él, el sexo era imprudente, casual y en el momento. Si lo quería, lo obtenía y luego desechaba a la chica.

Le pregunté por qué trataba así a su esposa. Anne, era una enfermera de 32 años de modos suaves. Resultaba irónico que temiera que *ella* tenía un amante. Si era cierto, él era responsable por haberla tratado de forma tan miserable. La autocompasión no era útil cuando las personas provocaban o perpetuaban su propia miseria, en estos casos tenía poca paciencia. Le dije que había descuidado tanto a Anne que la verdad había dejado de ser importante. Si en efecto tenía un amante, era su culpa por haberla obligado a buscar cariño en otra parte. Si no era el caso, de todas formas tenía que responsabilizarse por ignorarla de esa manera.

—Es normal que un hombre tenga amantes, no es lo mismo cuando se trata de una mujer —concluyó desde su perspectiva sexista, su aspecto era el de un niño triste.

—A juzgar por cómo la has tratado, eres el criminal en este caso —le aseguré—. La has orillado a esto.

Cuando me contó que una noche le había levantado el puño y casi la golpea, temí que terminara violentándola por lo que le pedí que se mudara a su propio departamento un tiempo.

—¿Por qué no se muda ella? —preguntó—. Es mi departamento, yo lo compré.

—Es hora de que pongas manos a la obra y empieces a ser un hombre noble y generoso que obra como es debido —respondí.

Preocupado de que Anne malinterpretara este cambio y pensara que la abandonaba, le sugerí que lo acompañara a una terapia. A veces les pedía a mis pacientes que llevaran a sus parejas, padres o hijos con los que estaban teniendo problemas. De esta forma, entendía mejor su situación familiar, quién dificultaría su recuperación y quién tenía la capacidad de convertirse en un pilar.

Anne lo acompañó a la siguiente sesión. Era bonita y pequeña, de aspecto femenino, vestía una blusa y una falda. Daba la impresión de haber estado en la guerra, se veían cansados. Le expliqué que había sido mi idea que su esposo se mudara. A pesar de que nunca la había golpeado, quería asegurarme de que no sucediera. Tenía que aprender a ser respetuoso, de lo contrario su matrimonio no duraría mucho tiempo.

Pese a que bebía, era violento y negligente, Anne amaba a su esposo y no quería perderlo ni poner en peligro su matrimonio. Después de esa sesión, no me pareció necesario verla de nuevo. Era pasiva y no entorpecería la recuperación de su esposo. Bob tendría que hacer lo correcto o no. Un par de meses después, se mudó.

Insistí en que llevara un diario de cada sustancia que tomara, ya fuera alcohol, cocaína, mariguana, incluso una aspirina para el dolor de cabeza o un antihistamínico, se trataba de un paso esencial en la rehabilitación. Le pedí que diera cuenta de todo lo que pusiera en su boca que alterara su estado de ánimo, incluyendo la cafeína y el azúcar. En un lado de la página, quería un diario. En el otro quería que escribiera cómo se sentía antes de consumir cualquiera de esas sustancias.

Esta técnica obliga a los adictos a ser conscientes de lo que ingieren y por qué. Es capaz de suprimir su negación, les enseña a vincular su consumo de sustancias con sus emociones y les presenta la existencia de sus vidas internas. Les garantizo que leeré sus diarios sin juzgarlos. Es importante que los adictos reconozcan hechos concretos, dejen de negar su situación y de estar a la defensiva.

Cuando Bob me preguntó, le conté que sabía lo que era estar del otro lado. Como fumador de una cajetilla al día sabía lo maravilloso que te hace sentir una adicción y lo difícil que es dejarla. También le compartí historias sobre el caos y la agonía de una adicción que presencié en mi infancia como hijo de una alcohólica. "La adicción de una persona es capaz de destruir una familia entera para siempre", le dije a partir de mi propia experiencia. "De hecho, identifico que la causa de mi matrimonio fallido, la separación de mis padres y los divorcios de todos mis hermanos se remonta a la inhabilidad de mi madre para dejar de tomar."

Muchos analistas respetados prefieren mantenerse neutrales e inexpresivos, no obstante, me enfrentaba a otro caso en el que consideraba más útil abrirme y mostrarme transparente. Creo que el anonimato de un analista no importa. Recuerda que el propio Freud socializaba con sus pacientes fuera de las terapias, los invitaba a tomar el té en su casa y hablaba sobre su vida personal.

Como era un disco rayado que le reiteraba a los adictos en rehabilitación que tenían que depender de las personas y no de las sustancias, quería que mis pacientes conocieran las complicaciones que esto suponía. Así que cuando tuve que cancelar una sesión y preguntó por qué, le dije la verdad: mi hija menor se había enfermado en un campamento; mi esposa estaba fuera de la ciudad y tenía que ir por la niña de inmediato. Estaba convencido de que era útil que los pacientes entendieran que todos los seres humanos somos complicados, impredecibles e incontrolables. Era normal si sentía y expresaba decepción, enojo o dolor por mi causa.

En su primer mes de tratamiento, Bob comenzó a darse cuenta de que tomaba para lidiar con su confusión interna.

—Volví a casa estresado, cansado y enojado por el trabajo, tomé la botella de Jack Daniel's y supe que me sentiría aliviado dentro de poco —aseguró. Luego añadió con sarcasmo—. Así es *doc*, tienes razón. Bebo para sobrellevar la vida.

—¿Así que eres demasiado débil como para hacerle frente a tus emociones cuando estás sobrio? —le pregunté.

Lo dije para retarlo, para tener de nuestro lado su espíritu combativo, su agresividad y orgullo inmenso. Intenté hablar con su lenguaje rudo y me di cuenta de que capturé su atención. Le gustaba. Me dijo:

—Ya sé lo que estás haciendo, me quieres enganchar.

—Intento ser honesto, la verdad es la que te está enganchando.

No quería avergonzarlo, tampoco quería que me derrotara en esta batalla porque perdería a su mejor aliado. Comencé a encariñarme con él, como un amigo que tiene sentimientos paternales, incluso maternales. Había algo en él con lo que me identificaba. Era un tipo listo con un corazón noble y una cantidad desmesurada de dolor que había acumulado con los años, como alguna vez yo lo había hecho. Para mí, no éramos tan diferentes. Estaba seguro de que esta coincidencia le ayudaría (por eso es tan importante encontrar un pilar que haya experimentado la rehabilitación). Como me recordaba a mí en una etapa pasada, siempre estaría en una posición de ventaja. Llevaba veinticinco años intentando entender y trabajar con mi personalidad caótica. De tal manera que le llevaba veinticinco años de ventaja.

Luego de seis semanas, se percató de que tomaba para bloquear sus sentimientos. Le pedí que intentara dejar de tomar un día. Recurro a este ejercicio cuando el paciente está en negación y dice cosas como: "Mi consumo no es un problema, no tengo que dejarlo" o "Puedo dejarlo cuando quiera."

—Entonces deja de tomar un día —lo reté. Es común que un alcohólico no sea capaz de dejar de tomar ni un día. Él lo logró, era una señal esperanzadora.

—Fue horrible —afirmó—. No creo lograrlo.

Lo siguiente que le sugerí fue asistir a una reunión de Alcohólicos Anónimos. Le anticipé que no tenía que gustarle, tampoco tenía que creer en todo lo que ahí se dijera y que era normal sentirse incómodo con todas las referencias religiosas. Con frecuencia recomiendo AA porque según las estadísticas, son muchos los adictos que acuden a reuniones de rehabilitación y logran la sobriedad. La mayoría de mis pacientes que asisten a terapia una vez a la semana y lo complementan con, por lo menos, dos reuniones semanales, se mantienen sobrios. No era mi intención contradecir las cifras. Pero se negó. Le resultaba problemático reconocer sus debilidades en público y pedir ayuda. Se sentía incómodo en las multitudes. Era solitario. Me parecía esencial que en algún momento buscara apoyo en una comunidad. De cualquier manera, su desempeño era mejor en terapias individuales que grupales. Me preguntaba si tenía que ver con rivalidad entre hermanos. ¿Quién era yo —uno de cuatro hijos que nunca se sintió amado— para discutirlo o negarle atención personal? Mi regla era que podía hacer lo que fuera siempre y cuando funcionara y esto parecía estar funcionando.

Después de cuatro meses de vernos una vez por semana, dejó de tomar por completo. Pese a ello, no estaba ilusionado ni contento ni se sentía en una "nube", la sensación de euforia y bienestar, característica de aquellos para quienes la sobriedad es nueva, es un estado temporal que rara vez perdura. Él odiaba la vida sin alcohol, igual que muchos al principio. Sufría mucho, lo cual en mi libro es una consecuencia normal y saludable de la abstinencia. Por suerte, se permitía sufrir, que los sentimientos afloraran en vez de anularlos con sustancias que aletargaban su mente. Nos reuníamos cada vez más, hasta dos veces por semana. Empezó a hacer ejercicio en el gimnasio. Se mudó a Long Island y corría por la playa para liberar el estrés y la ansiedad.

Durante el verano en Los Hamptons [Long Island] había mucha actividad en los bares. Le sugerí que los evitara, a toda costa, igual que las fiestas repletas de gente ebria. Insistió en que lo toleraría. Lo consiguió. Salía con sus amigos aunque sólo tomaba refresco y agua. Era el conductor designado. Lo que presenció en su grupo de amigos lo desconcertó: una deshonestidad e insensatez que nunca había percibido antes. Fue testigo de que sus amigos con los que antes tomaba y se drogaba, se agredían y maltrataban bajo los efectos del alcohol. Aún seducía a mujeres jóvenes, si bien ya no con la misma intensidad de antes. Sin alcohol, sus rutinas perdían su encanto.

Decidió descansar del trabajo tres meses. Le insistí para que lo hiciera porque esto lo alejaría de su entorno estresante. A veces es bueno para los pacientes. Era como internarse en un centro de rehabilitación, aunque mejor porque su sobriedad no dependía de doctores, enfermeras y otros pacientes en terapia de grupo. Así no se abrumaría al regresar al mundo real.

El otoño de ese año, se reconcilió con su esposa. Anne no confiaba en él por completo, pese a ello, le permitió regresar a su departamento. La consideré una decisión desatinada de su parte. "Me hubiera gustado que se negara para asegurarnos de que se está protegiendo y lidiando con mayor sensatez contigo", le dije a Bob.

A los adictos les beneficia rodearse de personas duras y escépticas que no confíen en su buen juicio, que respondan con cinismo a sus promesas y que tengan el valor de decirles que no y ponerlos a prueba. (Otra razón por la que un especialista en adicciones, psicólogo contundente o colegas de AA son útiles.) Aun así, Bob no estaba tomando ni drogándose así que su relación mejoró mucho. Escribía en su diario todos los días, paseaban juntos y le expresaba sus sentimientos.

Seis meses después, en su cumpleaños, se tomó una copa de vino en la cena. Creyó que se controlaría y tomaría una sola copa, así que se puso a prueba. Quedó estupefacto cuando sintió ganas de salir a comprar una botella de Jack Daniel's. Por fortuna, no lo hizo. Tuvo una resolución envidiable. Cuando me lo contó, no reaccioné de forma exagerada ni me mostré decepcionado. No ha tomado nada desde entonces. Ahora que lo pienso, su recaída no fue tan mala porque aprendió de ella. Descubrió cuán poderoso es todo tipo de alcohol.

No creo en la corriente de pensamiento que le permite a los exalcohólicos tomar de vez en cuando. Nunca he visto que funcione. En mi experiencia, las adicciones nunca permanecen estables. Si no se tratan, empeoran. El adicto termina necesitando más y los efectos de la misma cantidad disminuyen. Nunca satisfacen esa necesidad perpetua. Es cuestión de tiempo para que la bebida se salga de control.

Bob dejó de tener sexo con otras mujeres, aunque recayó una vez. Fue la misma experiencia que con el alcohol. Conoció a una modelo y tuvieron sexo casual, para su sorpresa, no le gustó. Se dio cuenta de que podía hacerlo el resto de su vida, la diferencia era que ya no le producía satisfacción. Si bien suelo pedirles a mis pacientes que sean honestos siempre, en este caso no consideraba productivo que se lo confesara a Anne. Ya estaba muy herida. Él había aprendido de su error. Ese día llegó a terapia odiando su nueva vida.

—Tomo y ya no me sienta bien. Tengo sexo con una desconocida despampanante y no me gusta. ¿En qué me estoy convirtiendo? ¿En un ser humano moral? ¿En un buen ciudadano? Odio a los ciudadanos intachables —se lamentó—. ¿Ahora qué me hará sentir satisfecho?

En enero de 2004, tras dos años de tratamiento, me preguntó si podía tener un bebé. Me daba la impresión de que necesitaba un buen padre, más fuerte que él, que le diera permiso de ser un esposo y padre honesto y digno.

—Sí, creo que estás listo. ¿O tienes algún impedimento? —le pregunté.

—Si tengo una niña, ¿qué tal si la violan en grupo en Central Park? —respondió. A pesar de que ya estaba sobrio, todavía creía que el mundo estaba lleno de maldad, temía que nunca sería capaz de proteger a su hijo.

Le hablé de los miedos a los que me enfrenté al criar a mi hija, hijo e hijastro.

—Tus razones se fundamentan en la premisa de que vas a ser un padre negligente —le aseguré—. Te aseguro que no vas a permitir que tu hija sea insensata porque le transmitirás buenos valores. Eres capaz de ser un buen padre.

Insistí en que para lograrlo, tenía que mantenerse sobrio y tener valores sólidos para poner el ejemplo.

En algún punto, viajó a las Montañas de Adirondack con su laptop y produjo una confesión de lo que había sucedido en esa terrible última noche de su hermana. Era un escrito de 25 páginas, un avance significativo. Era un relato de su propia voz, haciendo uso del fluir de la conciencia en el que no omitía nada. Ya era capaz de hacerle frente a sus emociones. Aceptó cierto grado de responsabilidad, culpa y remordimiento como parte de esa pesadilla. Además, se permitía llorar cuando hablaba de Sally. Pronto estrechó su relación con su esposa.

Por fin me dijo:

—Nada malo sucederá si tengo una hija porque seré un buen padre.

Su esposa se embarazó, estaba feliz y orgulloso. Me regaló un puro enorme y me dijo:

—Sabes que tú has hecho esto posible.

Acepté el puro aunque no lo fumé. Como exfumador, prefiero no ponerme a prueba. Lo guardé en el gabinete en donde hacía dos años, había ocultado el arma de Bob. Supuse que ambas eran declaraciones (¿quizá fálicas?) de nuestra relación, símbolos de las batallas que habíamos peleado juntos. Cuando me dio su arma, era como si me hubiera dicho: "Te confío mi poder". El puro era una muestra de cariño. Admiraba sus logros, cómo había enriquecido su vida y se conducía con honor y dignidad. Me sentía cercano a él, como un padre. (Sí, sé que es un tema repetitivo en mi trabajo y en mi vida. Me recuerda un poema de John Ashbery sobre cómo "se convierte en lo que le faltaba".)

—Estoy orgulloso de ti —le dije.

En la década siguiente, lo vi de forma intermitente. Se ha mantenido sobrio, recuperó su matrimonio, se convirtió en el padre protector de dos hijas y ascendió en su carrera, sus ingresos incrementaron y ahora gana 500,000 dólares al año. Si mi colega Stan lo viera, no lo reconocería. Dejó de ser en un ebrio violento y peligroso y se convirtió en un hombre de familia sensato. Había despegado.

—Es un puto milagro —Bob aseguró hace poco.

No obstante, no es ningún milagro. Cuando un adicto está listo para modificar su vida y buscar ayuda, pueden ocurrir cambios sorprendentes.

CAPÍTULO 19

Cómo mantenerse íntegro y no recaer: la recuperación

Renunciar a una sustancia que alguna vez te procuró alivio, no es un proceso sencillo que tenga principio, desarrollo y conclusión. Para tener éxito, un adicto debe comprometerse de por vida para permanecer sobrio. A veces, cuando un adicto deja de fumar, tomar o comer de forma compulsiva, se siente eufórico, emocionado y aliviado, experimenta un fenómeno pasajero denominado "la nube rosa". Sin embargo, la apetencia por las sustancias resurgirá cuando menos te lo esperes.

Aunque la apetencia por sustancias adictivas se mantenga dormida durante muchos años, tienes que entender que siempre estará presente. Resurgirá en un momento de debilidad, enfermedad, pérdida, ansiedad, fatiga o miedo. Algunos de los eventos estresantes propensos a detonar acciones autodestructivas son la muerte de un ser querido, un accidente que requiere una cirugía, la pérdida de tu trabajo o casa. Sin importar cuán sobrio procures mantenerte, las calamidades ocurren y desafían tus instintos saludables. Por ejemplo, después del desastre del 9/11, muchos exfumadores, alcohólicos, drogadictos y comedores compulsivos recurrieron al alcohol, cigarros, mariguana y comida chatarra, así como a lo que los medios denominaron "sexo postrauma", para aliviar el dolor y el miedo. El mundo es caótico y por desgracia, como lo han demostrado los terremotos, huracanes y tsunamis recientes, no tenemos la capacidad de controlar las fuerzas externas. Sólo tenemos injerencia en nosotros mismos.

Cuando inicias el proceso de la abstinencia, es útil el lema de AA, "un día a la vez", porque la idea de ser abstemio de por vida, es agobiante. No obstante, a pesar de que un adicto se mantenga sobrio un día, semana, mes, año o década, no está exento de recaer. Estudios sobre la neurobiología de las adicciones, han demostrado su extraordinaria durabilidad y resistencia. Así que no te engañes, la sobriedad no es fácil, el dolor que produce no es temporal, tampoco llegará el día en el que consigas consumir esa sustancia adictiva con moderación. En casi todos los casos, estas ideas son imprecisas e ilusorias. La apetencia resulta en el consumo de sustancias. Si bien es posible moderar la intensidad de esta apetencia, el sentimiento de pérdida perdurará. Es aceptable el uso de palabras extremas como "nunca" y "para siempre". Algunas reglas se hicieron para no romperse: un alcohólico en rehabilitación no debe ir a un bar, un exjugador no tiene nada que hacer en un casino en Las Vegas ni en una casa de apuestas. Un exobeso no debería acercarse a una pastelería ni a una fábrica de dulces. No permitas que tu mente te ponga trampas, de lo contrario tus emociones triunfarán por encima de tu sentido común. La respuesta es: no.

En ocasiones, los exdrogadictos, fumadores o alcohólicos deciden ponerse a prueba, creen que dominarán la tentación. Estas pruebas suelen fallar. Un exfumador que llevaba diez años sin fumar creyó que aguantaría una fumada, para el fin de semana había vuelto a fumar una cajetilla al día. Una paciente alcohólica me dijo alguna vez: "No sé qué pasó, de pronto me encontraba en un bar. Iba a comprar un refresco y de repente alguien me pasó una cerveza. Me di cuenta de que mi mano la tomó y me la llevé a la boca… ". En la noche, se había tomado nueve cervezas y no recordaba qué había sucedido con el hombre que la había llevado a su casa. No permitas que tus emociones echen a perder el trabajo tan arduo que has hecho, aquí unos consejos para mantenerte siempre atento.

Cómo mantenerte alerta

Conserva el contacto con tu padrino, especialista en adicciones, psicólogo o doctor, aun si los ves una vez al mes o al año para mantenerse al día. El especialista detectará cosas invisibles para ti. Recuerdo que una paciente que había dejado las drogas me contó que había comprado regalos para su esposo, madre y suegra. No se había dado cuenta de que se había vuelto adicta a comprar hasta que se lo mencioné. Compraba para retraerse y olvidar el aburrimiento, así como lo había hecho con las drogas. Si una terapia constante está fuera de tu presupuesto, pídele a tu psicólogo que considere recibir breves llamadas telefónicas o correos electrónicos tuyos para reportarte.

Si sientes que corres el riesgo de regresar a tus hábitos perniciosos, considera asistir a juntas de Alcohólicos o Jugadores Anónimos o Weight Watchers. Es fácil encontrar por lo menos una reunión diaria en casi todas las ciudades, te recordará que no estás solo. Es más fácil mantenerte alerta con el apoyo de otros con problemas similares.

Mantente en contacto con tus pilares. Ten a la mano diferentes números telefónicos para llamar en momentos de debilidad. Ya sea un pariente que se preocupe por ti, un amigo exadicto, tu psicólogo especialista en adicciones o un doctor. Esto te brindará un plan de escape. Antes de seguir tus impulsos y recaer, pídeles verlos para tomarse un café y hablar.

Todo cuenta, así que cuida tus otros hábitos. Lleva una dieta saludable y ejercita con regularidad. Una vez que te permites comerte una caja de galletas, es más probable que sigas con un cigarro, una pastilla o un martini. Sin importar si no eras adicto al alcohol, una bebida reduce tu resistencia a otras sustancias o actividades como los cigarros, las drogas, la comida y las apuestas. Los exalcohólicos que fuman son más propensos a recaer que quienes no.

Duerme suficiente. Si padeces insomnio, no lo ignores, es un problema serio. Concerta una cita con tu especialista en adicciones o doctor para ponerle fin a la situación. Los paliativos para conciliar el sueño constituyen una solución temporal. La pérdida de sueño provoca la pérdida de control.

Monitorea tus niveles de estrés. Toma en cuenta tu vulnerabilidad al tomar decisiones en nombre de tu familia. Por ejemplo, es probable que un adicto en rehabilitación, no pueda cuidar a un pariente viejo o a un niño enfermo. Aunque tomar un trabajo adicional o solicitar un crédito hipotecario parezcan buenas ideas, piénsalo dos veces antes de añadirle estrés a tu rutina diaria. Aun las vacaciones a sitios desconocidos pueden resultar incómodas o provocarte una ansiedad inesperada. Siempre recuerda que tiendes a nivelar tu angustia con una sustancia, procura no ponerte en situaciones estresantes que se salgan de control.

Adondequiera que vayas, planea una ruta de escape o un pretexto para irte si alguien está consumiendo tu sustancia adictiva. Un exdrogadicto no debería permanecer en una fiesta si alguien prende un porro o empieza a inhalar cocaína. Un exjugador no debería permanecer en casa de un amigo si alguien empieza a jugar póker. Si has tenido problemas con el alcohol y alguien lo lleva a una fiesta donde se suponía que no habría, vete. Argumenta que no te sientes bien y márchate. Si no tienes auto, lleva un teléfono móvil para llamarle a tu pareja, a un amigo o a tu pilar para que te lleve a una zona segura rápido.

Cuídate antes de cuidar a otras personas. Sin importar lo que tu pareja, padres, hijo o empleados necesiten de ti, de ahora en adelante tu prioridad es mantenerte sobrio y no recaer. Si reincides, no serás capaz de ayudar a nadie. Nada importa tanto como para poner en riesgo tu sobriedad.

CAPÍTULO 20

Evita que el espíritu de las fiestas se vuelva peligroso

Una vez en una cena, un invitado al que conocía se emborrachó y se desmayó en la mesa, encima de su comida. Todos enmudecieron, estaban pasmados e incómodos, no sabían qué hacer. Con toda calma, les dije: "Patrick está ebrio y su cabeza ha caído en su plato". Se mostraron aliviados tras la confirmación de esta situación incómoda y porque mi reacción no fue exagerada, no lo juzgué ni culpé a nadie. No obstante, socializar se puede complicar durante las fiestas, sobre todo cuando los hábitos nocivos de terceros te afectan a ti y a tu familia.

Según la Organización Mundial de la Salud, el consumo adictivo del alcohol causa las muertes de 2.5 millones de personas todos los años; 4 por ciento de las muertes en todo el mundo se le atribuyen al alcohol, un índice que supera las muertes por sida o tuberculosis. El alcohol no sólo se asocia a las muertes por enfermedades como el cáncer, la cirrosis, las cardiopatías o los derrames cerebrales. Estadísticas del Departamento de Salud de la Ciudad de Nueva York han demostrado que el año pasado, cerca de 74,000 personas acudieron a hospitales neoyorquinos por padecimientos relacionados con el alcohol, un incremento de 250 por ciento en comparación con el año anterior. Las borracheras resultan en intoxicación por alcohol, peleas, escenas lastimosas y otras lesiones graves.

Un estudio reciente conducido por un grupo de médicos británicos reveló estadísticas espeluznantes que demostraban que el alcohol es la adicción más nociva, peor que la heroína o el crack, por lo pernicioso que resulta para terceras personas. Aun si eres un bebedor moderado o si te gustan los Bloody Marys sin alcohol, es probable que los parranderos ebrios en tu casa o entorno social manejen ebrios o sean violentos y abusivos, lo cual podría arruinar tu cena, celebración e incluso tu vida.

Si bien el crack y la cocaína son adicciones terribles, la disponibilidad del alcohol para consumidores de todas las edades, la falta de regulación y de conciencia y la negación sobre la severidad del problema, empeoran la situación. En ocasiones la sociedad lleva a las personas a tomar, defiende el consumo y juzga a los que no lo hacen. Aunque no es prudente incitar a beber en cenas y fiestas, tampoco hay que asumir el papel de predicador puritano. Sólo recuerda que muchos —quizás en tu propia familia— no toleran el alcohol y que el consumo excesivo puede lastimar o matar a inocentes. Es verdad que nadie disfruta arruinar la diversión de nadie, no obstante, es todavía menos divertido terminar en la sala de urgencias a las tres de la mañana. A continuación, una serie de consejos para contribuir a que los adictos (aun los no confesos) sobrevivan a las fiestas y con ello, garantizar la seguridad de tu familia y de todos en tu entorno.

Ayuda a los demás a sobrevivir a las fiestas

1. **Sé un cantinero deficiente:** para ser un buen anfitrión no es obligatorio tener un bar repleto de todo tipo de bebidas alcohólicas. Es aceptable si sirves sólo vino y cerveza o una sola bebida como vino con agua mineral o rompope. Considera servir cerveza sin alcohol o light, agua embotellada y una variedad de cafés, tés, licuados o jugos de fruta exótica como maracuyá, guayaba y granada. Es una estrategia incluyente para alguien que esté luchando por mantenerse sobrio.

2. **Una botella no siempre es el mejor regalo:** sí, según el manual de los buenos modales, no es aconsejable llegar a casa de alguien con las manos vacías y a los invitados les gusta irse con bolsas de dulces y sobras de comida. Lo que no dice el manual es qué parientes están en AA o si tu anfitrión o su hija están al borde de recaer. Reconsidera detenerte en la vinatería para comprarle un regalo a tu anfitrión y llenar las bolsas de dulces envinados. Prueba con frutos secos, verduras de tu jardín, popurrí o un ramo de flores: regalos que nunca hacen daño a nadie (excepto a los asmáticos).

3. **Sé directo:** nunca es buena idea confrontar a una persona bajo los efectos de las drogas o el alcohol, las intervenciones requieren

la dirección de expertos. Sin embargo, si alguien cercano a ti ha bebido de más y se ha dormido en la mesa o encima de su comida, no tengas miedo a hablar de ello con los otros invitados que lo presenciaron. Reconoce con calma por medio de una declaración precisa y tranquila lo ocurrido: "Por desgracia Jenny volvió a beber de más". Si has estado en AA, Al-Anon o Al-Ateen o en terapia para lidiar con tus propias adicciones o las de algún familiar, menciónalo para que otros con parientes alcohólicos se sientan menos solos y más seguros al confesarlo.

4. **Cambia las tradiciones familiares:** durante años tu familia se ha sentado frente a la televisión para ver el futbol americano, engullendo nachos, y tomando cervezas y margaritas. Esto tiende a provocar discusiones agresivas, dolores de estómago y desmayos por el consumo de alcohol. Es hora de adoptar otro ritual. ¿Por qué no sugieres salir a caminar a un parque con hojas secas? O un paseo en bici, jugar futbol americano en el pasto, salir a bailar en familia como en la película *Reencuentro* [1983], ir a un karaoke, jugar bolos, sacar los trineos a la nieve o jugar juegos de mesa. Sal para quemar el alcohol, las calorías y los viejos hábitos.

5. **No incites a los menores de edad a beber:** en su divertido monólogo, la actriz Elaine Stritch reveló que sus problemas con el alcohol comenzaron en su adolescencia cuando probaba los martinis que les preparaba a sus padres cuando vivían en Detroit. Muchos alcohólicos reconocen que su adicción comenzó en su infancia, cuando les ofrecían alcohol en las fiestas familiares. Algunos adolescentes pueden tener una predisposición genética al alcoholismo de la que ni ellos ni tú son conscientes. Permitir que un niño le dé un trago a tu cerveza o a tu champaña envía un mensaje nocivo que puede resultar contraproducente. Además, es ilegal. Si bien crear un tabú desmedido invita a que los adolescentes lo rompan, pedirle a los menores que te ayuden a servir la comida, invitarlos a cantar una canción, recitar un poema o una oración en frente de los invitados, es una mejor manera de hacerlos sentir mayores y especiales.

6. **Replantea tus recetas:** aunque a veces el alcohol se evapora cuando lo usas para cocinar, reconsidera ofrecer platillos populares en las fiestas como panqué de ron, camarones en salsa de cerveza o jamón glaseado de mostaza y bourbon a tus invitados. Muchos no se dan cuenta de las peligrosas disyuntivas que estos ingredientes

representan para quienes intentan mantenerse abstemios. Los alimentos cocinados con alcohol pueden llegar al alcance de los niños o detonar tendencias adictivas en algunos de tus invitados que, sin tu conocimiento, intentan mantenerse sobrios. Tan sólo una probadita de alcohol es capaz de orillarlos a recaer. En la medida de lo posible, intenta cocinar sin alcohol este año. Algunos beneficios: es más barato, más saludable y menos calórico.

7. **Madruga:** es más fácil controlar el flujo del alcohol y sus consecuencias a plena luz del día. Organiza tus fiestas y cenas lo más temprano posible, los padres de hijos pequeños te lo agradecerán. Cuando sirvas el postre, anuncia que se acerca el fin de la fiesta. Si se trata de una fiesta o una reunión nocturnas, organízalas en cafeterías o restaurantes naturistas en donde el tío Dave se controle en público o frente a menores.

8. **Ten todo bajo control:** si vas a servir alcohol en tu casa, investiga sobre varios medios de transporte y rutas disponibles, ya sea los horarios del tren, teléfonos de sitios de taxis o un conductor designado. Sin duda es molesto cuando los adultos no actúan de manera consecuente para garantizar que transportarán a su familia de forma responsable, imagina cómo te sentirías al saber que uno de tus invitados no llegó a casa o chocó en la carretera. Ahora imagina a tu hijo en esa misma carretera.

9. **Reduce el estrés:** en estos días, los viajes en avión seguidos de una reunión familiar masiva en otra ciudad no son sinónimo de tranquilidad. Es más probable que causen tensión, conflictos, ansiedad y peleas: detonantes explosivos que pueden orillar a cualquiera a tomarse una —o siete— copas antes de irse a la cama. Promueve estrategias para que todos los participantes en tu celebración estacional duerman y coman bien, hagan suficiente ejercicio y sigan una rutina normal. Reconoce que muchos eventos, como conocer a tus suegros, llevar bebés o mascotas a una casa nueva o presentarle a tu familia a tu nueva pareja en Día de acción de gracias pueden resultar tensos. En estos casos, los compromisos de todo el día son innecesarios. Planea con anticipación e inventa una excusa o una ruta de escape por si acaso. No tiene nada de malo limitar la duración de tu visita. Si después de tres horas alguien dice que se comprometió a comer el postre con una tía o que no se siente bien, déjalo ir sin hacer un escándalo, pelear o hacerlo sentir culpable.

Éstos son algunos obsequios que pueden relajar a los invitados estresados o que bebieron de más: un taxi prepagado, una noche de hotel, un certificado de regalo para un masaje, manicure o pedicure o un pase para el gimnasio.

10. **No seas extremo:** Día de acción de gracias, hanukkah, navidad, kwanzaa o año nuevo no son las mejores fechas para pretender que alguien se vuelva abstemio, deje las drogas, empiece una dieta estricta o se ponga el parche de nicotina. La moderación y la compasión durante las fiestas son aconsejables. Elige una fecha para renunciar en el futuro cercano.

CAPÍTULO 21

El problema de depender de las personas

Luego de más de treinta años de distanciamiento, estaba desesperado por volver a ver a mi madre alcohólica antes de que fuera demasiado tarde. No quería que nos reconciliáramos. Sólo quería volverla a ver sin tenerle miedo. En los últimos cinco años, la cortejé enviándole flores, fruta y dulces en su cumpleaños y en días festivos, le pedí, además, que me dejara visitarla. Me agradecía los regalos con notas sucintas escritas a mano. Me regresó unas gomitas gourmet con un garabato que decía: "Prefiero el chocolate amargo". De niño acostumbraba a ignorarme por completo o terminar de dirigirse a mí con frases como: "Eres un maldito idiota", así que lo consideraba un progreso.

Hace tres veranos, en una conferencia en Colorado, le compré una cajita de madera con la inscripción: "Una caja para depositar tus sueños" y su nombre, Mary. Me respondió: "Voy a depositar mis sueños: mi artritis es tan grave que no siento los dedos, ni siquiera me permite manejar. Mi sueño es recuperar la salud". Mi sueño era que sus sentimientos maternales surgieran antes de que muriera. Sin embargo, se negaba a verme.

Este distanciamiento tan desafortunado había comenzado cuando a mis diecinueve años hice declaraciones fuertes, aunque ciertas, sobre el horror de vivir con su alcoholismo en el juicio por la custodia de mi hermana menor. Había roto la regla implícita de mi familia: nadie tenía permiso de revelar el alcoholismo de mi madre. Era evidente que seguía furiosa porque había violado este voto de silencio. Cuando mi hermana se mudó con mi padre a los diez años, mi madre cortó todo contacto conmigo de forma permanente.

Ahora, como un psicólogo de 59 años de edad, por fin había vinculado mi especialidad en el abuso de sustancias con el hecho de haber

217

crecido con un alcohólico violento y abusivo. Pese a que siempre le digo a mis pacientes que "los adictos dependen de las sustancias y no de las personas" y les recomiendo que durante su rehabilitación "lleven una vida lo menos reservada posible", admito que me arrepentí de haber declarado en contra de mi madre. Ningún hijo debería testificar contra sus padres.

El invierno pasado, recibí una nota de agradecimiento más extensa y cariñosa de su parte que había firmado "con amor", algo inusual. Después me enteré de que su terapeuta de lenguaje la había escrito. Pronto recibí una llamada de un doctor amigo de la familia que me alertó que a sus 89 años, mi madre estaba frágil y su salud se deterioraba rápido. Vivía en un asilo de lujo en Dallas. Después de una apoplejía, mostraba señales de demencia y no escuchaba ni hablaba bien. Si no escribía ni hablaba, tampoco estaría en condiciones de rechazarme.

Después de casi cuarenta años de distanciamiento, manejé seis horas en compañía de mi esposa y mi hija Kathy, quien entonces tenía doce años. Aunque mi madre había perdido el habla, en la hora y media que convivimos, respondió a mis afirmaciones y preguntas con movimientos corporales, de la cabeza y frunciendo el ceño, lo cual demostró que me reconocía. No es que se hubiera alegrado de verme ni que se hubiera portado amable. Era ella misma: resuelta, orgullosa y cruel. Cuando le di una barra de chocolate amargo, su mano temblorosa la colocó en el borde de la mesa y la dejó caer, después la pisó, dos veces. ¿Acaso temía que la envenenara?

"Sé que es difícil. Lo entiendo", le dije con toda calma, levanté el chocolate y se lo ofrecí de nueva cuenta. "No te voy a hacer daño. No tienes que aceptar mi regalo." Entonces se lo comió.

Mary le sonrió a mi esposa, una mujer fuerte, inteligente y resuelta, rasgos que mi madre respetaba. Observó a mi hija con tanta atención que la asustó. Me imagino que Kathy se parecía a Mary. Cuando nos íbamos, le pregunté a mi madre si me permitía abrazarla, asintió con la cabeza y lo hice. Se apartó de inmediato y no se movió. Si bien quería irse, no estaba dispuesta a pasar tan cerca de mí. Kathy me susurró: "Necesita que te apartes, papá". Cuando lo hice, Mary se fue.

Con los años, mi madre también se había distanciado de mis hermanos; de los cuatro, fui el único que la visitó cuando estuvo enferma. Mis hermanos y hermana se sorprendieron porque Mary siempre me odió más que a todos, incluso antes de haber declarado en el juicio de su divorcio. ¿Sería porque me parecía más a ella? De niño, fui el más pequeño, débil y enfermizo. Una vez me gritó que me quería dejar morir, como un animal herido. ¿La perdoné? Bajo ninguna circunstancia. ¿La protegería ahora que lo necesitaba? Sí. De camino a casa, mi hija dijo lo que mi madre era incapaz de decir: "Eres un buen hijo".

En el camino pensé: "Ahora soy más fuerte que mi madre. Es una mujer mayor frágil que ya no es capaz de lastimarme físicamente". Tenía la fuerza para subyugarla pero ya no me interesaba.

Un mes después regresé a visitarla con una fotografía suya de cuando era una actriz joven y bella. Se la tomaron en 1946, cuando tuvo una aparición breve en una película llamada *Bedlam*, con Boris Karloff. Resultaba irónico que había interpretado a una sordomuda. Estaba fascinada con esta imagen del pasado, le agradó que se le mostrara al personal del hospital. Sabían que la visitaría así que la arreglaron. Sus mejillas lucían más rosadas, su cabello gris y esponjado. No pude evitar albergar pensamientos infantiles del tipo: "No se va a morir, vivirá para siempre".

En esta ocasión los dos estábamos mucho más cómodos. Nunca se apartó, frunció el ceño ni negó con la cabeza. Yo me sentía más aliviado y despreocupado. Me preguntaba si disfrutaba la atención. Cuando le mostré una foto de Kathy de mi teléfono móvil, a quien había conocido la última vez, no tenía idea de quién era. A lo mejor mi madre se portó amable porque había perdido la razón.

Antes de irme, pregunté sobre las políticas concernientes al alcohol. Le permitían tomar una copa de vino a las 3:30 p.m., lo cual hacía todos los días. De eso nunca se olvidaba.

Agradecimientos

Me gustaría expresar mi sentido agradecimiento a Ryan Harbage, mi agente literario; a los editores de Skyhorse Publishing, Jay Cassell, Ann Treistman, e Yvette Grant, así como al director editorial Tony Lyons; a las publicistas Jennifer Doerr, Lauren Cutler, y Barb Burg; y a los editores de varias revistas Carla Flora, John Glassie, Carrie Sloan y Amy Klein, su apoyo constante e inconmensurable hicieron de este libro una realidad.

Agradezco a Rebecca Wiegand, Stephen Gaydos, Devan Sipher, Jami Bernard, Alice Feiring, Kimberlee Auerbach, Kate Walter, Hilary Davidson, Royal Young, Rich Prior, Tony Powell, Ami Angelowicz, Lisa Lewis, Jeff Nishball, Sara Karl, Judy Batalion, Aly Gerber, Tasha Gordon y David Brand por sus críticas brillantes de versiones anteriores.

A mis mentores más importantes: la difunta Christine Duffey, Richard M. Billow, Robert Mendelsohn y a mi suegro E. G. Bradberry.

Por su entrega al trabajo arduo en el Village Institute y por el esfuerzo que implica trabajar conmigo, agradezco a mis colegas Claudia Andrei, Robert Bradberry, Carrie Nickles, Yas Soans, Joye Henrie, Chelsey Miller, Lynn Horridge, Josh Jonas, Enid Zuckerman, Cassie Kaufmann, Petra Amrani, Emily Ogden, Patrick McNulty, Ruth Zeligman, Alessandra Sternberg y Michael Ritter.

Sobre todo me gustaría agradecer a mis dos hijos, a mi hija y a mi esposa por su paciencia infinita y por mostrarme a través del ejemplo que las peores circunstancias de la vida se pueden convertir en los triunfos más grandes.

Acerca de los autores

El **doctor Frederick Woolverton** es un psicólogo clínico que tiene 25 años de experiencia en el tratamiento de las adicciones. Es doctor por la Universidad Adelphi. Ha sido director clínico del Baldwin Council Against Drug Abuse [El municipio de Baldwin contra la drogadicción], en Long Island, y fundador del Village Institute for Psychotherapy, en Manhattan y Arkansas, el cual brinda una variedad de servicios psicológicos que incluyen la enseñanza y el tratamiento de trastornos adictivos. Ha impartido talleres y dado conferencias en la Asociación Psicológica del Estado de Nueva York, el Instituto Derner de Estudios Psicológicos Avanzados, la Universidad Pace y la Asociación de Psicología del Noroeste de Arkansas. Asimismo, ha trabajado con la policía, los bomberos y la Cruz Roja para asistir a los padres que perdieron a sus hijos en los ataques del 9/11 en el World Trade Center. Su trabajo se ha publicado en *The New York Times*, *Psychology Today* y *AOL*. Su página web es: www.villageinstitute.com.

Susan Shapiro es autora de siete libros, entre ellos: *Lighting Up* y *Speed Shrinking*, ambos se basan en la exitosa terapia contra las adicciones del doctor Woolverton. Es una multipremiada profesora de periodismo con veinte años de experiencia. En The New School y la Universidad de Nueva York imparte clases y seminarios titulados: "La gratificación instantánea tarda mucho", los cuales gozan de gran popularidad. Su trabajo se ha publicado en: *The New York Times*, *Washington Post*, *Boston Globe*, *Los Angeles Times*, *Newsweek*, *Nation*, *People*, *More*, *Glamour*, *Marie Claire*, Salon.com y *Daily Beast*. Ha aparecido en los programas: *The Today Show*, *Weekend Today*, *The Morning Show*, en las cadenas de televisión: CNN, NY1, E! Entertainment, LX-TV y la BBC. Su página web es: www.susanshapiro.net.

Esta obra se imprimió y encuadernó
en el mes de mayo de 2014,
en los talleres de Egedsa,
que se localizan en la
calle Roís de Corella, 12-16, nave 1,
08206 Sabadell (España).